公法系列教材

行政法学
〈第三版〉

张树义 罗智敏 | 主编

撰稿人（以姓氏笔画为序）

马 允 马怀德 王建芹 成协中 刘 莘
吴 平 张 锋 张树义 罗智敏 郎佩娟
赵 宏 赵 鹏 薛刚凌

图书在版编目(CIP)数据

行政法学/张树义,罗智敏主编.—3 版.—北京:北京大学出版社,2021.7
公法系列教材
ISBN 978-7-301-32307-6

Ⅰ.①行… Ⅱ.①张…②罗… Ⅲ.①行政法学—中国—高等学校—教材 Ⅳ.①D922.101

中国版本图书馆 CIP 数据核字(2021)第 131925 号

书　　　名	行政法学（第三版） XINGZHENGFAXUE（DI-SAN BAN）
著作责任者	张树义　罗智敏　主编
责 任 编 辑	邓丽华
标 准 书 号	ISBN 978-7 301-32307-6
出 版 发 行	北京大学出版社
地　　　址	北京市海淀区成府路 205 号　100871
网　　　址	http://www.pup.cn
电 子 信 箱	law@pup.pku.edu.cn
新 浪 微 博	@北京大学出版社　@北大出版社法律图书
电　　　话	邮购部 010-62752015　发行部 010-62750672 编辑部 010-62752027
印 刷 者	三河市北燕印装有限公司
经 销 者	新华书店
	890 毫米×1240 毫米　A5　10.875 印张　313 千字 2005 年 4 月第 1 版　2012 年 1 月第 2 版 2021 年 7 月第 3 版　2022 年 7 月第 2 次印刷
定　　　价	39.00 元

未经许可，不得以任何方式复制或抄袭本书之部分或全部内容。
版权所有，侵权必究
举报电话：010-62752024　电子信箱：fd@pup.pku.edu.cn
图书如有印装质量问题，请与出版部联系，电话：010-62756370

主编简介

张树义(1953年6月—2017年1月),男,著名行政法学家,中国政法大学法学院教授,博士生导师。曾担任国家人文社科重点研究基地——中国政法大学诉讼法研究中心副主任,兼任国务院行政审批制度改革领导小组专家组顾问,北京市人民检察院第二分院专家咨询委员,宜昌市政府、广州市政府、沈阳市政法委法律顾问等职。著有《中国社会结构变迁的法学透视》《冲突与选择:行政诉讼的理论与实践》《追寻政治理性:转型中国的思考》《旅行的意义:美国社会观察》等多部著作,曾获"北京市教学名师"称号,荣获中国法学会行政法学研究会"杰出贡献奖"等。

主编简介

罗智敏,女,意大利罗马第二大学法学博士,中国政法大学法学院教授,博士生导师,美国加州大学戴维斯分校访问学者。兼任中国法学会行政法学研究会理事,中国法学会比较法学研究会理事,北京市比较法学研究会常务理事,意大利《环境法季刊》国际咨询和同行评审委员会委员等。出版专著《意大利行政诉讼制度研究》等,译著《学说汇纂》(第一卷)(拉译汉)等,在《中国法学》《法学研究》《比较法研究》《行政法研究》等国内外期刊发表论文六十余篇。

《行政法学》第三版修订说明

本书第二版于2012年出版之后,行政法的理论与实践又有了较大的发展,部分法律、法规被修改,如《行政诉讼法》(2014、2017)、《行政法规制定程序条例》(2017)、《规章制定程序条例》(2017)、《公务员法》(2017、2018)、《行政复议法》(2017)、《行政处罚法》(2017、2021)、《政府信息公开条例》(2019)等。为此,需要对行政法教材进行及时更新。本书对一些行政法律规范进行了及时的补充与修订。为了提高本科生的学术研究和思考能力,本次修订增加了学术性文章的脚注,并对一些前沿性问题进行了探讨,吸收了行政法学界最新的研究成果,对相应章节部分的问题与案例也有所更新。

参加本次修订的除原作者外,也有新人加入。具体修订分工如下:罗智敏(第一章、第十章)、成协中(第二章、第四章、第八章)、郎佩娟(第三章、第六章)、赵宏(第五章、第十二章)、赵鹏(第七章)、马允(第九章、第十一章)。

编 者
2021年2月25日

目　录

第一章　行政法概述 …………………………………（1）
　第一节　行政法的基本概念 ……………………………（1）
　第二节　行政法的历史发展 ……………………………（14）
　第三节　行政法的渊源 …………………………………（30）

第二章　行政法的基本原则 ……………………………（37）
　第一节　行政法基本原则概述 …………………………（37）
　第二节　依法行政原则 …………………………………（42）
　第三节　行政合理性原则 ………………………………（49）
　第四节　信赖保护原则 …………………………………（56）
　第五节　正当程序原则 …………………………………（61）
　第六节　责任行政原则 …………………………………（68）

第三章　行政主体 ………………………………………（74）
　第一节　行政主体的概念与构成 ………………………（74）
　第二节　行政组织法 ……………………………………（85）
　第三节　行政公务人员 …………………………………（91）

第四章　行政公产 ………………………………………（99）
　第一节　行政公产概述 …………………………………（99）
　第二节　行政公产的成立、处分与转换 ………………（107）
　第三节　行政公产的管理 ………………………………（112）
　第四节　行政公产的使用 ………………………………（117）

第五章 行政活动与行政行为 (127)
  第一节 行政活动方式概述 (127)
  第二节 行政行为概述 (130)
  第三节 行政行为的合法与生效 (142)
  第四节 行政指导 (152)

第六章 行政立法 (158)
  第一节 行政立法的概念、分类与作用 (158)
  第二节 行政立法的权限、效力与适用 (164)
  第三节 行政立法程序与监督 (168)
  第四节 行政立法存在的问题及其解决 (171)

第七章 行政许可 (182)
  第一节 行政许可概述 (182)
  第二节 行政许可的范围与设定 (196)
  第三节 行政许可的实施机关 (205)
  第四节 行政许可的程序 (209)
  第五节 行政许可的监督检查 (217)
  第六节 行政许可中的法律责任 (220)

第八章 行政处罚 (225)
  第一节 行政处罚概述 (225)
  第二节 行政处罚的种类与设定 (232)
  第三节 行政处罚的管辖与适用 (237)
  第四节 行政处罚的程序 (246)

第九章 行政强制 (258)
  第一节 行政强制概述 (258)
  第二节 行政强制措施 (263)
  第三节 行政强制执行 (271)

第十章　行政合同……(283)
  第一节　行政合同概述……(283)
  第二节　行政合同行为……(292)

第十一章　行政程序与政府信息公开……(301)
  第一节　行政程序概述……(301)
  第二节　行政程序法及其历史发展……(307)
  第三节　行政程序法的基本原则和主要制度……(313)
  第四节　完善我国行政程序立法……(320)
  第五节　政府信息公开……(323)

第十二章　行政救济……(328)
  第一节　行政救济概述……(328)
  第二节　行政救济的途径和方式……(332)

第一章 行政法概述

内容概要 本章是学习行政法的入门篇,主要涉及行政法的一些基本问题:行政的概念,行政的分类,从不同角度对行政法意义上的"行政"形成初步认识。然后追本溯源,对行政权的发展历史进行分析,从分权意义来理解"行政权"的含义。随后考察了西方国家行政法以及中国行政法的历史发展,重点在于阐述行政法存在的基础。在掌握了行政和行政权、行政法历史发展的基础上,对行政法的概念、特征、渊源等进行探讨,也简单介绍我国行政法学的发展历史和现状。通过对上述内容的了解和掌握,为学习本书其他章节作铺垫。

学习重点 行政　行政权　行政法　行政法学

第一节 行政法的基本概念

一、行政

（一）行政的定义

德国行政法学家奥托·迈耶说:行政法是与行政有关的、从属于行政的法律部门①。欲知行政法,先要了解"行政"为何。

我国史书最早记载行政一词的是《史记·周本纪》,"召公、周公二相行政,号曰'共和'"。《左传》中也有"行其政事""行其政令"的记载,在古代,专制统治者运用国家权力管理国家事务就是"行政"。在现代,"行政"一词在很多场合被广泛使用。在日常用语中,"行政"是执行、管理的代名词,如公司的行政部门可能是包含一般事务性管理的综合部门,有时候也包括人事部门;而在政治学上行政的含义则更

---

① 〔德〕奥托·迈耶著:《德国行政法》,刘飞译,何意志校,商务印书馆2016年版,第14页。

加宽泛,将行政机关管理国家和公共事务的一切活动都包含在内。相比较而言,法学研究上的"行政"范围则要窄一些。行政法上的"行政"指公共行政,与一般公司、企业、社会团体和事业单位的行政管理(私行政管理)有所不同,与行政机关的自身管理也有所区别,因为这种行政指的是对国家事务和公共事务进行管理。

"公共行政和私人企业管理,尽管在名称和内容上有些相同,然而在性质上和法律地位上不同,是两种不同的学科,行政法和行政法学只以公共行政为调整和研究对象。"① 与公共事务和国家事务无关的行政管理很重要,但并非行政法的调整范围和研究内容。

由于行政一词在多种场合和多重意义上被使用,所以学者们一直努力给行政法上的行政一词下定义,力求准确而少歧义。美国法学家古德诺(F. J. Goodnow)有政治、行政两分说,他将行政与政治联系起来考察,认为任何国家的政府都有国家意志表达和国家意志执行两大功能,国家意志表达是政治,而国家意志执行就是行政;政治是制定政策,而行政是执行政策,两者应该分开。②

上述经典定义都是从较为宏观的角度进行分析。而专门针对行政定义的方法也是林林总总,归纳起来主要有以下几种。第一种是积极定义法,即从正面对行政进行概括,认为行政是对国家与公共事务进行管理和组织,作出决策和执行的活动的总称。然而由于现代行政事务庞杂,情况多变,又出现大量权力交叉混合现象,积极定义的方法难免挂一漏万,其缺陷是显而易见的。另一种定义方法,是消极定义法,或称为排除法、蒸馏法,是以分权学说为基础,侧重于从其反面给出行政的定义。这也是比较通行的方法。消极定义认为,行政是除了立法、司法以外的国家权力形式。尽管这一定义方法以立法和司法为确定概念作为假定前提,可能陷入循环定义,但仍有其独特的价值所在,正如日本学者南博方所言,"除外说"符合行政的历史发展过程。因为从国家作用的历史分化过程来讲,君主总揽统治权,

---

① 王名扬著:《法国行政法》,中国政法大学出版社1988年版,第3页。
② 〔美〕F. J. 古德诺著:《政治与行政》,王元译,杨百揆校,华夏出版社1987年版,第10页。

统治权在发展演化中先是分化为立法权和执行权,之后司法权又从执行权中独立出来,最后,留在国王手中的就是行政权。除外说适用于说明近代以前的行政的残余①,因此作为了解行政的一个角度是很有意义的。我们认为应该不拘泥于任何一种定义,综合以上各种方法乃至结合其他学科的最新研究成果对行政加以了解和掌握,以期获得更为完整和准确的理解。

如果从国家权力行使主体的角度进行界定,将行政机关行使行政职权对国家与社会生活进行管理的活动称为行政的话,那么此时的行政其实是"形式"意义上的行政,即从外观以行政机关从事活动来界定。但现代行政管理活动中,行政机关并非单纯使用传统的执法手段,仅仅负责执行,而是同时利用类似立法机关活动的方法,针对不特定多数人和不特定事项,颁布规范性文件来调整社会关系,行政机关这种类似立法机关的活动被称为准立法活动或者行政立法;此外,行政机关也利用类似审判机关活动的方法,解决纠纷,居中裁断,介入与行政管理活动相关的民事关系,称为准司法活动或者行政司法。行政机关行使职权的手段多样,无论是行政立法,还是行政司法,从权力主体角度观察也都可以认为是行政,因而是一种形式意义的行政。与此同时,可以看到,其实立法机关和司法机关内部也存在与行政机关相同的、对人事等事务性工作进行管理的活动,即实质意义上的行政,这是超越机关界限观察得到的结果。但是,行政法上探讨的行政是形式意义的行政,即只对行政机关的组织、活动进行研究,而不包括立法机关和司法机关的活动。

随着社会生活的日益复杂化和人们认识的深化,对行政的理解不再仅仅局限在国家权力运行层面,也就是说,行政不仅仅是国家行政机关的活动,还有其他组织的活动。这一方面源于破除了对国家机关垄断行政权力盲目崇尚的观念,另一方面源于现实生活中出现了大量由行政机关以外的主体,包括社会团体、中介组织甚至公司、个人等介入公共事务管理的现象,因此,有必要将行政区分为公共行

---

① 〔日〕南博方著:《日本行政法》,杨建顺、周作彩译,中国人民大学出版社1988年版,第5页。

政和国家行政,国家行政只是公共行政的重要组成部分,而非全部。与公共事务有关的行政管理蔓延出国家机关、向社会让渡是现代生活的明显趋向,由此,行政法的研究对象和研究领域也在扩展,突破了传统行政法围绕国家行政展开的框架。

综上所述,对行政不能从单一视角去把握,而应从多个角度、多个方面去理解。我们认为,行政法学中的行政是公共行政,或者是公行政,也就是与公权力相关的行政。但是国家行政仍然是目前我们学习和研究的重点,本书的篇章体例也主要是围绕国家行政展开。

(二)行政的分类

根据不同的划分标准,对行政有不同的分类方法,下面介绍几种主要的分类:

1. 授益行政与负担行政

从行政活动给行政相对人带来权益还是"负担"的角度,可以将行政区分为授益行政和负担行政。授益行政是指给行政相对人带来权益的行政活动,如颁发营业许可证,奖励有突出贡献的个人或组织等;负担行政则是增加行政相对人的负担、要求行政相对人为一定行为或不为一定行为,即增加义务或者限制权利的活动,如对违法的个人或组织予以行政处罚或者采取行政强制措施、征税等。但是,有的行政行为既是授益行政也是负担行政,比如行政合同就可能同时授予权益和增设义务;还有的行政行为对一方当事人是授益,但对另一方是负担,比如就民事纠纷进行行政裁决,对违反《治安管理处罚法》的一方当事人进行行政处罚。

2. 强制行政与非强制行政

从行政活动是否采用国家强制手段的角度,可以将行政划分为强制行政与非强制行政。传统观念中的行政莫不与强制紧密联系,认为以国家强制力作为后盾乃至直接手段是行政的基本特点。随着公民权利意识的觉醒和民主力量的崛起,单纯运用强制手段实现行政活动目的已经不合时宜,因此出现了与当事人进行协商和交流的行政活动,如行政指导、行政合同等,这些非强制行政由于更大程度地减小双方的对抗状态,加强双方沟通,在实践中取得了相当不错的效果,因此在各国得到青睐,从而形成非强制行政与传统的行政许可、行政处罚、行政强制等行政活动并行不悖的图景。

3. 羁束行政与裁量行政

以行政主体是否有自由选择空间的标准来对行政进行分类,可以将行政划分为羁束行政和裁量行政。羁束行政要求行政主体严格依照有关法律规范所确定的标准来作出行政决定,没有作出选择适用的空间,而裁量行政则允许行政机关在法定的范围和幅度内运用自由裁量权根据具体情况进行判断作出决定。对羁束行政要求严格依法行政,而裁量行政则不同,只要是在法律允许和认可的范围内,一般应尊重行政机关的判断和选择。

4. 秩序行政与给付行政

根据行政的功能和方式不同,可以将行政划分为秩序行政和给付行政。秩序行政是指对权利和自由进行限制,达到对某一领域进行管理的目的。常见的交通管制、对建筑业颁发许可证、对违反食品卫生管理法规的企业予以罚款等,都是秩序行政,也是传统行政的职能,在行政中占有相当大的比重。随着福利国或行政国的兴起,行政职能不仅仅限于规制,也包括修建道路和桥梁、建造公园、提供失业救济金和最低生活保障,等等,为公民提供公共产品、给予帮助和服务成为政府职责的一部分,以上行政称为给付行政。行政法将秩序行政和给付行政都纳入规范的范围内。

5. 依职权行政与依申请行政

按照行政主体作出行政行为是否根据当事人的申请,行政可以划分为依职权行政和依申请行政。依职权行政是指行政主体依法定职权可以直接主动作出的行政行为,如公安机关维护社会治安的行为、市场监管部门对假冒伪劣商品的查处;依申请行政是指行政主体启动行政程序需要以当事人的申请为前提,如果没有当事人的申请,行政主体无法也不能采取此类行政行为,如交通管理部门颁发驾驶执照,医药监督管理部门颁发生产许可证的行为,等等。

此外还可以从内容即行政管理领域上对行政进行划分,将行政分为经济行政、卫生行政、教育行政、公安行政、民政行政、科技行政等若干类,这些根据具体内容进行分门别类的次级部门行政,在具体适用行政法一般原理和规则时体现出的个别问题,对充实和丰富行政法总则内容具有重要意义。

二、行政权

（一）行政权的历史发展和基本含义

溯源至原始社会末期，面向公共事务的管理其实早已存在。奴隶社会初期，国家的雏形出现，法也同时产生，进入奴隶社会后，公共事务管理之上又增加了国家事务管理，但是现代意义上的行政权并没有产生。因为在分权制度形成之前，无论是对国家事务，还是对社会事务，并不存在权力的分立，如君主制下以国王、皇帝等为首的中央国家权力体系执掌一切权力，地方长官也是统管户籍、征兵、颁布法令、征税、审案等一系列事务，以集权为特征的奴隶社会和封建社会并没有产生具有独立意义的行政权。

行政法学所讲的"行政权"是与立法权、司法权相对应的国家权力，是在以分权理论为背景，将国家机关划分为立法机关、司法机关与行政机关的前提下，对行政机关就公共事务进行管理行使行政职权而作出的描述和概括。最早提出分权学说的是古希腊的亚里士多德。洛克在《政府论》一书中提出立法权与执行权的区别，洛克所说的执行权包括我们今天所说的行政权和司法权（审判权）。因为当时行政权尚未独立出来，洛克还主张立法权对于执行权优先。[①] 法国思想家孟德斯鸠进一步提出"每一个国家都有三种'权力'，即立法权、'执行有关万民法事项的权力'及'执行有关市民法事项的权力'"，并且主张各种权力之间的平衡。[②] 孙中山先生提出五权分立，除了立法权、行政权和司法权外，还有考试权和监督权，同样是权力分立，与三权分立没有本质不同。

权力分立思想影响了西方国家的政体。1789 年法国《人权宣言》第 16 条规定："凡权利无保障和分权未确立的社会，就没有宪法。"1791 年法国宪法把《人权宣言》作为其组成部分，运用分权理论

---

① 〔英〕洛克著：《政府论》，叶启芳、瞿菊农译，商务印书馆 1996 年版，第 92 页。
② 也有译为"立法权""有关国际法事项的行政权力"和"有关民政法规事项的行政权力"。〔法〕孟德斯鸠著：《论法的精神》，张雁深译，商务印书馆 1997 年版，第 214 页。

建立其国家制度。受三权分立理论影响最大的国家是美国,联邦宪法起草人进一步发展了三权分立理论,提出"三权分立"和"相互制约与平衡"的观点,并在1787年制定的联邦宪法中予以明确规定,强调权力分立,更强调权力制衡,国家机关之间互相牵制,防止权力的过分集中。我国实行人民代表大会制度,全国人民代表大会既是立法机关,也是最高国家权力机关,行政机关和司法机关是由人民代表大会产生,并受其监督,但是正如英国奉行"议会至上"却不能因此说英国不实行三权分立一样,国家机关之间的权力分立和互相监督也是存在的。"分权"在这里是横向意义的分权,广义分权还包括纵向分权,即国家结构形式是单一制还是联邦制,是中央集权还是地方分权,在行政法上主要是在横向分权意义上讨论行政权。

行政权随着历史的发展而发生着显著变化,特别是近百年来,随着资本主义国家从自由竞争阶段过渡到帝国主义阶段,经济生活的深刻变革影响了行政权的运行方式。以英国为例,在资本主义初期,行政权是相当有限的,"人们说'直到1914年8月,一名有着守法意识的英国人生活得如此自在,以至于除了邮局和警察之外很少会感受到国家的存在'。"在资本主义社会进入垄断时期之前,行政权的空间是有限的,规模也有限,当时人们对以政府为代表的国家概念很模糊是有原因的。但如果一个人到了20世纪以后还这样认为,就"没有理由将自己称为一个很有观察力的公民。因为到1914年已经有充分的迹象表明,政府的概念发生了深刻的变化,这种变化正是20世纪政府的标志。国立学校教师,国家保险官员,劳工介绍所,卫生和工厂检查员,还有伴随他们必不可少的收税员,是这种变化的外在和显而易见的现象。现代行政法已经形成,它的出现反映了人们的一种看法,政府有义务对许多社会和经济弊端提供补救"。[①] 政府的角色和职能已经发生了显著变化,背后有着深刻的政治和经济原因。

与资本主义早期的自由竞争状态相适应,以亚当·斯密和斯图亚特·穆勒为代表的古典政治经济学派主张自由市场是经济生活的

[①] H. W. R. WADE, C. F. FORSYTH, Administrative Law, Oxford University Press, 2014, p.3.

万能主宰,主张"无为"政府。人们信奉管得最少的政府才是最好的政府,政府与公民之间的摩擦也是有限的。随着市场经济的进一步发展,社会矛盾激化,失业、通货膨胀、经济衰退,市场失灵的问题非常突出。加上凯恩斯的"另一只手"理论——政府干预理论——的影响,政府开始介入经济生活,行政权不断扩张。可以说从摇篮到坟墓,行政权无处不在,触角遍及社会生活的各个角落。行政权的扩张增大了侵犯公民权益的可能,引起人们的恐慌。但是,行政权退回到最初状态又是不可能的,将国家职能限于税收、警察这一最小限度范围内,实际上是在拒绝整个现代文明。既要承认行政权的客观现状,又要规范行政权的运行,无疑是在考验人类智慧和法治文明。而且,在政府调整经济生活的过程中人们发现,不仅存在市场失灵的情况,政府同样也有失灵的情况。因此人们的观念和理论也在修正,控制和规范行政权是一方面,界定具体行政职权的范围和领地也是不可忽视的一方面。这正是现代行政法学的课题,也是行政法学的使命所在。

如前所述,除了传统意义上的行政外,准司法权和准立法权同样也是行政权的重要组成部分。行政权大致包括以下方面:行政立法权,行政决定权,行政执行权,行政裁判权,等等。行政权的行使方式具有多样性,如我们经常接触的行政机关对管辖区域内颁布规范文件,对某一事项进行管理,以及行政机关根据当事人申请颁发许可证的行为,对违反《治安管理处罚法》的行为进行处罚,对出入境人员和物品进行强制检查,等等。

(二) 行政权的特点

概括地讲,行政权具有以下特点:

第一,行政权具有公益性。国家机关的存在和持续是为了服务于民,是为了维持社会的正常秩序和运转,行使行政权只能是为了公益,而非个别人或部门的利益。需要了解的是,这不等于说行政权与个人权益无关,行政权运行的最终目的是为了一个个具体权益的保障,因此行政权行使过程中不能不顾及公民基本权利。

第二,行政权具有强制性。行政权的行使是以国家强制力作为保障的,强制性是行政权运行的背景。在法律有规定的情况下,行政机关可以行使行政强制权,实施直接强制或间接强制,要求对行政权的服从。

第三,行政权具有优先性。行政主体享有在职务上和物质上的优益条件,称为行政优益权,行政权与私权比较具有优先性。

第四,行政权具有能动性。行政权的运行要根据社会需要及时、主动地作出反应,适时适当地为公民权益提供保障,为社会秩序之维护有所作为。

第五,行政权具有不可自由处置性。私权的当事人可以行使权利,也可以放弃权利,但行政权是行政主体的权力,同时也是行政主体的职责,非依法律规定不可自由处置,不可以弃而不用。

三、行政法

(一) 行政法的定义

从不同角度界定行政法,可以得到若干不同概念,这些概念之间既有区别,又有交叉。如有的从调整对象角度,认为行政法是调整行政法律关系的法律规范的总称;有的从组成部分界定,认为行政法是规范行政组织、行政行为、行政救济的法律规范的总称;还有的从与宪法的关系角度,认为行政法是动态宪法,等等。

行政法归根到底是为协调公民和政府关系的法律,尤其是在近年来社会迅猛发展、社会生活日趋复杂的情况下,政府机构一再膨胀,行政权的范围也非常广泛,侵害公民权益的可能性增加,行政权的运行状况关系到人民生活水平的提高和权利的实现,政府权力运作和人民息息相关。从行政权行使主体的创设、行政权运行的规则,到为权益受到侵害的公民提供救济,行政法成为支撑现代法治国家的支柱之一。

全面理解行政法有以下几个要点需要注意:首先,行政法是现代民主法治的产物,古代没有行政法。中国古代《唐六典》《清会典》等对国家机构的设置的规定,与今天的行政组织法有相似之处,但是并不能因此说古代也有行政法。古代有关官制的规定,只是规范层面的国家管理制度,没有限制政府权力、保护公民权利的内核,与现代行政法的精神大相径庭。现代行政法以有限政府、分权理论、政府责任和法治国家等为背景,古代则没有其生存的土壤。

其次,行政法是部门法意义上的概念。这一点与民法、刑法不同,民法、刑法都有统一的法典。但是迄今为止,还不能在法典意义上使用行政法概念,虽然已经有《荷兰行政法通则》问世,20世纪60年代,还掀起了全球性的制定行政程序法典的浪潮,但是迄今为止还没有产生可以与刑法、民法并驾齐驱的行政法典。所以当我们指称行政法时,我们无法直观地拿出一本称为"行政法"的法典。行政法是与民法、刑法等部门法相对应的称呼,下面还有若干具体的法律支撑其框架,如行政处罚法、行政许可法、行政强制法,等等。也正是在部门法意义上,尽管英美法系的国家没有公法私法的划分,在实践中也不太着意于行政法为何物的分析,但无论在观念上还是在理论研究中都存在范围与大陆法系范围旗鼓相当的、比较法意义上的行政法。

最后,行政法是公法。公法与私法相对应,这一分类来源于大陆法系公、私法的划分,最早可追溯至罗马法时代,私人之间的关系由私法调整,涉及政府一方的则划入公法领域。一般认为,民法、商法等为私法的典型,宪法、刑法、行政法属于公法。行政法是公法的重要组成部分,并与宪法有着深厚的渊源,被称为动态的宪法,意在将宪法所描摹的政府与公民关系具体化。

(二)行政法的内容

行政法是由三方面的法律规范构成的集合体,即行政实体法、行政程序法和行政救济法,其核心是政府与公民的关系。

行政实体法是指关于行政法律关系中实体的权力、权利、职责和义务规定的行政法规范性文件的总称。其中最为突出的代表是行政组织法,围绕行政机关的设立、变更和废止展开,着眼于行政权创设的规制和约束。如我国的《国务院组织法》《地方各级人民代表大会和地方各级人民政府组织法》等。现实生活中,由于历史和法治进展的原因,部分行政机关缺乏组织法依据,因此加快组织法立法,严格规范行政机关的创设是行政法非常重要的内容。除了行政组织法以外,在相关法律中涉及对行使行政职权的主体的创设、授权或委托的内容也属于行政实体法。

行政程序法是指规定行政权行使时所依据的步骤、次序、阶段和方法(如告知、听证、公布等)的规范性文件的总称。行政程序既包括某些行政行为特有的程序,如行政强制中的扣押、强制拆除等,也包括两个或两个以上的行政行为都会涉及的一般程序,如行政处罚和行政许可的听证程序等。行政程序法典化已经成为世界的普遍现象,从19世纪末至今,世界各国编纂行政法典的高潮此起彼伏。行政程序法在约束与监督行政机关权力、保障公民权利、提高行政效率等方面发挥了重要作用,行政程序法治化已经成为一国民主和法治的重要标志,也成为行政法全球化的一个重要体现。世界上第一个制定行政程序法的国家是西班牙(1889年),奥地利也通过了《普通行政程序法》(1925年),欧洲许多国家仿效制定了自己的行政程序法;20世纪50年代美国制定了《联邦行政程序法》,掀起全球第二次制定行政程序法的浪潮;20世纪90年代日本、韩国等也制定了行政程序法,为第三次高潮。2021年中共中央印发的《法治中国建设规划(2020—2025)》中也强调要研究制定行政程序法。

行政救济法,即当行政权的行使侵犯公民合法权益时,为公民提供救济的法律规范,包括行政复议法、行政诉讼法与国家赔偿法。行政复议,是由作出行政行为的行政机关的上级机关提供的救济,是一种内部监督方式,在我国台湾地区称为诉愿法,美国的行政法官和英国的行政裁判所也是类似的制度。行政复议是由行政机关自身为权益受到侵害的公民提供救济,是保护公民权益的第一道闸门。在公民提起行政诉讼之前需要经过的行政复议程序,称为复议前置,不少国家都经历了绝对的复议前置,到部分行政复议前置,到不要求行政复议的过程。行政诉讼是由法院解决行政争议的监督形式,既给合法权益受到侵犯的公民提供法律救济,也监督行政主体依法行使职权。从各国都可以看到行政诉讼受案范围呈扩大趋势,绝大多数行政行为可以直接提交法院进行审查,即使是已经经过复议审查的行政行为,仍可诉诸法院。国家赔偿是指行政主体及其工作人员违法行使职权侵犯公民、法人或其他组织的合法权益并造成损害,由国家依法通过赔偿义务机关承担赔偿责任的法律制度。在我国,司法最终原则作为行政救济法的基本原则需要制度上和实践操作上的进一步落实。行政救济法实现了公民有权利即有救济的原则,对保障公民基本权利和自由、完善法治都有不可或缺的作用。

(三)行政法的特征

行政法与其他部门法相比较,具有以下特征:

第一,行政法尚无统一法典。行政法内容繁复,体系庞杂。可以说,再找不出像行政法这样涉及社会生活方方面面,规范数量惊人而又难以抽象化的法律部门。行政法规范的数量居于各部门法之首,而且行政法规范的表现形式不一,种类繁多,一方面缘于行政权运作的复杂现状,行政管理由于牵涉范围广,具有很强的专业性和技术性,同时为适应变化的社会需要处于变动快的相对不稳定状态,很难进行归纳总结,将如此之多的内容纳入一部法典之中,是不可能的;另一方面缘于行政法学还是一门相当年轻、有待进一步发展完善的学科,行政法学对行政权运作的情况和规律研究和把握的水平还有待提高深化。因此,行政法没有和民法、刑法类似的、体系清晰、结构完整的法典,但是行政法可以有行政程序法典,将行政权运作的程序类型化后编成法典,这是行政法的一大特色。当然,在大陆法系国家也有一般行政法领域法典化的立法尝试,最为典型的是荷兰制定的《行政法通则》。我国也有学者在上世纪 90 年代提出制定统一的行政法典与行政法法典化进程。[①] 近几年来,不断有学者提出制定行政法总则或通则[②],行政法学界也围绕行政法总则制定的必要性与可行性召开了多次专家研讨会[③]。然而,因行政法自身调整对象极其广泛以及易变性,行政法法典化也存在很多争议。[④]

第二,行政诉讼法是行政法的组成部分。通常情况下,我们说刑

---

① 参见湛中乐、尹好鹏:《制定统一的行政法典既有必要亦有可能——〈荷兰行政法通则〉概述》,载罗豪才主编:《行政法论丛》第 2 卷,法律出版社 1999 年版;朱维究:《行政程序法与行政法法典化》,载《法制日报》2001 年 7 月 22 日。

② 参见关保英:《行政法典总则的法理学分析》,载《法学评论》2018 年第 1 期;章志远:《中国特色行政法法典化的模式选择》,载《法学》2018 年第 9 期。

③ 《行政法总则立法研讨会在北京召开》,法制网,http://www.legaldaily.com.cn/Lawyer/content/2018-11/16/content_7695649.htm,2020 年 7 月 22 日访问。

④ 参见杨建顺:《为什么行政法不能有统一的法典?》,载《检察日报》2020 年 6 月 3 日第 7 版。

法指的是刑事法律,民法指的是民事法律,都不包括诉讼法在内,而将诉讼法归入到程序法范畴内。当谈及行政法时,则比较特殊,行政程序法专指行政权运作所要遵循的规则,而行政诉讼法由于同行政实体法、行政程序法的密切关系,应该是行政法的组成部分。为了学习和研究方便,有时也将行政诉讼法单列出来。但是行政诉讼法与行政实体法、行政程序法、行政复议法的密切关系,是民刑二法所没有的,比如在组织法中为行政机关设定职权的同时,需要在行政诉讼法中提供合适的救济途径,而在行政诉讼中所暴露的很多问题也推动了实体法和程序法的进一步发展,我国就是先有《行政诉讼法》,然后在诉讼法的带动下,出台《行政复议法》《行政处罚法》《行政许可法》《行政强制法》,现在正在讨论《行政程序法》。我国行政法治的演进历程充分体现了行政诉讼法是行政法的组成部分这一特点。

第三,程序与实体的交融在行政法上表现得尤其突出。现代法律的一个新趋势就是程序与实体的交融。行政法虽然有实体法和程序法之分,但二者的交叉混合现象十分突出,许多行政法律,如《行政处罚法》中既有关于处罚权的设定,也有行政处罚权行使的程序问题。因此,单从一部法律上就很难讲到底是行政实体法,还是行政程序法。而从发展进程来看,行政实体法和行政程序法更是处于互相推动、共同发展的状态,在实现行政法治的道路上彼此深刻影响。

四、行政法学

行政法学是以行政法作为研究对象的部门法学,主要涉及行政权的设定、行使及救济等几个方面,对行政法的原则、基础理论和一般规则展开研究,也包括对部门行政法学的探讨,目的是从法学角度促进保护公民合法权益、保障行政主体依法行政。我国从20世纪80年代起出现了三个主要的行政法学流派,分别是管理论、控权论和平衡论。

管理论曾经在苏联、东欧和我国计划经济体制时期流行,苏联学者认为"行政法作为一个概念范畴,既是管理法,更确切一点说就是国家管理法"①,将行政等同于管理,以提高行政效率、实现行政管理任务为目标,研究内容也主要是针对保障行政管理顺利进行而展开,重实体而轻程序;注重对当事人的义务和责任的规定,忽视行政机关的法律责任;追求行政管理目标的有效实现,忽视对行政权的监督,行政救济被认为是行政机关对公民的恩赐。管理论的产生与当时的历史背景有密切的联系,但同现代民主法治观念则严重背离。

控权论来源于英美法国家的学说,如美国法学家伯纳德·施瓦茨曾经说过,"行政法是控制国家行政活动的法律部门,它设置行政机构的权力,规范这些权力行使的原则,以及为那些受行政行为侵害者提供法律补救"。② 控权论从保护公民权益角度,主张控制行政权扩张,严格监督行政权,以防止其滥用给公民造成损害;强调司法审查,重视行政程序的作用。

我国学者还提出平衡论,试图综合保护公民权益和保证行政职权合法行使双重目标,认为行政法是有关行政关系和行政监督关系的法律的总称,行政法的内在精神在于谋求整体的平衡。③

行政法学在进行理论研究的同时,也关注实践中出现的新问题、新现象,理论和实践相互呼应;行政法学除了在法学体系内注重和宪法学、民法学、刑法学、诉讼法学的相互借鉴和学习外,也注意吸收政治学、经济学和公共行政学等其他学科的研究成果;行政法学是一门开放性的、不断发展和自我更新的学科,在现代民主法治背景下,为推动行政法治,建立社会主义法治国家发挥重要作用。

第二节 行政法的历史发展

现代意义上的行政法律制度起源于西方,是与近代资本主义国家的商品经济和民主政治制度相伴而生的,这一点人们已基本达成

---

① 〔苏联〕B.M.马诺辛等著:《苏维埃行政法》,黄道秀译,群众出版社1983年版,第29页。
② 〔美〕伯纳德·施瓦茨著:《行政法》,徐炳译,群众出版社1986年版,第1页。
③ 参见罗豪才主编:《现代行政法的平衡理论》,北京大学出版社1998年版,第11页。

共识。正是近现代西方特定的历史文化背景创造了现代行政法原理和它最深刻的本质特征。因此,要想正确理解现代行政法的精神实质,掌握行政法发展的一般规律,了解西方行政法的历史发展就至关重要。但是对于我们这样一个有着悠久历史文化传统的国家来讲,单纯了解西方行政法历史发展的轨迹还远远不够,还必须了解我们自己的历史发展轨迹和文化传统的影响,如此才可预知中国行政法未来的发展方向。

一、西方行政法的产生

现代意义的行政法最早产生于西方国家。

行政法作为一项独立的法律制度,是在法国大革命后首先确立起来的。大革命前法国是一个实行高度中央集权的封建君主专制国家。1789年的大革命推翻了封建专制制度,资产阶级按照"三权分立"的思想重新设计了法国的政体。法国1791年《宪法》明确规定:"立法权委托给人民自由选出的暂时性的代表们所组成的国民议会","行政权委托给国王","司法权委托给人民按时选出的法官行使之"。法国资产阶级确立三权分立体制,不仅是为了限制王权,同时也是为了限制司法权。因为大革命前巴黎高等法院为贵族所把持,是一个反对任何改革措施的封建堡垒。它除拥有司法权外,还有一项重要的特权,即国王的敕令在公布前须经其登记。巴黎高等法院经常利用这项权力反对代表资产阶级利益的政府改革,维护其贵族特权。1789年,国民议会决定停止巴黎高等法院的活动。1790年的《法院组织法》明确规定:"司法职能和行政职能现在和将来永远分离,法官不得以任何方式干扰行政机关的活动,也不能因其职务上的原因将行政官吏传唤到庭,违者以渎职罪论。"这一规定排除了普通法院对行政纠纷的管辖权。1799年,拿破仑一世建立了国家参事院和省参事院。国家参事院一方面受理行政纠纷,提供解决纠纷的参考意见;另一方面为政府提供法律咨询。自此,法国建立起行政审判制度,为行政法的发展奠定了基础。法国对行政权的控制主要是通过诉讼来实现的,但受理行政纠纷的法院,适用的法律和程序都自成体系,和普通法院体系相区别。这是法国行政法的特点,也是法国行政法能够独立发展的原因所在。

美国是严格依据三权分立思想建国的国家。美国独立战争的领袖们熟读了《论法的精神》,并把分权与制衡的理论写入宪法,作为其立国之本。因此,在美国,立法、司法对行政的控制始于其国家建立之时。但由于美国承袭英国的普通法制度,公法与私法不分,行政法的出现并没有引起人们的注意,直到州际商业委员会的设立,人们常将此作为美国行政法产生的标志。由于严格的三权分立不能适应现代经济管理的需要,新型的行政机构——独立管制机构应运而生。1887年,国会立法设立了州际商业委员会,并赋予它广泛的制定规章权、裁判权和比传统的执行权更多的执行权。由于州际商业委员会的权力超出了传统行政的范畴,延伸到立法和司法的领域,因此,对其加以控制也就变得十分重要了,美国行政法正是在此基础上产生并逐步发展起来的。

二、西方行政法的历史发展

行政法在西方国家产生后,经过了几百年的发展和完善的历程,大致经过了三个阶段,并形成了两种不同的模式:以法国为代表的大陆法系模式和以英国、美国为代表的英美法系模式。其中,发展较为迅速的是以法国为代表的大陆法系模式,而这与法国独立的行政审判制度是分不开的。

(一)大陆法系国家行政法的历史发展

属于大陆法系模式行政法的国家以法国为代表,其中还包括德国、奥地利、比利时、荷兰、西班牙等国家。它们的主要特点有:(1)在法律体系上,大陆法系行政法属于公法,而且有一套专门的行政法规则,构成一个独立的法律体系。(2)在处理与解决行政案件上,以适用行政法规则为原则,适用一般法律规则为补充和例外。(3)在有关裁决行政案件的司法体制上,大陆法系国家设有独立于普通法院之外并与其并列的自成体系的专门行政法院。行政法院与普通法院并列,互不从属,如发生管辖冲突,交由权限冲突法院裁决。当然,在大陆法系国家内部,其行政法的具体内容与体系结构也并非毫无差别,如法国行政法院隶属于行政系统,德国行政法院隶属于司法系统；再如法国行政法的许多原则来源于行政法院判例，而德国行政法的许多原则主要来源于成文法的规定。

大陆法系行政法国家中，无论是从其产生的时间，还是就其内容而言，法国都最具典型性。因此，我们就法国行政法的历史发展作一基本介绍。

法国行政法的产生是以最高行政法院即国家参事院的成立为标志，法国最高行政法院的发展历史，实际上也就是法国行政法发展史的缩影。法国最高行政法院发展至今，大体经历了四个阶段。

第一阶段(1799—1872年)为保留审判权阶段。国家参事院成立之初，本身并不具备独立的行政审判权限，对管辖的行政案件，只能向国家元首提供解决的建议，审判权为国家元首所保留。

第二阶段(1872—1889年)为委托审判权阶段。在普法战争中由于法国战败，1870年，国家参事院曾一度被取消。1872年5月24日的法律恢复了国家参事院，同时规定国家参事院以法国人民的名义，独立作出判决，而不是行使国家元首所保留的审判权。从此，国家参事院不仅在事实上，而且在法律上成为法国的最高行政法院，取得相对独立于政府的地位。

第三阶段(1889—1953年)为一般管辖权阶段。1872年最高行政法院成为独立的审判机构，但在管辖权上还受到一个限制：当事人在向最高行政法院起诉前，必须先向部长申诉，不服部长的决定才能向最高行政法院起诉，被称为"部长法官制"。1889年最高行政法院在卡多案件中取消了部长法官制，承认当事人不服行政机关的决定可以直接向最高行政法院起诉，无须先向部长申诉。自此，最高行政法院对行政诉讼案件取得了一般管辖权。行政上的争议，凡是法律没有规定由其他法院受理的，都由最高行政法院管辖。这个制度一直延续到1953年。

第四阶段(1953年至今)为特定管辖权阶段。最高行政法院成为行政诉讼的一般管辖权法院以后，受理的行政案件日多，积压现象严重。1953年法国对最高行政法院的管辖权作了一次重要的调整，一切行政诉讼案件凡法律没有规定由其他法院受理时，都由地方行政法庭受理，地方行政法庭代替最高行政法院，成为行使行政诉讼一般管辖权的法院,最高行政法院所管辖的诉讼事项,以法律规定者为限,成为享有特定管辖权限的法院。至此,法国现代行政法院进入成熟期,以后虽有一些改革,如1988年,又在全国设立了11个上诉行政法院,以求尽快解决不服地方行政法庭判决的上诉案件,但都属法院内部关系的调整。

值得指出的是,法国行政法的重要原则都是从行政判例中产生的。由于法国行政法的产生与发展来自行政内部的法律控制,因而,法国比较强调行政法的平衡和调控作用,即行政法一方面给予政府有效的执行手段,另一方面控制政府的行政权力,政府只能依法行政,维护公民的合法权益。法国行政法的最大特点是:行政法是独立的法律体系,行政诉讼案件由行政法院审判,行政法的重要原则来自判例。

(二) 英美法系国家行政法的历史发展

属于英美法系行政法的国家主要有英国、美国、加拿大、澳大利亚、新西兰等,其中以英国、美国为代表。但这两个国家行政法的产生与发展也稍有差别。

与法国相比,英国行政法的发展由于受普通法制度的影响要缓慢得多,其获得突破性进展是在19世纪末。从18世纪末开始的英国工业革命,到19世纪末已取得了辉煌的成绩,现代工业得到高度发展,为了适应工业化发展的需要,国家行政活动方面发生了两个显著的变化:一是委任立法。为了应付工业发展所引起的社会问题,需要制定大量法律,而议会由于时间、技术等方面的原因,不能满足这个需要,不得不授权行政机关制定规范性文件,以补充议会立法的不足。1891年时,行政机关依法律授权所制定的规范性文件为议会的两倍多。从第一次世界大战开始,委任立法更是迅速发展,以应付经济问题和社会问题。二是行政裁判所的迅速发展。行政裁判所出现于20世纪初,由于政府对社会经济生活的干预加强,行政纠纷增多,行政裁判所的数量也随之增加。行政裁判所种类繁多,涉及社会生活的各个方面,其主要职能是行使部分司法权,受理行政机关和公民之间以及公民之间就劳动就业、失业保险、国民健康保险等问题产生的争端。上述两方面的变化引出大量的行政法问题,如委任立法与议会立法的关系,议会如何保证行政机关的委任立法权不被滥用,行政裁判所与普通法院的关系等。此外,20世纪以来,人们对行政程序也给予了极大的关注。为了应付这些变化,司法审查制度得到了丰富和充实,即加强了司法对行政的控制,一切政府部门的行为都要受普通法院的监督,它有权对行政机关的行为进行合法性审查,对违法的行为有权予以撤销。英国的行政法在以委任立法、行政裁判所以及加强法院对政府越权和滥用职权行为进行司法审查为核心内容的体系下发展起来,并不断完善。

美国行政法的发展模式与英国基本相同。自从第一个独立管制机构设立以后,由于现代管理的需要,类似的行政机构大量出现。它的出现引起人们对委任立法和准司法权行使的关注。其结果是加强司法对行政的控制,发展了司法复审制度。另一方面,美国对行政权的控制尤其注重从程序方面着手。1946年制定了《联邦行政程序法》,该法包括规章制定程序、行政裁决程序、司法复审程序等,是美国行政法发展到成熟阶段的标志。此后,美国还制定了《联邦侵权行为赔偿法》,完善了国家赔偿制度,另在《联邦行政程序法》的基础上,制定了《情报自由法》《私生活秘密法》和《阳光下的政府法》等,进一步完善了行政程序。

(三) 两大法系行政法的主要区别

上述法、英、美等国行政法的历史发展表明,两大法系行政法存在许多区别:

(1) 法律体系不同。大陆法系行政法构成一个独立的法律体系。其行政法内容广泛,既包括行政组织法,也包括行政活动方面的法,以及对行政权力监督与控制的法,自成较完整的系统。英美法系无公法私法之分,行政法不构成一个独立的法律体系,其行政法的内容侧重于法院对行政行为的司法审查,以控制行政权力的越权和滥用为核心,有关行政组织方面的问题一般不作为行政法的内容。

(2) 适用法律规则不同。在处理与解决行政案件上,大陆法系国家以适用行政法规则为原则,而以适用一般法律规则为补充和例外。而在英美法系国家,则以适用一般法律规则(普通法规则)为原则,适用特别的或专门的行政法规则为补充或例外。

(3)司法体制不同。在有关裁决行政案件的司法体制上,大陆法系国家设有完全独立于普通法院之外并与其并列的自成体系的行政法院,专门处理行政案件,两套法院平行并列,互不从属;而在英美法系国家,行政诉讼和民事诉讼、刑事诉讼一样由普通法院按照普通法程序管辖,没有设立专门独立的行政法院系统。

导致大陆法系与英美法系行政法特点形成的因素很多,但主要原因有三个:其一,各国历史条件不同。在法国历史上,普通法院扮演了阻碍新兴资产阶级政权发展的角色,使得行政权与司法权永远分离,正是这种分离促成了国家参事院的设立。而在英国历史上,依国王特权所设立的星宫法院与封建贵族势力的紧密勾结,导致英国人对行政法院持不信任态度,不可能在普通法院之外另设行政法院。其二,法律传统或观点不同。大陆法系一向以成文法为传统,注重法律体系,法律分为公法和私法;英美法系以普通法为传统,所有的人适用同一的法律,没有必要区分法律部门,自然也就不会产生专门适用行政法的行政法院。其三,对三权分立的理解不同。行政法院是将一部分国家审判权由行政系统自己来行使,也就是它行使了部分司法权。英美法系国家不允许司法机关以外的行政系统行使国家审判权。

三、影响西方行政法发展的主要因素探讨

综观西方行政法产生和发展的历史,行政法的产生需要一定的社会、经济、政治与思想意识等诸条件,而行政法的发展也受诸多因素的影响。探讨影响西方行政法发展的主要因素,将有助于我国行政法学的研究与发展。

(一)深厚的理论基础、强大的社会力量和民治的文化传统

15—16世纪后,随着西方开始走出黑暗的中世纪,随着资本主义的萌芽,形成了近代新兴的资产阶级群体,并在17—19世纪的近三百年间催生了一大批在人类思想史上作出巨大贡献的伟大哲学家、思想家,其中最著名的有霍布斯、卢梭、洛克、孟德斯鸠、边沁、密尔、托克维尔等。他们在西方社会面临重大转型,需要新的思想、理论进行指导的时期,对国家、政府的起源,国家权力与个人权利,国家与社会、个人的关系等基本问题进行了深刻的思考,提出了自己的思

想体系。尽管他们的观点并不一致,甚至有严重的对立和分歧,但今天西方的国家与社会关系理论正是在这些基本问题的分歧中发展起来的,经历了从不成熟到逐步完善和健全的较长过程。可以说,它是在霍布斯动摇了君权神授的理论根基之后,在卢梭的人民主权原则的大前提下,以洛克的社会先于国家因而国家受制于其对社会承诺的观点为起点,经由孟德斯鸠的三权分立理论加以规范化和制度化,到达托克维尔的分立自治与相互制衡(多元社会结构)的状态。这一理论脉络的传承和演进,事实上也是几百年来无数哲学家、思想家集体智慧的结晶。

例如,对行政法的产生和发展影响巨大的资产阶级宪政理论,就是在确立了国家与社会的基本关系后,所确定的国家权力与社会权利的基本原则,其要点有:国家不得干涉社会生活;立法机关制定一般的法规;司法机关专管司法事项;行政机关只能执行法律等,诸如此类,都对资产阶级社会秩序有极大的影响。可以说,行政法治原则本身就是宪政理论在行政领域的具体应用,在此理论根基下,行政法治原则要求政府一切活动必须遵守法律,符合一定标准,并要求法律保护平等,法律在政府与公民之间无所偏袒就显得是那么顺理成章,合情合理。

其次,在这个过程中,西方强大的社会力量和民治的文化传统都发挥了举足轻重的作用。进入20世纪之后,西方国家的宪政背景和有限政府的理念日益被不发达国家所关注,为了在追赶型现代化过程中少走弯路,很多国家引进或移植了西方的三权分立制度,制定了形式完备的宪法,实行了两党或多党轮流执政……但是效果并不理想,不仅没有带来预期中的经济繁荣,政治文明,相反经济停滞,甚至形成了"软政权",一时间"拉美病"流行。在学者们经过认真研究和考察之后发现,美国的"三权分立"制度之所以有效,政府权力能够被控制在法律范围之内,政府内部的权力制约固然是必要的,但最重要的制约应来自政府之外的社会。社会与政府的分权制衡是政府内部分权制衡的保障。他们发现,如果没有独立于政府的强大的社会力量,"三权分立"等政府内部的分权制衡则容易变成有名无实的骗局。但这个社会必须是有组织有秩序的社会,结社的多元社会,并且懂得自治、自律和运用法律手段进行斗争。因为分散孤立的个人是没有能力对政府进行制约的,只有组织起来,才有力量。但这一点也许是最高的要求,也是最难学习的。因此,托克维尔才感叹:"在现代国家里,结社的科学乃是科学之母,其他一切的进步实系于这门科学的发展。"①而西方恰恰具有民治的文化传统。这是西方行政法得以顺利发展的重要因素。②

(二)国家干预力量的增强带来对行政权力的制约力量相应增强

行政法是规范和控制行政权的法律。在自由资本主义时期,国家奉行自由主义经济政策,政府的活动范围小,行政法的作用也不十分突出。进入19世纪末期,随着资本主义经济的迅猛发展,社会各种矛盾也日益突出,导致国家对经济、社会的干预加强,行政权力迅速膨胀,甚至突破传统的三权分立格局,行政侵权的现象急剧增加。这种现实状况客观上要求对行政权力加以控制,以平衡公共利益和个人利益之间的关系。法、英、美三国行政法的迅速发展都是与行政权力的扩张相联系的,按照资产阶级宪政理论和法治原则,有权力就有制约,有权力行使就必须有法律规则控制。因此行政权的扩张必然带动行政法的发展和完善。

(三)行政诉讼制度的发展与完善

行政法的发展离不开行政诉讼,无论是法国独立的行政审判制度、英国的司法审查制度还是美国的司法复审制度,都对行政法的发展作出了重大贡献,其本身又作为行政法律制度的重要组成部分而发挥作用。法国行政法上的重要原则大多来自行政诉讼的判例,美国制定的许多成文法律也大多建立在判例的基础之上。行政诉讼之所以能促进行政法的发展,是因为诉讼活动反映了社会最直接的需求。在行政活动中,哪些方面需要规范,哪些规则需要修订,通过诉

---

① 转引自〔美〕亨廷顿著:《变化社会中的政治秩序》,王冠华等译,生活·读书·新知三联书店1989年版,第29页。
② 参见王建芹著:《第三种力量——中国后市场经济论》,中国政法大学出版社2003年版,第125、255页。

讼活动能充分地表现出来,从而成为立法的直接动力。这实际上反映了法律发展的一般规律,法律不是理念的结果,而主要由社会需要决定。

四、中国行政法的历史发展

(一)旧中国行政法状况简介

在封建社会,虽然我国规范行政的法律非常详细、严密并自成体系,并且还有《唐六典》《元典章》等古代行政法典,但现代意义的行政法直到民国时期才开始萌芽。孙中山领导资产阶级革命,推翻了清王朝的统治,主张实行资产阶级法治。《中华民国临时约法》规定:"中华民国主权属于国民全体","法院依法律审判民事诉讼和刑事诉讼,但关于行政诉讼,其他特别诉讼,另以法律定之。"在此,行政诉讼第一次被提到。1913年5月18日,北洋政府公布了《行政诉讼条例》,同年7月15日公布了《行政诉讼法》,并在同年3月公布了《平政院编制令》,规定了行政审判组织,至此,旧中国在形式上初步建立起了行政诉讼制度。国民党统治时期,虽又公布了几部行政诉讼法,但都是在此基础上作的修订。另外,国民党统治时期还颁布过一些规范行政组织的法律,如《省政府组织法》等。总而言之,旧中国行政法从无到有,在几十年的时间内形式上曾经发展到比较完备的程度,很多方面都是借鉴西方国家最先进的成果形式,但处于半殖民地半封建的旧中国,先是军阀混战,后又有外敌入侵,可谓内外交困,当时国民党政府又长期实行独裁统治,因此,客观上不具备行政法生存和发展的条件。

(二)新中国行政法发展状况简介

中华人民共和国成立后,行政法的发展大致可划分为四个时期:

(1)行政法的初创时期(1949—1956年)。新中国成立,国家的首要任务是建立各级政权,制定各项行政管理法规。因此,这一时期在起临时宪法作用的《共同纲领》的基础上,制定了一批规范行政组织的法律,如《政务院及所属各机关组织通则》《城市户口管理暂行条例》等。据此,各级行政机关迅速建立起来,并依法展开各项工作。

为使政府的工作受到应有的监督并保持人民群众与政府的密切联系,中央人民政府政务院颁布了《关于处理人民来信和接见人民来访工作的决定》,依据此决定,各级人民政府都设立了专门机构或专职人员开展工作。

(2)行政法的停滞与破坏时期(1957—1977年)。这一时期,由于"左"的指导思想和法律虚无主义的影响,国家政治生活极不正常,民主与法制遭到严重破坏,行政法不具备起码的存在与发展条件。新中国成立后我国刚刚起步的行政法也被扼杀在摇篮之中。

(3)行政法的重新起步时期(1978—1988年)。党的十一届三中全会拨乱反正,使20世纪80年代有了较为宽松的政治环境,改革开放、对国外民主与法治思想和经验的介绍,使人们在总结二十年的经验教训时深刻地意识到法治的重要性。反映在行政领域,首先,人们要求改变行政不受法律控制的状况,要求政府依法行政;其次,经济体制改革,要求政府转变行为方式和调控手段,这就需要一套明确规定行政机关权力、职责范围、活动程序以及行政救济的法律规范,可以说,经济体制改革是行政法重新起步和发展的最直接动力;再次,随着经济体制改革的进行,政府与企业之间的关系由行政隶属关系变成了法律关系,政府与企业、公民、法人等相对人之间的纠纷也从过去的内部争端转化为不同主体间的外部争端,传统的解决内部争端的非法律方式已不能适应形势的需要,而要求一个公正的第三方来裁决纠纷。最后,随着经济建设的发展,人民生活的不断改善,行政事务相应增多,行政纠纷也大量增加。为保护公民的合法权益,行政法的建立和完善就成了关注的焦点。这对行政法的发展起到了推动作用。正是在这个大背景下,我国行政法开始重新起步。首先,1982年我国制定了新《宪法》,对公民基本的权利义务进行了明确的规定,并就行政管理活动基本原则、国家行政机关组织、基本工作制度和职权等进行了规定。其次,我国颁布制定了许多急需的法律、法规,如《国务院组织法》《治安管理处罚条例》等,范围涉及工商、税务、公安、海关、资源管理等许多领域;并对新中国成立以来颁布的法规进行了清理、废止和修订;国家还进行了中央和地方的行政机构改革,新建了一些适应新时期行政管理需要的机构,如环境保护机构、土地管理机构等。最后,行政诉讼开始出现。20世纪80年代之前,我国解决行政纠纷的途径主要是信访、上访等,但由于信访、上访途径缺少法律规范和保障,致使纠纷得不到及时、满意的解决。1982年《民事诉讼法(试行)》规定行政案件由人民法院按照法律规定受理,确立了司法对行政的审查和监督。与此同时,自1980年至1989年共有上百部法律、法规对行政诉讼作出规定,赋予公民、法人和其他组织不服行政行为可向法院提起诉讼的权利,行政案件数量也日渐上升。随着行政案件的增多,行政法深层次的问题开始显露,行政诉讼与民事诉讼的区别也日益明显,客观上为建立适应行政法特点的行政诉讼制度提供了条件。

(4)行政法的发展时期(1989年至今)。1989年4月4日,第七届全国人民代表大会第二次会议通过了《中华人民共和国行政诉讼法》,并规定于1990年10月1日起实施。这标志着我国行政法开始进入发展时期。《行政诉讼法》规定了司法对行政的监督,公民、法人和其他组织认为行政机关的具体行政行为侵犯其人身权、财产权的,有权向人民法院提起诉讼,人民法院有权对该行为的合法性进行审查,并撤销违法的行为。使公民、法人或其他组织的合法权益有了切实的保障。另外,《行政诉讼法》的颁布和实施,带动和促进了相关配套行政法律的制定。如1994年全国人大常委会通过了《国家赔偿法》,修订了《治安管理处罚条例》,1996年3月全国人大通过了《行政处罚法》,1997年全国人大常委会通过了《行政监察法》,1999年全国人大常委会通过了《行政复议法》,2005年通过了《治安管理处罚法》,2011年通过了《行政强制法》,2019年修订了《公务员法》《行政复议法》《行政处罚法》等,还有一批行政法律法规正在拟制过程中。随着《行政诉讼法》及其相关配套行政法律法规的颁布实施,在全社会,尤其是在政府系统内部开展了普及行政法、行政诉讼法知识的活动,对公民的法律意识和行政机关依法行政意识的形成起到了极大的推动和促进作用。

(三)改革开放与中国行政法

中国行政法的发展与1978年开始的改革开放紧密相关。正是改革开放,发展经济,使政府的身份地位发生了变化。在传统计划经济体制中,政府与企业之间的关系是行政隶属关系,政府作为经济活动的组织者和管理者,直接对经济活动进行组织和指挥。如生产任务由政府按行政系统分派给各企业,物资、资金也按行政系统下发到各企业,政府是实际上的经济活动的主体,以致造成政企不分,影响了经济效率。改革就是要打破这种产品经济体制,使企业成为相对独立的商品生产者,政府退出经济活动的领域,不再扮演经济活动主体的角色,而是要以公共权力拥有者的身份对经济活动领域中双方当事人之间的经济交往进行监督,维持经济活动的秩序,提供公共服务。正是这种角色的变化或身份地位的变化,使政府的权力结构也发生了变化。与过去经济活动的组织者和管理者角色相配套的政府权力是物资分配权、资金调拨权、人事任免权等,而对于作为公共秩序的维持者、公共服务的提供者的政府来说,传统的权力已经失去了其存在的基础,与政府的新身份相适应的是与在市场体制下政府的主要职能相配套的行政许可权、检查监督权、调查权、执行权和处罚权、强制执行权,等等。更为重要的是,政府身份的转变和权力结构的重新调整,导致了政府行为方式的变化。

在过去的行政隶属关系中,政府与企业之间的关系主要是命令与服从的关系、上级与下级的关系,这种关系主要靠政策调整,内部协调。而在新的关系中,政府与企业之间是一种法律关系,企业依法经营,否则就要受到政府的法律制裁。而政府要依据法律来维持秩序,实行监督,提供服务。若政府不能依法行政,社会主义市场经济秩序就无法建立,市场经济活动的主体也就不能发挥积极性、主动性,改革开放的目标就不能实现。因此,完善和健全行政法治,使政府的权力在可控的范围内行使,就成为改革开放、建立社会主义市场经济体制的根本要求。这就为我国行政法的发展和完善提供了条件。

(四)我国行政法面临的困境

我国自1978年末开始的改革开放,既不同于历史上无数次的改朝换代①，也不同于近代以来发生的两次革命②，而是在经历了"文化大革命"的浩劫之后，中国共产党在全面总结新中国成立以来的经验教训特别是总结"文化大革命"教训的基础上，通过自觉的拨乱反正，正本清源，构建社会经济发展的新理念而实施的一场改革运动。其特点就在于，这场改革运动本身就是由党和政府主动推动并积极实施的，因此中国的改革开放虽然也离不开社会发展的推动，但更大程度上是由国家和政府主动来完成的。因此，中国的改革属于主动型的"政府主导型改革"。

"政府主导型的改革"意味着，在改革目标的选择、改革方案的制定等重大问题决策方面，政府居于绝对主导和支配的地位，社会力量则被置于政府的有效控制之下，通常很难发挥重大的影响。从政府行政的角度看，制约和规范政府的权力，通常也要靠政府主动行使。这一点与我们国家的文化及政治传统有关，而与西方发达国家中强大的社会力量和民治的文化传统截然不同。从近代西方发达国家所走过的宪政、有限政府、行政法治的路径来看，它们通常是由封建主义国家及城市共和国，到绝对主义国家，再到宪政主义国家，其整个过程中充满了国家对社会的让步，社会的各种团体高度自治，并能对国家和政府的权力进行有效的制约。但随着中国经济体制改革的深化和政治体制改革的深入，在国家政府与社会的关系方面，同样面临着一个新的挑战，这一挑战也被某些学者称为中国现代化的两难困境，因为要保证改革的顺利进行，必须在一方面要避免立基于原有结构的政治权威在变革中过度流失，从而保证一定的社会秩序和政治动员的能力，而在另一方面为了保证这种权威真正具有"现代化导向"，就必须防止转型中的权威因其不具外部制约或社会失序而发生某种"回归"；从历史经验上看，上述两个条件却构成了中国现代化过

---

① 自从秦王朝建立大一统的中央集权政权之后，尤其是汉朝罢黜百家、独尊儒术，奠定了儒家的统治地位之后，中国历史上任何政治的变迁都只限于人事的变更，而非政治秩序的更迭。中国历史上只有在人民忍无可忍的时候反抗暴君，而非反抗政治的原则。

② 指辛亥革命和社会主义革命。所谓革命就是统治者统治的合法性发生了危机，而社会的力量相对强大，政府的力量相对弱小，社会通过直接摧毁旧制度、推翻旧政府的方式完成制度变迁，这样，新制度、新政府可以一次性地取代旧制度、旧政府。

程中相倚的两极:政治变革导致传统权威的合法性危机,进而引发社会结构的解体和普遍的失范,作为对这种失序状态的回应,政治结构往往向传统回归,而这又使政治结构的转型胎死腹中。这种历史上出现的两极徘徊在当代则演变为"一放就乱,一乱就统,一统就死"的恶性循环。核心问题就是:究竟应当以怎样的认知方式来看待中国现代化的这一两难症结以及如何在理论上建构中国实现(包括政治民主化在内的)现代化的良性的结构性基础。这种困境在中国行政法方面的表现就是,行政法要制约政府权力,但是行政法治的建设要靠政府推动,制约政府权力既需要来自政府内部的权力分工和制约,更需要来自政府外部的社会力量,而现实社会中我们的社会力量还非常弱小,需要一个相对漫长和艰苦的培育期,这又离不开政府的主导性作用。

(五)我国行政法发展的路径展望

首先,在研究政府内部权力制约(三权分立、两党或多党轮流执政在西方都被认为是来自政府内部的权力制约,政府外部的权力制约主要是指来自社会团体的力量)的同时,要注重来自政府外部对权力制约的研究。在研究提供公共物品服务的政府组织的同时,加强对从事提供非垄断公共物品[①]的社会组织的研究。在注重研究限制政府权力的同时,更要注重研究在中国现有的国情下,如何更好地发挥政府的积极性、主动性来培植社会力量对政府权力进行有效控制。而且中国政府是有这个积极性和主动性的,一是因为面临来自国际上的制度竞争的强大压力。二是国内要求变革的压力,而且改革本身是有它自己的运行逻辑的,正所谓牵一发而动全身。改革一旦启动,就会按照自己的逻辑发展下去,直到建立起新的稳定状态为止,

---

① 按照供给者的数量,公共物品可以分为垄断性公共物品和非垄断性公共物品。如果某种公共物品只能由一个主体供给,而不能由多个主体供给,这种公共物品就是垄断性公共物品。如现代国家的立法、司法、国防、外交等都属于典型的垄断性公共物品。如果某种公共物品可以由多个主体提供,那么这种公共物品就是非垄断性公共物品。基础教育、公共卫生、环境保护、消防、同乡联谊等都属于典型的非垄断性公共物品。垄断性和非垄断性是由公共物品的本质决定的。参见康晓光著:《权力的转移——转型时期中国权力格局的变迁》,浙江人民出版社 1999 年版,第 25—26 页。

它不会以人的意志为转移。改革的内在逻辑决定了,新的生产技术在被引进之后,要使其更有效率,随之而来的必然是先进的企业管理方式的引进和借鉴,旧的企业管理方式必然要被扬弃。与此同时,伴随国外企业管理方式一起进来的将是新的价值观念与思维方式。进而,微观机制再造将引发对宏观层面改革的社会需求,所有制、政府管理体制、价格机制、社会分配机制、人才管理体制等都变成了改革的对象。三是中国共产党领导的政府,是为人民服务的政府,是致力于社会进步的政府,中国共产党的先进性决定了党和政府具有主动推进改革的内在动力和机制。

其次,在注重制度建设和程序立法的同时,加强深层次行政法理论的研究。中国行政法发展的困境很大程度上是由于深层次理论研究的缺乏,人们往往过多关注政治体制改革,而忽视了社会领域的改革,过多关注了政府,而忽视了对社会组织的研究,尤其是对政府权力的来源、行政权的设置等重大理论问题都似是而非,没有研究。另外,注重具体的制度建设和程序完善固然很重要,但关键是更要研究良好的法(法律、法规、规章、规范性文件)是如何立出来的,良好的行政法律制度是如何形成的,科学的、公平正义的行政程序应是怎样的。要研究这些问题,除了研究西方的经验教训外,更要深入到我国各层次行政机关做大量的调查研究,其中有大量的、细致的工作要做。既要取得行政机关工作人员的配合,又要广泛听取民众的意见,更要借助现代的科学技术手段,发挥科学精神。西方在设置行政权力、职位、职责、权限方面大量借鉴了企业管理方面的技术和方法,运用了大量的最新的科学技术手段,来控制、监管政府权力的行使,而程序的设计更要运用现代化的手段。此外,需要注意,研究我国行政法治建设中的根本问题,还需要研究行政法与党政关系、治理、公私合作、新公共服务、政府规制、风险行政、多元利益调整、内部行政与区域治理的关系。①

最后,加强中国行政法与中国传统文化的创新的互动。中国行

---

① 参见李洪雷:《面向新时代的行政法基本原理》,载《安徽大学学报(哲学社会科学版)》2020年第3期,第83—92页。

政法的发展是与1840年以来,外敌入侵改变了传统中国两千多年的历史循环密切相关的。1840年的鸦片战争,使中国稳稳地运行了两千多年的政治体制受到了西方政治体制强有力的冲击,而支撑这套政治体制的"以家族为中心,以伦理为本位,以周孔教化为基础的建立在农业上的非经济性的"文化中国要实现行政法治,必然要更新文化价值系统,实现传统文化的创新。当然,加强行政法治也可以促进文化理念的更新,这是一个互动过程。

第三节 行政法的渊源

法律渊源,也称法的渊源或法源,是指那些具有法的效力、作用和意义的法的外在表现形式,因此法的渊源又称为法的形式。[①] 在我国,行政法的法律渊源包括两类:第一类是宪法、法律、行政法规、地方性法规和规章等以法规范性文件表现出来的渊源,即形式渊源,第二类是判例、惯例和行政法一般原则等实质渊源。

一、行政法的形式法源

(一)宪法

宪法是国家的根本大法,规定了国家的基本制度,具有最高的法律地位和法律效力,是所有立法的依据。我国现行宪法于1982年12月4日由第五届全国人大第五次会议通过,1988年、1993年、1999年、2004年和2018年经过5次修正。宪法中规定了一系列关于行政权的内容,如国家行政机关的组织和职权,国家行政机关的活动原则,公民的基本权利、自由及其保护,等等。宪法不仅指宪法典,也包括宪法性文件,即有关国家行政机关的组织法,牵涉到与行政机关的关系的其他国家机关的组织法,以及其他与行政权运作有关的宪法性文件。

(二)法律

法律包括基本法律和一般法律,前者是由全国人民代表大会制

[①] 参见张文显主编:《法理学》,法律出版社1997年版,第77页。

定的关于国家权力结构、公民权利等基本内容的法律,后者是除了基本法律以外的、由全国人民代表大会及其常务委员会制定的法律的总称。凡是与行政权有关的法律都是行政法的渊源,如《土地管理法》《药品管理法》《行政处罚法》《行政复议法》《行政诉讼法》等。根据我国《立法法》第8条与第9条的规定,下列事项只能制定法律:(1)国家主权的事项;(2)各级人民代表大会、人民政府、人民法院和人民检察院的产生、组织和职权;(3)民族区域自治制度、特别行政区制度、基层群众自治制度;(4)犯罪和刑罚;(5)对公民政治权利的剥夺、限制人身自由的强制措施和处罚;(6)对非国有财产的征收;(7)民事基本制度;(8)基本经济制度以及财政、税收、海关、金融和外贸的基本制度;(9)诉讼和仲裁制度;(10)必须由全国人民代表大会及其常务委员会制定法律的其他事项。上述事项尚未制定法律的,全国人大及其常委会也可以授权国务院对其中的部分事项先制定行政法规,但是有关犯罪和刑罚、对公民政治权利的剥夺、限制人身自由的强制措施和处罚、司法制度等事项除外。

(三)行政法规和地方性法规、自治条例、单行条例

行政法规是国务院根据宪法和法律制定的、关于全国行政管理工作的法律规范的总称。国务院根据宪法和法律,制定行政法规。行政法规可以就下列事项作出规定:(1)为执行法律的规定需要制定行政法规的事项;(2)《宪法》第89条规定的国务院行政管理职权的事项。应当由全国人民代表大会及其常务委员会制定法律的事项,国务院根据全国人民代表大会及其常务委员会的授权决定先制定的行政法规,经过实践检验,制定法律的条件成熟时,国务院应当及时提请全国人民代表大会及其常务委员会制定法律。《立法法》和《行政法规制定程序条例》对于行政法规的制定作出了具体程序规定。

根据《立法法》的规定,省、自治区、直辖市的人民代表大会及其常务委员会,省、自治区、直辖市的人民代表大会及其常务委员会根据本行政区域的具体情况和实际需要,在不同宪法、法律、行政法规相抵触的前提下,可以制定地方性法规。设区的市的人民代表大会及其常务委员会根据本市的具体情况和实际需要,在不同宪法、法

律、行政法规和本省、自治区的地方性法规相抵触的前提下,可以对城乡建设与管理、环境保护、历史文化保护等方面的事项制定地方性法规,法律对设区的市制定地方性法规的事项另有规定的,从其规定。地方性法规可以就下列事项作出规定:(1)为执行法律、行政法规的规定,需要根据本行政区域的实际情况作具体规定的事项;(2)属于地方性事务需要制定地方性法规的事项。除《立法法》第8条规定的事项外,其他事项国家尚未制定法律或者行政法规的,省、自治区、直辖市和设区的市、自治州根据本地方的具体情况和实际需要,可以先制定地方性法规。在国家制定的法律或者行政法规生效后,地方性法规同法律或者行政法规相抵触的规定无效,制定机关应当及时予以修改或者废止。

自治条例和单行条例是民族自治地方的人民代表大会,依照《宪法》《民族区域自治法》和其他法律规定的权限,结合当地的政治、经济、文化的特点,所制定的规范性文件的总称。在这些法规范性文件中,有关行政职权规定的内容都是行政法的渊源,但前提是符合《立法法》对法律效力和层级的要求,并且不得违反立法原则和精神。

(四)规章

规章包括部门规章和地方规章。部门规章是指国务院各部、委员会、中国人民银行、审计署和具有行政管理职能的直属机构,根据法律和国务院的行政法规、决定、命令,在本部门的权限范围内制定的规章。部门规章规定的事项应当属于执行法律或者国务院的行政法规、决定、命令的事项。没有法律或者国务院的行政法规、决定、命令的依据,部门规章不得设定减损公民、法人和其他组织权利或者增加其义务的规范,不得增加本部门的权力或者减少本部门的法定职责。地方规章是指省、自治区、直辖市和设区的市、自治州的人民政府,根据法律、行政法规和本省、自治区、直辖市的地方性法规所制定的规章。地方政府规章可以就下列事项作出规定:(1)为执行法律、行政法规、地方性法规的规定需要制定规章的事项;(2)属于本行政区域的具体行政管理事项。设区的市、自治州的人民政府制定地方政府规章,限于城乡建设与管理、环境保护、历史文化保护等方面的事项。应当制定地方性法规但条件尚不成熟的,因行政管理的迫切需要,可以先制定地方政府规章。规章实施满两年需要继续实施规章所规定的行政措施的,应当提请本级人民代表大会或其常务委员会制定地方性法规。没有法律、行政法规、地方性法规的依据,地方政府规章不得设定减损公民、法人和其他组织权利或者增加其义务的规范。规章制定程序应该遵守《立法法》与《规章制定程序条例》的规定。

(五)法律解释

法律解释是指有权机关就规范性文件在具体适用中出现的问题,作出的进一步说明和补充,以及如何运用的解释。根据全国人大常委会1981年《关于加强法律解释工作的决议》,有权解释包括立法解释、司法解释、行政解释和地方解释。这里所指的行政法的渊源一部分是有行政立法权的行政机关对自己制定的行政法规、规章和行政规范性文件作出的行政解释,另一部分是关于《行政诉讼法》的法律解释。根据《立法法》的规定,最高人民法院作出的属于审判工作中具体应用法律的解释,应当主要针对具体的法律条文,并符合立法的目的、原则和原意。为了解决实践中遇到的问题,最高人民法院相继于1991年和2000年颁布《关于贯彻执行〈中华人民共和国行政诉讼法〉若干问题的意见(试行)》和《关于执行〈中华人民共和国行政诉讼法〉若干问题的解释》(均已失效),2003年颁布《关于行政诉讼证据若干问题的规定》,2014年《行政诉讼法》修改之后,又制定了《关于适用〈中华人民共和国行政诉讼法〉若干问题的解释》(已失效)以及《关于适用〈中华人民共和国行政诉讼法〉的解释》《关于审理行政协议案件若干问题的规定》《关于行政机关负责人出庭应诉若干问题的规定》等司法解释。司法解释是最高人民法院在行政审判工作中对实践中出现的问题结合学术发展作出的全面而具体的解释,在我国行政诉讼制度的发展中曾经并且正在发挥不可忽视的作用,是行政法的重要渊源。

(六)国家条约和惯例

随着我国加入WTO和全球化进程的推进,国际交流日趋频繁,国际条约和惯例中会涉及大量有关行政管理的规则,这些规则对于调整我国政府与他国公民、组织间的关系发挥作用。因此国际条约中关于行政管理的规则,除了我国声明保留的以外,都是我国行政法的成文法渊源。

(七) 行政规范性文件

除了行政法规、行政规章以及地方性法规、地方规章之外,行政机关都会颁布针对不特定多数人的、效力指向将来的规范性文件。行政规范性文件称呼较为混乱,包含范围也有所不同,有学者称之为"行政规定"或"行政规范"。[①] 根据《关于加强行政规范性文件制定和监督管理工作的通知》(国办发〔2018〕37号),行政规范性文件是除国务院的行政法规、决定、命令以及部门规章和地方政府规章外,由行政机关或者经法律、法规授权的具有管理公共事务职能的组织(统称行政机关)依照法定权限、程序制定并公开发布,涉及公民、法人和其他组织的权利义务,具有普遍约束力,在一定期限内反复适用的公文。这些规范性文件与法规和规章相比效力要弱,而且不能作为法院在行政诉讼中的法律适用依据,但是其中也涉及行政权运作的具体情况,因此其中合法合宪的规定,同样具有重要意义。我们认为,行政规范性文件也是行政法的形式渊源。

此外,拥有行政立法权的行政机关除制定行政法规、规章,还大量地颁布通知、决定、命令等文件,这些文件中许多也是规范性文件,同样属于这类法源。

二、行政法的实质法源

行政法的实质渊源是指没有体现为具体条文,但反映了行政法的精神和实质,在行政法理论和实践中发挥作用的内容。与形式渊源相对应,实质渊源特指非制定法意义上的法律表现形式,主要包括惯例、司法判例、学说和一般法律原则。

[①] 参见董皞:《论行政审判对行政规范的审查与适用》,载《中国法学》2000年第5期;朱芒:《论行政规定的性质》,载《中国法学》2003年第1期;应松年主编:《当代中国行政法》(第三卷),人民出版社2018年版,第905页。

(一) 惯例

所谓惯例是指在行政管理过程中经过常年的积累和检验而形成的通行于行政权运行的某一领域或某一事项的习惯性做法,以至于如果按照这一惯例行事,行政主体的行为即产生法律效力或产生法律后果。一般在法制健全的情况下,行政惯例往往已经上升为法律规定,但是也会有一些尚未转化为法律却在实践中确实发挥作用的惯例。行政惯例一般对法官不具有约束力,但是我国也有一些行政诉讼案件,法院适用行政惯例作出判决。[1] 我国对行政惯例的梳理和研究还处于起步阶段。[2]

(二) 司法判例

在英美法系国家,司法判例作为行政法的渊源自不待言,判例法是法律体系的当然组成部分,而且很多规则和原则也是在判例中产生并发展起来的。在大陆法系国家,除了法国将行政法院系统的行政判例作为法律渊源外,其他国家并不明确承认司法判决作为法律渊源。当然,在两大法系逐渐融合的今天,认为大陆法系中判例绝对不是法的渊源过于绝对化,在大陆法系国家,对待判例的态度也呈现多样化。在英美法系国家,判例具有拘束力,而在大陆法系国家虽然没有拘束力,但在实践中有说服力,从这一意义上讲,判例也可以是法律渊源。我国仅承认成文法作为法律渊源,有学者认为"我国的指导性案例不会成为法律渊源,法官也不受先例拘束原则的拘束"[3],也有学者提出最高人民法院作出的判例可以作为非正式法律渊源[4]。但是最高人民法院的案例选以及指导性案例在实践中对下级人民法院的指导和示范作用也是显而易见的。

---

[1] 参见"吴小琴高保华工伤保险待遇二审行政判决",山西省高级人民法院(2010)晋行终字第 115 号行政判决书。
[2] 参见陈新民:《论行政惯例的适用问题——评最高人民法院"广州德发房产建设有限公司诉广州市地方税务局第一稽查局税务处理决定案"判决》,载《法学评论》2018年第 5 期;柳砚涛:《构建我国行政审判"参照"惯例制度》,载《中国法学》2017 年第 3 期。
[3] 王利明:《我国案例指导制度若干问题研究》,载《法学》2012 年第 1 期。
[4] 张骐:《判例法的比较研究——兼论中国建立判例法的意义、制度基础与操作》,载《比较法研究》2002 年第 4 期。

(三) 学说

行政法学发展过程中出现的理论学说虽然不是法律渊源,但是事实上也在相当程度上影响行政执法和司法实践,无论是在西方国家法治进程中,还是在我国建设社会主义法治国家过程中,法学理论界通过参与国家立法、传授法学知识、参加案件学理论证和发表文章、论著等形式推动和影响行政法治的发展,其积极作用都是显而易见的。因此,学说也是行政法的重要实质渊源。

(四) 行政法的一般原则

除上述渊源外,行政法的一般原则也是行政法的实质渊源,主要包括法的一般原则和行政法的特有原则,前者如法律平等原则、诚实信用原则、法的安定性原则等,后者如信赖保护原则、比例原则等等。有些原则已经通过法律规定得到明确,有些还处于探讨和研究阶段,但它们都是行政法的实质渊源。

思考题

1. 行政法上的行政和我们日常生活中使用的行政一词区别何在?
2. 行政权的含义和特征是什么?
3. 行政法是什么?行政法的特征有哪些?
4. 从发展的历史角度看,中国行政法与西方行政法有什么异同?
5. 行政法的渊源有哪些?

第二章 行政法的基本原则

内容概要 行政法基本原则是贯穿全部行政法规范的灵魂与核心,揭示着行政法的基本精神,是行政法区别于其他部门法的重要标志。因此,无论对于理解行政法规范,还是指导行政法规范的适用,行政法的基本原则都起着重要的作用。本章主要研究了依法行政原则、行政合理性原则、信赖保护原则、正当程序原则和责任行政原则。

学习重点 行政法基本原则的概念 依法行政原则 行政合理性原则 信赖保护原则 正当程序原则 责任行政原则

第一节 行政法基本原则概述

一、行政法基本原则的概念

行政法基本原则作为行政法的基本问题之一,历来为中外学者所关注。但由于行政法在各国产生和发展的政治、经济和文化背景不同,行政法律制度形式多样,因而直接影响到学者们对行政法基本原则的理解与适用。在中国行政法学界,究竟什么是行政法的基本原则以及行政法的基本原则包含哪些内容,始终是个争论不休的问题。

(一)行政法基本原则的概念与特征

行政法的基本原则从实质上讲属于法律原则,它是法的要素之一。根据我国法学界的通说,法的要素是指法的基本成分,即构成法律的基本元素,它包括法律规则、法律原则和法律概念。法律概念是有法律意义的概念,即对各种有关法律的事物、状态、行为进行概括而形成的术语。法律规则是规定法律上权利、义务、责任的准则、标准,或是赋予某种事实状态以法律意义的指示、规定。法律规则不同于法律原则。《布莱克法律辞典》将法律原则解释为:法律的基础性真理或原理,为其他规则提供基础性或本源的综合性规则或原理,是法律行为、法律程序、法律决定的决定性规则。① 法律原则可以是非常抽象的,例如法律面前人人平等原则、自然公正原则等。法律原则与法律规则之间的区别主要体现在:法律规则具有微观指导性,可操作性较强,确定性程度较高;而法律原则具有宏观指导性,可操作性相对较弱。法律原则根据其覆盖面不同可以分为基本法律原则和具体法律原则。基本法律原则是指体现法的根本价值的法律原则,它是整个法律活动的指导思想和出发点,构成法律体系的中枢;具体法律原则是基本法律原则在不同领域或法律运行中不同阶段的具体化。

行政法的基本原则是指体现行政法的根本价值,指导行政法的制定、执行、遵守以及解决行政争议的基本准则,贯穿于行政立法、行政执法、行政司法和行政法制监督的各个环节之中。它的基本特点是:第一,普遍性。行政法基本原则应该覆盖行政法的各个领域,指导行政法制的各个环节,它是纷繁复杂的行政法制中的统一因素,是变动极多的行政法制中的稳定因素。它贯穿于行政立法、行政执法和行政法制监督等各个环节。第二,特殊性。行政法基本原则应当体现行政法的价值,反映行政法的基本矛盾和本质。行政法基本原则是行政法的原则,而不是政治原则、行政管理的原则或其他部门法的原则。行政法的基本原则是宪法所确定的,但它为行政法所特有,不是可以适用于其他部门法的一般法律原则;同时,行政法的基本原则又不同于行政法某一领域或环节,如行政立法、行政执法的基本原则,而是作为行政法这一法律部门最基本的原则,对下一层次的原则起指导性作用。第三,有效性。行政法的各个环节,都必须贯彻基本原则的精神,行政主体的一切行为都必须与基本原则的精神保持一致。离开基本原则,行政法就不能存在。第四,时代性。行政法基本原则必须集中反映一个国家当时的行政法精神和理念,必须与该国的现实相一致。如果行政法基本原则与本国的行政法实践相脱节,则不仅不能为行政法实践提供指导,反而会误导实践的发展。同时,

---

① *Black's Law Dictionary*, West Publishing Co., 1983, p.1074.

行政法基本原则应当具有一定的前瞻性,否则无法指导一国行政法的发展。

(二)行政法基本原则的功能

现代行政法分散、多元甚至杂乱的特点与法制统一原则的要求相悖,因此,行政法基本原则一直被视为缓解这一矛盾的方法之一。作为行政法基本原则,它应当是基于现代行政权的基本功能和基本规律,对调整行政权与公民权、行政权与司法权和行政权与立法权之间的关系具有高屋建瓴指导意义的基本行为准则。它上承现代行政法的根本价值与立法目的,下系现代行政法的基本制度。因此,在现代行政法学中,行政法基本原则的地位是其他任何规范或者理论所无法替代的。

行政法基本原则对行政法实践具有很强的指导功能,主要体现在以下几个方面:第一,引导行政法的发展。如前所述,我国行政法基本原则是学者们对行政法基本原理的探讨,是对行政法治走向的理性选择。行政法基本原则的确立无疑将推进行政法的发展。基本原则作为行政法最基本的原理,可以为行政法规则体系的建立提供内在的正当性根据。另外,作为行政法的目的与规则制度之间的中介和桥梁,行政法基本原则不仅可以指导各项行政法律制度的建立和完善,还将对行政法整体的发展及行政法结构体系等产生深刻影响。第二,指导行政立法。这里,行政立法泛指国家权力机关和行政机关制定行政法规范的活动。立法者在制定行政法规范时需要确定基本价值目标,明确立法的方向。行政法的基本原则虽然比较抽象,但其价值取向是明确的,有利于行政立法时的价值取舍,有利于立法者达成共识。第三,指导行政法的实施。行政法的实施既发生在行政过程,也发生在行政救济过程。在行政过程中,适用行政法规范的行政机关众多,适用机关只有根据行政法基本原则才能统一认识和行为,准确把握行政法条文的含义,并将法律的规定正确地运用于具体的事件和具体的相对人。在行政救济过程中,行政法的实施同样要以行政法的基本原则为指导,正确理解和适用有关法律条文,纠正违法行为,确保行政法律秩序的实现。同时,要保障公民的合法权益,为受侵害的相对人提供法律救济。

二、确立行政法基本原则应当考虑的因素

我们已经认识到行政法基本原则在行政法中的重要地位。结合中国行政法制实践,适应全球化趋势,确立我国行政法的基本原则时应当考虑到现代宪法理念、现代法治观念、行政法的价值与目的等多重因素。

(一)现代宪法理念

行政法基本原则应当融入现代宪法精神。在法律部门中,行政法与宪法的关系最为密切。行政法又被称为"小宪法"或"活的宪法"。从一定程度上说,行政法是宪法的直接延伸。一方面,宪法的许多规定需要行政法加以落实。另一方面,现代宪法精神直接影响到行政法的发展。宪法制度的基本问题,如公民与国家的关系以及国家权力的分工与制衡等都与行政法息息相关。综观西方发达国家行政法基本原则的确立,无不以其本国的宪法原则为基础。在西方,宪法的核心问题是个体自由和公民个人权利。具体到行政法领域,首先是将宪法精神融入行政法基本原则之中。例如美国的行政法治原则来源于宪法,强调对公民基本权利的保护。法治原则要求一切法律必须保护人类固有的权利。我国学者在探讨行政法基本原则时常常忽略行政法与宪法的关联性,仅强调行政法基本原则的特殊性。实际上,行政法是在近现代的宪法基础上生长起来的,失去了宪法基础,行政法就无法存在。同时,行政法存在的目的也是为了将宪法精神具体化,当然是在行政领域的具体化。因而,作为行政法精髓所在的行政法基本原则应当最大可能地反映现代宪法精神。

(二)现代法治观念

现代法治观念以其永恒的光辉照耀着、指引着人类探索和追求合理、公平、正义、自由、秩序的理想社会。法治是现代市场经济和民主政治的一个核心特征,是一切向市场经济和民主政治过渡的国家必须尽快解决的重大现实课题。在我国,对法的认识已经实现由"法制"向"法治"的转变。法治的概念包含若干要素,它的前提是对基本人权的承认与尊重。法治的核心是法律至上、宪法至上,亦即法律具有最高性。这就意味着不允许存在任何超然于法律之上的专横的

权力。是否遵守这项原则,是受法律约束的政府与专横政府的界限所在。在实现法治的地方,政府就不能随心所欲、为所欲为。具体到行政法领域,政府必须做到依法行政,只能在法律授权的范围之内行使行政权力,如果政府违法行使行政权力,则必须承担相应的法律责任。为了真正实现依法治国,我国政府近年来积极推进依法行政。2004年3月22日,国务院发布了《全面推进依法行政实施纲要》,提出全面推进依法行政,经过十年左右坚持不懈的努力,基本实现建设法治政府的目标。2015年12月27日,国务院发布了《法治政府建设实施纲要(2015—2020年)》,提出深入推进依法行政,加快建设法治政府,到2020年基本建成职能科学、权责法定、执法严明、公开公正、廉洁高效、守法诚信的法治政府。这两份纲要,为我们重新认识行政法的基本原则提供了有益的启示。当然,实现依法行政是一项宏伟的目标,要求行政机关和行政机关工作人员继续强化现代法治观念,并用于指导行政实践。

(三) 行政法的价值与目的

行政法的基本原则作为一种法律原则,首先应当体现法的价值。更为重要的是,它作为行政法这一部门法的基本原则,更应当体现行政法的基本价值,并旨在实现行政法的目的。我们认为,法律有其共同的价值追求,行政法乃法律之一种,现代法律的基本价值也就提示出行政法的价值。现代法律追求的基本价值是自由、平等、正义(公正)、秩序、效益等。行政法也不例外。行政法虽然有其特定的规范对象和制度内容,但行政法的价值追求并没有特殊性。行政法同样要保障公民的基本自由和权益,维护平等,追求正义,确保行政秩序的稳定。

行政法基本原则还应当体现行政法的目的。行政法基本原则作为行政法的目的与具体制度之间的桥梁,将对行政法的各个环节、各项行政法律制度的建立起指导作用,而这些行政法律制度又直接影响到行政法目的的实现。因而,行政法基本原则的确立应充分反映行政法的目的。目的与价值相比,更为明确、具体,具有可操作性。关于行政法的目的,法学界没有展开正面研究,我们认为,行政法的目的主要在于控制行政权力的行使,确保公民行政权益的实现。

基于以上认识,我们认为行政法基本原则应当包括依法行政原则、行政合理性原则、信赖保护原则、正当程序原则以及责任行政原则等五个原则。其中,依法行政原则关涉行政与法的关系,该原则从法律优先和法律保留两个层面要求行政机关行使权力必须有法律授权,并依据法律规定。行政合理性原则主要规范行政自由裁量权的行使,要求行政机关行使自由裁量权必须符合理性。行政信赖保护原则,要求行政机关保护相对人因信赖行政行为而具有的利益。正当程序原则则是从程序的角度规范行政权的行使,要求行政活动必须公开、公正、高效,同时保证相对人的参与。当然,如果行政机关实施行政活动,而又无需承担责任,那么,依法行政原则、行政合理性原则、正当程序原则都失去了保障,因此,行政机关还必须遵守责任行政原则。

第二节 依法行政原则

一、依法行政原则概述

所谓依法行政原则,又称为行政合法性原则,是指行政机关行使行政权力,管理公共事务,必须有法律授权,并遵守法律规定。现代国家的行政不再如专制时代和警察国时代的行政一般充满人治色彩,而是必须在法律规定的范围之内达到行政目的。一个国家的行政是否理性,要视其行政达到依法行政的程度而定。依法行政原则是行政法上最重要的原则,现代法治国家的行政法学可以说是基于依法行政原则而建立起来的。

德国行政法学的鼻祖奥托·迈耶在其1895年出版的《行政法》一书中首次揭示了依法行政原则。该书中提出依权力分立原则,国家应"依法律而治",这是指国家的司法及行政皆受法律约束。法治是由三个部分构成的:一是法律的规范创造力原则,是指法律对于行政权的运作,能够产生绝对及有效的拘束力,即法律对行政权享有"下命效力",如同法律能对司法机关在个案审判时产生拘束力一样。行政机关必须有法律的依据才能制定具有一般效力的规范,而不能在没有法律依据时直接就宪法规范作出创制性规定,除非有立法机关的授权或法律的授权。二是法律优先原则,是指只要经过立法者制定之法律就代表民意,享有最高性,在未经合法程序废止之前,其位阶高于其他行政法规,因此,行政机关不论在为抽象或具体行政行为时,皆不得与现行法律相抵触。三是法律保留原则,是指在国家法秩序范围内,有某些事项是必须专属于立法者规范的事项,绝不可由其他机关(主要是行政机关)代为规定。迈耶认为法律保留原则与法律规范创造力原则的区别在于,法律保留是在具体事务上对行政机关与立法机关进行分权,在法律保留的领域外,行政机关仍可以在法律没有规定时,直接依据宪法制定具有普遍效力的规范;而法律规范创造力原则要求具有普遍效力的规范只能以法律形式规定,行政机关只能依据法律进行执行性立法,而不能直接依据宪法进行创制性立法。① 当然,自迈耶提出依法行政原则已有一百年之久了,随着历史的变迁,行政的范畴已经发生了很大的变化。迈耶当时所建立的依法行政原则实质上是"依法律行政",它强调行政须依实证法律的规定,这是一种注重形式主义的结果。随着行政范畴的变化,法治由形式法治发展到实质法治,"依法行政"的"法"已经不再限于实证法律,而是包括法律的原则和精神。

在中国,虽然依法行政原则的提出晚于发达的资本主义国家,但这一原则的确立是中国历史的必然。把依法行政原则作为用以规范政府行政管理活动的行政法基本原则,不仅是中国行政法学者研究的结果,更是中国宪法的实施、民主和法制的运作以及法治观念深化的结果。我国宪法对依法行政提出了基本要求,并作了许多原则性规定。《宪法》规定:"中华人民共和国的一切权力属于人民。人民行使国家权力的机关是全国人民代表大会和地方各级人民代表大会。""国家行政机关、监察机关、审判机关、检察机关都由人民代表大会产生,对它负责,受它监督。""国家维护社会主义法制的统一和尊严。一切法律、行政法规和地方性法规都不得同宪法相抵触。一切国家

---

① 参见〔德〕奥托·迈耶著:《德国行政法》,刘飞译,商务印书馆2013年版,第76页。

机关和武装力量、各政党和各社会团体、各企业事业组织都必须遵守宪法和法律。一切违反宪法和法律的行为,必须予以追究。"2004年国务院《全面推进依法行政实施纲要》中,明确提出要"合法行政",即"行政机关实施行政管理,应当依照法律、法规、规章的规定进行;没有法律、法规、规章的规定,行政机关不得作出影响公民、法人和其他组织合法权益或者增加公民、法人和其他组织义务的决定"。2015年国务院《法治政府建设实施纲要(2015—2020年)》中明确规定法治政府建设的总体目标为"经过坚持不懈的努力,到2020年基本建成职能科学、权责法定、执法严明、公开公正、廉洁高效、守法诚信的法治政府"。无论是强调合法行政,还是权责法定,其核心要求都是行政的从属法律性,行政必须受法律的规范和约束。

二、依法行政原则的内涵

依法行政原则关涉到行政与法的关系,通说认为依法行政原则包括法律优位与法律保留二原则。

(一)法律优位原则

所谓法律优位原则,亦即消极意义的依法行政原则,是指一切行政活动都不得与法律相抵触。它并不要求所有的行政活动都具有明确的法律依据,只要行政机关不实施与法律规定不一致的行为即符合该原则的要求。法律优位原则包括两个方面的内容。

1. 法律的效力等级高于行政立法

法律是指全国人民代表大会及其常务委员会制定的规范性文件,行政立法是指行政机关制定的行政法规、行政规章(包括国务院部门规章和地方政府规章)。根据《立法法》第88条的规定,法律的效力高于行政法规、地方性法规和规章。具体而言,包括以下几个方面的内容:第一,在法律已经对某些事项作了明确规定时,行政机关应当根据法律的规定来制定行政法规和行政规章。例如,《行政许可法》第16条规定:"行政法规可以在法律设定的行政许可事项范围内,对实施该行政许可作出具体规定。""规章可以在上位法设定的行政许可事项范围内,对实施该行政许可作出具体规定。""法规、规章对实施上位法设定的行政许可作出的具体规定,不得增设行政许可;

对行政许可条件作出的具体规定,不得增设违反上位法的其他条件。"第二,在法律对某些事项没有明确规定、而行政法规和行政规章作了规定时,一旦法律对该事项作了规定,行政法规和行政规章的规定都让位于法律的规定。第三,与法律的效力高于行政法规和行政规章的规则相对应,地方性法规、自治条例和单行条例已经作了明确规定的情况下,行政规章不得与之相抵触。第四,与法律相抵触的行政法规和行政规章,与地方性法规、自治条例和单行条例相抵触的行政规章,应当由有关机关根据《立法法》的相关规定予以撤销或改变。

2. 一切行政活动都不得与法律相抵触

这里所说的行政活动是指行政机关为履行职务而实施的一切活动,具体包括行政机关制定具有普遍约束力的规范性文件的行政行为,以及行政机关针对特定的对象和事件作出的具体行政行为。这里所说的"法律",是指一切具有法律效力的有关行政管理的法律规范,即一切构成行政法律渊源的法律规范,包括宪法、法律、行政法规、自治条例和单行条例、地方性法规和行政规章;既包括实体法,也包括程序法;既包括法的实体规定,也包括法的目的和原则。一切行政活动不得与法律相抵触,具体而言,包括以下内容:第一,作为行政活动依据的法律必须是实质性的法律规范。所谓实质性的法律规范,是指内容明确具体、一旦违反则具有制裁效果的法律规范,如果法律规范内容空洞、含糊,没有实质性的含义,也没有制裁的效果,所谓的法律优位即无从实现。第二,作为行政活动依据的法律规范必须是有效的,行政机关如果适用无效的法律规范往往会导致行政活动违反其他有效的法律规范,从而违反法律优位原则。第三,作为行政活动依据的法律规范必须是准确的,行政机关适用错误的法律规范往往会导致行政行为违反应当适用的法律规范的规定,违反法律优位原则。第四,与法律相抵触的行政活动原则上是违法或无效的行政活动,应当由有权机关依据法定程序予以撤销或确认其为无效。

(二)法律保留原则

法律保留原则是指在涉及公民权利义务等事项方面,只有法律明确授权,行政机关才能实施相应的管理活动。法律优位原则仅仅要求行政活动不与法律相抵触,而法律保留原则进一步要求行政活动必须具有法律明确的授权,否则即构成违法,其要求显然比法律优位原则严格,因此法律保留原则又称为积极的依法行政原则。

自法治国家思想兴起以来,法律保留原则便是一个备受瞩目的课题。法律保留原则旨在规范立法权与行政权之间的权限分配。因此,只有在行政权与立法权真正分开之后才有形成该原则的可能。在君主专制集权时代,君主集立法、行政、司法大权于一身,故法律保留原则不可能产生。法律保留原则是19世纪宪政主义的产物,其初衷是行政机关对公民个人自由和财产的干预,必须得到人民代表机关以法律形式的同意。在德国,法律保留原则的依据是民主原则、法治国家原则以及宪法关于基本人权的规定。其范围经历了一个由窄变宽的过程。19世纪自由竞争资本主义时期,法律保留原则的调整范围仅限于干预行政。干预行政的法律保留是指行政主体侵害行政相对人基本权利,或对行政相对人课以义务时,必须得到法律的授权,并在法律规定的范围内进行。因为,按照基本人权保障原则,公民个人的自由和财产等基本权利是神圣不可侵犯的,国家权力的目的就在于保障和实现公民个人的基本权利。但如果公共利益和公共秩序使牺牲个人利益成为必要,则国家权力在一定的限度内可以对之加以侵害,但这种侵害必须征得民意机关的同意,得到法律的授权。第二次世界大战结束后,随着给付行政的普遍化,法律保留原则的调整范围扩及给付行政。给付行政的法律保留是指行政主体为行政相对人提供物质帮助或其他服务时,必须得到法律的授权,并在法律规定的范围内提供。20世纪70年代,联邦德国宪法法院提出了重要性理论,试图解决法律保留原则的适用范围问题。该理论认为凡是重要性事务均适用法律保留原则,由此法律保留原则的调整范围再次扩及教育、监狱管理及公务员关系等一些内部行政领域。

法律保留可以分为宪法意义上的法律保留和行政法意义上的法律保留。

1. 宪法意义上的法律保留

宪法意义上的法律保留是指在国家法律体系内,一些重大的事项只能由国家人民代表机关以正式法律的形式规定,而不能由其他国家机关特别是行政机关代为规定。我国《立法法》第8条规定:

"下列事项只能制定法律:(一)国家主权的事项;(二)各级人民代表大会、人民政府、人民法院和人民检察院的产生、组织和职权;(三)民族区域自治制度、特别行政区制度、基层群众自治制度;(四)犯罪和刑罚;(五)对公民政治权利的剥夺、限制人身自由的强制措施和处罚;(六)税种的设立、税率的确定和税收征收管理等税收基本制度;(七)对非国有财产的征收、征用;(八)民事基本制度;(九)基本经济制度以及财政、海关、金融和外贸的基本制度;(十)诉讼和仲裁制度;(十一)必须由全国人民代表大会及其常务委员会制定法律的其他事项。"可以认为,我国《立法法》规定的法律保留是一种重要事项的保留。①

德国行政法学者安许茨将迈耶提出的法律规范创造力原则纳入法律保留原则之中,认为法律保留既包括对具体个别事务的权限划分,也包括对一般规范的权限划分,因此法律保留原则也体现了法律规范创造力原则。② 根据我国《立法法》第 65 条的规定,"国务院根据宪法和法律,制定行政法规。行政法规可以就下列事项作出规定:(一)为执行法律的规定需要制定行政法规的事项;(二)宪法第八十九条规定的国务院行政管理职权的事项",国务院作为行政机关有权直接依据宪法规定的行政管理职权对行政事务进行规定,即我国行政机关具有直接依据宪法作出一般效力规范的权限。因此,我国《立法法》规定的法律保留仍属于迈耶所阐释的法律保留,并未在法律保留原则中纳入法律规范创造力原则。

法律规范创造力原则对于保障依法行政原则的实效,具有重要的意义。从法理上而言,在宪法之下,法律之所以具有最高的位阶效力,源于立法机关和立法程序都具有相当程度的民主性,因而可以视为公意,也就具有相当程度的正当性。而我国各级行政机关并非选举产生,行政立法的程序也未达到法律制定的程序所具有的民主性,因此,行政立法的民主正当性应当在法律之下。只有法律有足够的正当性对国家各项事务进行一般性的规定,从而在全国范围内对所

---

① 参见刘莘著:《行政立法研究》,法律出版社 2003 年版,第 75 页。
② 参见王贵松:《论法律的法规创造力》,载《中国法学》2017 年第 1 期。

有公民普遍适用,成为公意的体现,而不能由行政机关在法律未进行规定的领域直接依据宪法进行创设性的规定,否则即篡夺了法律的效力位阶。也即行政立法必须具有法律依据,如此,才真正符合"依法行政"的要求。

2. 行政法意义上的法律保留

行政法意义上的法律保留是指行政机关实施行政活动时,若没有法律的明确授权,就不能合法地作出行政行为。如前所述,关于哪些行政行为需要法律的明确授权,在德国存在侵害保留、权力行政保留等多种学说。在我国,行政法意义上的法律保留,主要围绕国务院制定行政法规是否需要法律授权来展开。在域外,法国是承认行政机关享有独立的行政立法权限的典型国家。法国在1958年制定《第五共和国宪法》时,一大目标就是要改变1946年宪法所设计的议会独大的宪政结构,以实现戴高乐"强行政,弱议会"的制宪理念。该宪法将"总统"置于"主权"之后、"国会"之前,确立了总统在宪法中的首要地位,放弃了"议会优先"的原则,明确列举了制定法律的事项(第34条)。第37条第1款规定,"凡法律范畴以外的一切其他事项均属行政法规性质"。而第38条还规定了法令条例,"政府为执行其施政计划,可要求国会授权在一定期限内,以条例方式采取原属法律范畴的措施",进一步限制法律权限的范围。

我国《立法法》考虑到立法的现状,规定行政法规可以就下列事项作出规定:(1)为执行法律的规定需要制定行政法规的事项;(2)《宪法》第89条规定的国务院行政管理职权的事项。第1项的执行性立法属于共识,第2项的职权性立法则应作体系解释,即便属于自身的职权范围,国务院也无权针对全国人大及其常委会专属法律事项制定行政法规。但《立法法》上的法律事项范围过窄,而且范围不清。如此,就可能在全国人大与国务院的竞合性立法事项上产生冲突。而《宪法》第58条又规定,"全国人民代表大会和全国人民代表大会常务委员会行使国家立法权"。在没有法律时,能承认为实施宪法而直接制定行政法规吗?承认国务院依据宪法授予的职权立法会不会冲击全国人大及其常委会的立法权?两者如何协调,如何契合国务院的宪法地位,仍有待学理探究。

第三节　行政合理性原则

一、行政合理性原则的概念

行政合理性原则是行政法又一基本原则。它要求行使行政权力应当客观、适度，符合理性。行政合理性原则不同于行政合法性原则。前者要求行政机关的一切活动必须依据法律的规定，不能超越法律规定的范围，不能与法律规定相抵触；后者是指行政机关在法律规定的范围之内行使行政职权，必须做到客观、适度，符合人类理性，防止行政权力的滥用。

自进入20世纪90年代以来，我国行政法学理论界较为一致地认为行政法的基本原则应当包括行政合法性原则和行政合理性原则。关于行政合法性原则的基本内容可以说已经基本形成定论，而对于行政合理性原则的基本内容则说法不一。一般的教材将行政合理性原则的内容概括为：第一，行使权力的动机应符合法律授予该权力的宗旨；第二，行使权力的行为应当建立在正当考虑基础上；第三，行使权力的内容和结果应当公平、适度，合乎情理，具有可行性。[①]由于法律没有关于合理性原则的统一规定，理论界关于合理性原则的阐述通常存在隔靴搔痒的通病，观点虽然正确，却严重缺乏可操作性，造成行政合理性原则理论上重要、实践中却形同虚设的尴尬境地。2004年国务院《全面推进依法行政实施纲要》中明确指出"合理行政"应当遵循以下要求："行政机关实施行政管理，应当遵循公平、公正的原则。要平等对待行政管理相对人，不偏私、不歧视。行使自由裁量权应当符合法律目的，排除不相关因素的干扰；所采取的措施和手段应当必要、适当；行政机关实施行政管理可以采用多种方式实现行政目的的，应当避免采用损害当事人权益的方式。"

二、行政合理性原则的内涵

行政合理性原则包括平等原则和比例原则。平等原则是强调行

---

① 参见王连昌、马怀德主编：《行政法学》，中国政法大学出版社2002年版，第27页。

政行为的相对人应当拥有平等的行政法地位,行政机关实施行政行为时应当给予相对人平等的对待。比例原则则是强调行政机关在实施行政行为时,应当全面权衡有关的公共利益和个人利益,采取对相对人权益造成限制或损害最小的行政行为,不能超过必要的限度。

(一) 平等原则

平等原则也可以称为公平原则。作为宪法基本人权中最重要权利的平等权,它的要求既要拘束立法者,又要拘束法律的执行者。前者目的在于防止立法的恣意,要求实现"法律制定的平等",后者旨在防止行政恣意,要求实现"法律执行的平等"。在我国,立法权和行政权应当受平等权的拘束已经形成法定原则。我国现行《宪法》第33条第2款规定:"中华人民共和国公民在法律面前一律平等。"这是关于平等权的最一般性的要求。第5条第5款规定:"任何组织或者个人都不得有超越宪法和法律的特权。"这两个条文所确立的平等权,便是法律制定和执行的平等。

平等原则的基本内涵是同等情况同等对待,不同情况区别对待,国家不得恣意地实施差别待遇。平等原则适用于行政立法、行政执法以及行政救济等行政法领域。在行政立法领域,经常发生的情形是:通过归类,行政立法对在归类之内和归类之外的人们施以不同的权利与义务,这样,法律本身就可能不平等。因此,行政立法时应当对调整的对象进行合理分类,防止立法过程中因分类不合理而产生歧视。在执法领域,由于在裁量行政中,法律规范仅对行为目的、范围作一原则性的规定,行为的具体的条件、标准、幅度、方式都由行政机关自行选择、决定。即使法律本身没有任何"法律"或"事实"歧视,行政机关仍然可能以歧视方式来运用法律。此时,平等原则必须超越形式意义上的平等,它不能仅要求机械的、形式的、不容有差别待遇的平等;而应从动态的、实质的观点,本于"正义"理念,视事物之本质,而可有合理的差别。亦即裁量权行使不能仅因事实上某些不同,即必为不同的处理,而是在"事实不同"与处理不同之间有某种内在的联系。平等原则不仅是对侵益行政行为的要求,也是对授益行政行为的要求。在"福利国家"和给付行政兴起的背景下,行政行为早已不仅仅是秩序行政,授益性行政行为已经大量出现。授益性行政行为虽然主要是对公民进行给付,但同样可能具有负面效应,主要体现在对相对人授益的畸轻,造成相对人可得利益的丧失;以及对相对人授益的畸重,造成对国家财政资源的不合理负担。平等原则要求授益行政行为不得畸轻畸重,应当注重实质公平,保障授益目的实现和授益实效。

(二) 比例原则

比例原则与传统意义上的行政合理性原则完全相通,二者都是针对行政自由裁量权,是行政机关正确行使裁量权、审查行政机关裁量权的行使是否合理的标准,客观上都具有控制自由裁量权的作用。行政活动千变万化、错综复杂,行政法律规范不可能对每种权力的每个具体方面都规定得细致入微,必然会有遗漏,特别是在变动性很强的社会生活方面,行政法律规范永远也不可能赶上每个变化,因此,法律规范必然留给行政权力活动的自由空间,即行政自由裁量权。行政机关为行使行政权力,必须对行为的方式、范围、种类、幅度享有一定的选择权。正是由于存在自由裁量权,所以要求行政权力主体在法定范围之内尽可能合理、适当地作出行政决定,采取行政措施。

由于德国行政法学上关于比例原则的研究已经较为深入,而司法实践中的判例也已经发展得相当完善,因此,我们主张吸收德国比例原则的精髓,借鉴其他国家和地区的经验,对我国的行政合理性原则的内涵进行改造。

比例原则如同法律保留原则,可以分为宪法意义上的比例原则和行政法意义上的比例原则。前者是针对立法者而言,是指对公民权利的限制,只有在公共利益所必需的范围之内才能实施。例如,我国《立法法》第6条规定:"立法应当从实际出发,适应经济社会发展和全面深化改革的要求,科学合理地规定公民、法人和其他组织的权利与义务、国家机关的权力与责任",已经体现出宪法比例原则的精神。行政法意义上的比例原则,是指行政机关在行使行政权力时,在有助于法目的实现的前提下,必须选择在侵害公民权利最小的范围之内行使,且对公民权利的侵害必须与所欲实现的公共利益相均衡。行政法意义上的比例原则强调在实施行政权力时手段与行政目的之间应当有一定的关系,不能为达目的不择手段。

作为一项法律原则,比例原则产生于19世纪德国的警察法学,最早肇始于德国学者温·伯格在1802年出版的《德国警察法手册》一书,在该书中他提出警察的权力只有在"必要时"才可以行使。后来,德国行政法学的鼻祖奥托·迈耶在其1895年出版的《德国行政法》一书中提出"警察权力不可违反比例原则",从而确定了该理论在行政法学中的地位。比例原则产生后即在德国的司法实践中得到适用,当时的高级行政法院在行政诉讼中就将警察采取的措施是否超过为实现目的所需要的限度作为审查的内容之一。第二次世界大战后,比例原则走出了狭隘的警察法领域,被广泛推广至几乎所有行政管理领域,成为德国行政法上的一项基本原则。由于比例原则"从法治国原则和基本权利的基本要求或实质精神出发,以实质性规则特有的伸缩性和广泛适用性,解决法治国原则运用中的大量实际问题,使成文法制度难以避免的法律漏洞得到弥补、缺陷得到克服,使法治国原则更有普遍意义,能够在社会生活中得到更深刻更广泛的应用"①。

继德国之后,许多国家和地区纷纷效仿,特别是深受德国法制影响的西班牙、日本等国及我国台湾地区均对比例原则给予较多关注。如西班牙1992年颁布的《行政程序法》第96条明确规定了比例原则:"(强制执行的手段)(一)公共行政机关进行强制执行必须尊重比例原则……(二)如有多种可以接受的执行手段,则应选择其中对个人自由限制较少的一种……"日本将比例原则作为本国行政法上的一般法原则和一般法原理,成为行政法的渊源之一。我国台湾地区1999年颁布的"行政程序法"第7条则全面规定了比例原则的内容:"行政行为应依下列原则为之:一、采取之方法应有助于目的之达成;二、有多种同样能达成目的之方法时,应选择对人民权益损害最小者;三、采取的方法所欲造成的损害不得与欲达成目的之利益显失均衡。"同时,我国台湾地区"司法院"大法官会议越来越重视对比例原则的运用,比例原则在大法官解释中出现的频率日渐增多。作为行政法"母国"的法国,比例原则虽然没有被明确提出,但是在

---

① 于安编著:《德国行政法》,清华大学出版社1999年版,第31—32页。

《警察法》《计划法》等特定的领域中得到了很好的体现和适用。法国的行政法院在审查行政自由裁量行为时,是否违反比例原则是其重要的审查标准。值得注意的是,像英国、美国这样的普通法国家,历来是以合理性原则作为对行政自由裁量权的审查标准的,近年来也开始对比例原则给予很多关注。

如前所述,比例原则在行政法治发达的大陆法系国家得到了很好的运用,并且也逐渐为普通法系国家所接受和适用。实践证明,比例原则因其具有相对客观性、易操作性等特点,能够有效地指导和控制行政自由裁量权的行使,减少行政恣意行为的发生,保障基本人权的实现。对于这种行之有效的基本经验,我们应给予充分的重视、研究和借鉴。我国尽管与西方诸国国情不同,但都面临如何调控行政自由裁量权以实现行政法治的共同课题。我国行政法经过二十几年的发展已取得了长足进步,制定和颁布了一大批行政法律法规,在合法行政方面已有很大进展。但不容否认的是,在控制行政自由裁量权行使方面则进展缓慢。目前,无论立法上还是司法实践中,仍未找到一种能有效指导和控制行政自由裁量权行使的方式和制度。在实践中,行政自由裁量权恣意行使的现象较为突出,侵害公民基本权益的现象也时有发生。如何对行政自由裁量权的行使进行有效的制约已成为一个亟待解决的难题。因此,借鉴德国等国家的成功经验,引进比例原则作为我国行政法上调控行政自由裁量权行使的一项原则是十分必要的。

比例原则主要适用于行政自由裁量权领域,其基本含义是指行政机关行使行政自由裁量权时,应在全面衡量公益与私益的基础上选择对相对人侵害最小的适当方式进行,不能超过必要限度,因而也被称为"最小侵害原则""禁止过度原则""平衡原则"等。比例原则通常包含三个次要原则或子原则,即妥当性原则、必要性原则和均衡原则。

(1)妥当性原则。又称适当性原则或适应性原则,是指行使自由裁量权所采取的手段必须能够实现行政目的或至少有助于行政目的的达成。它针对的是行政手段与行政目的之间的客观联系,要求实现目的的手段必须适合于达成行政目的。如果行政主体所采取的手段根本不能实现行政目的,则属于违反此项原则。如对于严重超载的货车,交警只采取了罚款措施后即予以放行,这种一罚了事的手段没有达到制止超载货车所带来的危险的目的,明显违反了妥当性原则。

(2) 必要性原则。又称最小损害原则、不可替代原则或最温和之手段原则,是指在有多种能同样达成行政目的的手段可供选择时,行政主体应选择采取对相对人权益损害最小的手段,即该手段对行政目的的达成是必要的。例如,对于轻微违反治安管理的行为人,采取警告、罚款或行政拘留等措施均能达到处罚的目的,但相比较而言,采取警告或罚款进行处罚对行为人造成的损害明显轻于行政拘留,因此,应该采取前面的两种处罚措施而不要采取后者,否则,就有可能违反此项原则。当然,适用该原则有一个前提,即必须存在多种能实现该行政目的的方式或手段。如果行政机关别无选择,则不存在适用该原则的问题。

(3) 均衡原则。又可称为狭义比例原则、比例性原则、相当性原则、法益相称性原则等,是指行政主体所采取的为达成行政目的所必要的手段,不能给相对人权益带来超过行政目的之价值的侵害,即行政手段对相对人权益的损害必须小于该行政目的所实现的社会公共利益,不能超过这一限度。正如有学者所言,该原则"是将行政目的所达成的利益与侵及公民的权利之间,作一个衡量,必须证明前者重于后者之后,才可侵犯公民之权利。亦即借'杀鸡'以'取卵',可见所获得者(卵)与所失者(鸡)之间不成比例矣"①。因此,行政机关在采取任何行政措施时,不能为了一个较小的公共利益去损害较大的公民权益。当然,须注意的是,只有行政主体所采取的手段对公民利益造成的损害明显超过所获利益时,才违反适度性原则。之所以如此规定,是因为有时二者之间的衡量标准不是很明确,要达到精确的衡量较为不易,因而不能动辄以轻微不合比例而主张违反此项原则。

有学者主张将"目的正当"作为比例原则的一个子原则,即在适用比例原则对行政行为进行审查时,首先应当判断行政行为所欲实

---

① 陈新民著:《中国行政法学原理》,中国政法大学出版社 2002 年版,第 43 页。

现的目的是否正当,再对行政手段是否适当进行审查。① 不可否认,"目的正当"是合法合理的行政行为所必须满足的要件。逻辑上而言,比例原则中"妥当性原则"适用的前提是行政目的合法适当,否则即可因目的不正当对行为进行否定评价,无需运用妥当性原则进行审查,也即比例原则预设了行政目的的正当性。但如果行为目的不正当,无论采取怎样的手段,都会导致不正当的结果,侵害相对人合法权益。因此,明确对行政行为目的正当的要求,是有必要的,但目的正当是否应纳入比例原则之中作为独立的子原则之一,则仍存疑问。其一,行政行为性质上是执法行为,行为目的应当是所执行的上位法目的,即使有裁量空间,也是由上位法授权,如果行政行为目的不正当,即是与上位法目的相抵触,则必然不能通过比例原则中妥当性原则审查,无需新设目的性审查原则进行判断。换言之,妥当性原则本身就具有审查行为目的的作用。其二,"目的正当"的判断方式和标准不够明确。如果仅仅是进行道德或政治上的判断,则容易陷入极大的不确定性,如果目的正当审查前置于比例原则其他三个子原则之前,通不过目的正当性审查就无法进入下一阶段审查,实质上是将比例原则这一法律原则架空成为不确定的道德或政治原则,且架空了比例原则里最为核心的对是否符合"比例"的判断。而如果"目的正当"是将上位法的目的作为参照进行审查,实质上是依法行政原则的内涵,而难以纳入比例原则的内涵。其三,目的正当与否是一种判断而非选择,只有正当或不正当的结论,其与比例原则的核心方法即通过比例权衡在行政手段之中进行选择,是具有本质区别的,并不能完整地体现比例原则的核心内涵。其四,比例原则已经是可以在司法审查中运用的原则,法官可以根据比例原则的三个子原则对行政行为是否合理适当进行裁判。而对目的是否正当的审查,往往涉及对公共利益的宽泛认定和判断,如果涉及"行政保留"领域,即行政机关在职权范围内对法律所未规定的事项进行创设性规定,则很可能需要进行合宪性审查。如果将目的正当原则纳入比例原则作为首要和独立的审查阶段,鉴于我国法院尚不能直接依据宪法进行

---

① 参见刘权:《目的正当性原则与比例原则的重构》,载《中国法学》2014年第4期。

审查,法院运用比例原则的可能也将大大降低,反而会减损司法审查约束行政权的实际效用。因此,尽管"目的正当"的要求对于保障行政行为的合法合理以及保障公民、法人和其他组织的合法权益具有重要意义,但其在性质上与比例原则尚不能完全融洽,不宜纳入比例原则之中。但鉴于其重要意义,或可在依法行政原则中纳入,或可作为一个独立的原则纳入行政合理性原则之中,与平等原则和比例原则并列,并作为合理性审查的首要阶段进行要求。

比例原则除了对侵益行政行为进行约束之外,还应对授益行为进行约束。其中,在妥当性原则上,要求行政行为须有助于授益目标的实现;在必要性原则上,要求行政机关须选择对相对人授益最大的行政手段;在均衡性原则上,要求对相对人的授益与国家财政负担相均衡,不给国家财政造成不合理负担。在"给付行政"不断发展的背景下,明确比例原则对授益行政行为的约束,对于规范行政给付行为,保障相对人基本权利及其各项合法权益的实现,具有积极的实践意义。

比例原则的三个子原则所关注的角度各不相同。妥当性原则关注手段对目的的实现作用;必要性原则注重手段对相对人的最小负面影响或最大积极效应;均衡原则则是对采取该手段所欲实现的目的价值进行考量。由此可以看出,妥当性原则与必要性原则有相同关注之处,即都注重于实现行政目的的手段的选择,应属于同一层次;而均衡原则则处于较高的地位,它所注重的是是否需要采取行政手段来侵害相对人的权益,即使一项行政措施符合前两项原则,也可能被该项原则所推翻。比例原则体现了公民权利对行政权力的制约,体现了人权保障之精神。

第四节 信赖保护原则

一、信赖保护原则的含义

所谓行政信赖保护原则,是指当公民、法人或其他组织对行政机关及其管理活动已经产生信赖利益,并且这种信赖利益因其具有正当性而应当得到保护时,行政机关不得随意变动这种行为,如果变动必须补偿相对方的信赖损失。

信赖保护原则肇始于德国行政法院判例,后经日本及我国台湾地区等的效仿、继受与发展,现已成为大陆法系行政法之一般原则。德国《行政程序法》《租税通则》《联邦建设计划法》等成文法上都明确规定了信赖保护原则。依据该原则进行的制度设计在保障人权、维护法的安定性、实现实质的法治行政等方面发挥着不可替代的作用。信赖保护原则之所以能够成为行政法的一般原则,是因为以下几方面的原因:其一,法治国家原则的必然要求。随着现代法治国家概念的扩大,不仅形式上要求行政机关依法行政,而且要求行政活动具有实质正当性,也就是说,行政活动必须体现人类的一般法律理性,体现公平正义的法律观念,符合一些基本的价值标准和道德标准,诚信原则即为其中之一。行政机关与公民之间、行政机关相互之间关系的处理,都必须遵循诚信原则。信赖保护已经成为现代法治国家的必要条件之一。其二,法律安定性原则的要求。法律安定性原则是指国家应当维护法律状态的稳定性和不可分割性。具体而言,法律安定性原则要求法律制度应当具有稳定性和连续性;除非符合法律规定的条件,不得制定溯及既往的法律规范,不得取消或中止公民依法取得的利益;执法机关不应反复无常。其三,基本权利保护的要求。基本权利保护原则是指未经法律明确授权并且符合法定条件,行政机关不得以任何形式限制、变更或者剥夺宪法确认的公民权利。公民依法行使基本权利,一旦形成法律关系或者依法取得法律地位,即对其产生信任和依靠,这也是公民安排未来生活的基础。对行政机关而言,信赖保护体现为对法律关系或法律地位的维护。其四,民法上诚实信用原则的影响。诚实信用原则被视为民法上的"帝王条款",而信赖保护原则就体现了诚实信用原则的要求和精神。正是基于以上几方面的原因,信赖保护原则已经成为行政法上重要的原则之一。

信赖保护原则中的"信赖"是一个相当复杂的概念,而保护的方式也是多种多样。从主体来看,信赖是指公民、法人或其他组织对行政机关及其工作人员实施的管理活动的信任。从客体来看,信赖既可能是对行政机关及其工作人员可靠性和业务水平的信任,也可能是对法律制度和法律规范的稳定性、连续性的信任以及对具体行政行为的信任。信赖保护原则中的信赖通常是指后一种信赖,即一种合法信赖或者正当合理的信赖。保护合法信赖的方式包括:立法保护,即保证法律规范的明确性、稳定性与连续性;存续保护,即维持行政行为的效力,保护公民、法人或其他组织的既得利益;财产保护,即在变更现有法律状态的同时,给予公民、法人或其他组织以财产补偿。2015年国务院《法治政府建设实施纲要(2015—2020年)》中明确规定:发挥政府诚信建设示范作用,加快政府守信践诺机制建设。加强公务员诚信管理,建立公务员诚信档案。

二、信赖保护原则的适用

由于行政行为的多样性,信赖保护原则在行政法上的适用表现为不同的形态。

(一)行政机关之间应当相互信任和忠诚

相互信任和忠诚是诚实信用原则在行政机关之间关系上的表现,是行政机关树立公民对行政的信任、保护公民对行政的合法信赖的前提,因此是信赖保护原则的必要内容。具体而言:首先,对一个行政机关依法作出并且生效的行政行为,其他行政机关应当承认其效力,接受其约束,除非法律有明确规定,否则不得作出与该行政行为冲突或不一致的行政行为。其次,一个行政机关作出行政行为可能会涉及其他行政机关的职权职责时,应当及时告知其他行政机关。再次,在遵守管辖权的限制和其他法律规定的情况下,一个行政机关对其他行政机关提出的职务上的请求,应当尽力协助。

(二)行政机关原则上不得制定对相对人具有溯及力的法律规范

行政机关原则上不得制定对行政相对人具有溯及力的法律规范,主要表现为禁止制定对公民不利的具有溯及力的法律规范。这是法的安定性原则的要求。只有这样,才能保障人民的合法权益,维护法律规范的尊严,维护国家的公信力。当然,行政机关不得制定具有溯及力的规范性文件这一规则也存在例外情况,例如,新制定的规范性文件所追求的公共利益已经超越了信赖保护原则的要求时,行政机关可以制定具有溯及力的规范性文件。

(三)行政机关不得随意撤销或者废止已经生效的具体行政行为

在以往机械的依法行政观念的支配下,行政主体可以任意撤销违法的行政行为和废止合法的行政行为,而不受任何约束。政府行为的朝令夕改、反复无常必然对人权构成极大的威胁,也与法的安定性原则背道而驰。以信赖保护原则为基础,对具体行政行为的撤销与废止设置一定的限制,便是当然的选择。德国、日本及我国台湾地区现行法在将信赖保护原则制度化的过程中区分各种不同的行为,如合法行政行为和违法行政行为,违法行政行为又区分为授益行为、负担行为及复效行为。针对不同的行为选择不同的制度。

1. 授益行政行为的撤销与废止

授益行政行为使行政相对人产生既得利益,倘若授益行政行为违法,行政机关可以裁量决定部分或者全部、向前或者向后撤销。但是,受益人对该行政行为的存续具有值得保护的利益时,行政机关不得撤销。在符合信赖保护要件的情况下,行政机关如撤销行政行为势必损害相对人的信赖利益。因此德国《行政程序法》对此进行严格限制,其第48条第2款明令禁止撤销具有金钱或物之给付内容的行政行为。第48条第3款规定,对非物质的行政行为尽管可以撤销,但须依据信赖保护原则给予相应补偿。

授益行政行为的废止通常并非由于行政行为的违法性,而往往是客观状态发生变化或其他原因造成。废止原因通常是法定的,德国《行政程序法》第49条第2款列举规定了授益行政行为废止的四种情形:(1)法规容许或行政行为保留该废止;(2)行政行为附负担,受益人没有或未在为他定出的期限内履行该负担;(3)行政行为所依据的法规或基础事实发生变更,致使该行政行为继续存在将危害公共利益;(4)为避免公益遭受重大损害。德国行政法对上述四种情形区别对待。前两种情形中由于相对人应当预见到废止的可能性,因而不符合信赖保护的构成要件。在后两种情形中,若符合信赖保护的构成要件,则应区别情况提供存续保护与财产保护。

在我国,《行政许可法》首次肯定了行政许可领域的合法信赖利益保护原则,要求政府实施行政许可行为必须诚实信用。根据《行政许可法》第 8 条的规定,公民、法人或者其他组织依法取得的行政许可受法律保护,行政机关不得擅自改变已经生效的行政许可。如果行政许可所依据的法律、法规、规章修改、废止或者准予行政许可所依据的客观情况发生重大变化,为了公共利益的需要,行政机关可以依法变更或者撤回已经生效的行政许可,由此给公民、法人或者其他组织造成财产损失的,行政机关应当依法给予补偿。

2. 负担行政行为的撤销与废止

以往的观点认为,若负担行政行为违法,行政机关可以随时予以撤销、废止,信赖保护原则于此场合不适用。理由是负担行为既然对相对人不利,那么撤销该行为通常不会发生既得权和信赖保护的问题,因此是否撤销或废止由行政机关依据合法性原则和法的安定性原则裁量决定。基于上述理由,德国《行政程序法》及日本、我国台湾地区现行行政程序法对负担行政行为的撤销与废止也没有设置任何限制。对此制度设计我国台湾学者提出不同见解,认为下列两种情形下的负担行政行为是否必然排除信赖保护原则的适用值得商榷,一是由一对相对人更不利之合法处分所取代。二是相对人由于遵守处分内容,已消费或处置标的物,以致无法和很难回复。① 这两种情形下,撤销行政行为将使相对人处于更为不利的境地。因此,于此场合下信赖保护原则的适用似乎更有必要。该观点极具启发意义,信赖保护原则的出发点在于保护公民的信赖利益,因此只要存在信赖利益,并且该信赖利益符合信赖保护的构成要件,就应当援引信赖保护原则予以保护,而不论该行为是授益或是负担。

3. 复效行政行为的撤销与废止

所谓复效行政行为是指对一人授益而同时对另一人产生侵益效果的行政行为。关于复效行政行为如何适用信赖保护原则,大陆法

---

① 参见吴坤城:《公法上信赖保护原则初探》,载城仲模主编:《行政法之一般原则》(二),台湾三民书局 1997 年版,第 253 页。

系国家(地区)立法上并无明确规定,但综合判例及各国(地区)通说仍可窥见信赖保护原则在这一领域内的制度回应。将相对人的权益与第三人的权益进行比较,可将复效行政行为区分为两种情形:

(1)对相对人为授益,对第三人为负担。依据德国的判例及通说,撤销与废止此种行政行为应按照前述授益行政行为来处理,即信赖保护原则发挥作用,限制对行政行为的撤销。我国台湾地区及法国的做法与德国相似。日本通说认为,遇此情形下有必要对相对人的权益与第三人的权益进行权衡,如果第三人权益优越,应承认完全撤销权,即信赖保护原则不能适用。①

(2)对相对人为负担,对第三人为授益。在此情形下,德国、法国及我国台湾地区的判例及通说均认为应依负担行政行为撤销之法理解决,即行政机关可享有完全撤销权,不存在依据信赖保护原则对撤销与废止设置限制的问题。日本则认为,在此情形下如果第三人权益优越,撤销权原则上要受到限制。

第五节　正当程序原则

一、正当程序原则的含义

"正当程序"的理念和原则最早产生于英国,一般认为其源于1215年《大宪章》第39条的规定:"除依据国法外,任何自由民不受监禁人身、侵占财产、剥夺公民权、流放及其他任何形式的惩罚。"其实,《大宪章》的规定与英国古老的自然公正原则有着更为密切的渊源关系。虽然自然公正原则的具体内容随着情况而不同,在适用上也有很大的灵活性,但它包括两个最基本的程序规则:(1)任何人或团体行使权力可能使别人受到不利影响时必须听取对方意见,每一个人都有为自己辩护和防卫的权利。(2)任何人或团体不能作为自己案件的法官。自然公正原则是最基本的公正程序规则,只要成文法没有排除或除另有特殊情况外,行政机关都要遵守。所以即使法

---

① 参见〔日〕室井力主编:《日本现代行政法》,吴微译,中国政法大学出版社1994年版,第107—108页。

律中没有程序规定,或者没有作出足够的规定,行政机关也不能认为自己不受程序限制,甚至连最基本的公正程序规则都可以不遵守。

在美国,"正当法律程序"作为一项宪法原则早已在宪法中确立。美国《宪法修正案》第 5 条规定:"未经正当的法律程序不得剥夺任何人的生命、自由或财产。"第 14 条规定:"任何州不得未经正当的法律程序而剥夺任何人的生命、自由或财产。"上述规定分别适用于联邦政府机关和各州政府机关。宪法上"正当法律程序"的意义就是公正行使权力,要求行政机关对当事人作出不利的决定时,必须听取当事人的意见,所以听证是美国公民根据宪法"正当法律程序"所享有的权利,效力高于行政法上所规定的程序规则。行政法上所规定的程序规则,必须符合宪法上的"正当法律程序"标准。

但是,在 20 世纪以前,正当法律程序并没有被作为法治原则的构成要件和基本要求。20 世纪 40 年代之后,随着美国《联邦行政程序法》的制定,行政程序受到越来越多国家的重视,德国、西班牙、葡萄牙、瑞士、奥地利、荷兰、日本、韩国等国家相继制定行政程序法,在世界范围内掀起了一股制定行政程序法的潮流。通过制定行政程序法的形式,这些国家将公民的程序权利加以固定,并将对公民程序权利的保护作为现代行政法治原则的要件加以确立。可见,通过规范行政程序、保障相对人程序权利来控制行政权力,成为形式法治发展到实质法治的重要标志。

中国是一个具有成文法传统的国家,不存在类似于英国普通法的自然公正原则;中国又是一个具有重实体、轻程序传统的国家,所以我国宪法中也从未像美国一样明确提出"正当法律程序"的要求。但是,在我国正式加入世界贸易组织(WTO)之后,WTO 规则给"法定程序"制度带来了巨大的冲击。WTO 在很多方面都对行政行为程序的正当性有原则性的规定。例如,《与贸易有关的知识产权协定》(TRIPS)第 41 条第 2 款规定:"有关知识产权的执法程序应当公平和公正。它们不应不必要地繁琐和费用昂贵,也不应规定不合理的期限或导致无端的迟延。"《服务贸易总协定》(GATS)第 6 条第 4 款第(c)项规定:"程序本身不应成为提供服务的限制。"这些规定确立了行政行为公开、公正的程序原则和程序不应成为当事人义务规范的原则。WTO对行政行为程序的规定,体现了"正当程序"的原则,它与英美法中"正当程序"的理念和原则是一致的。2004年国务院《全面推进依法行政实施纲要》中明确提出"正当程序"原则,并指出:"行政机关实施行政管理,除涉及国家秘密和依法受到保护的商业秘密、个人隐私的外,应当公开,注意听取公民、法人和其他组织的意见;要严格遵循法定程序,依法保障行政管理相对人、利害关系人的知情权、参与权和救济权。行政机关工作人员履行职责,与行政管理相对人存在利害关系时,应当回避。"中共中央、国务院2015年印发的《法治政府建设实施纲要(2015—2020年)》中明确规定:完善行政组织和行政程序法律制度,推进机构、职能、权限、程序、责任法定化。行政决策制度科学、程序正当、过程公开、责任明确,决策法定程序严格落实。完善行政执法程序。建立执法全过程记录制度,制定行政执法程序规范,明确具体操作流程。完善各方面监督制度,确保行政机关按照法定权限和程序行使权力,加强行政程序制度建设,严格规范作出各类行政行为的主体、权限、方式、步骤和时限。

二、正当程序原则的内容

(一) 公开原则

公开,作为沟通政府与人民的渠道,随着民主的发展以及公民的权利意识、参与意识的增强,成为公众的迫切要求,也成为控制行政权力无限膨胀,防止忽视人权、蔑视人权的重要手段。行政公开,或称政务公开,是行政机关应遵循的一项基本原则。行政公开是指行政机关应主动或者根据相对人的申请公开或者使其知晓有关政务活动的情况和资料。具体而言,就是国家将法律规定的保密事项以外的政府行政事务和社会公共事务等,通过一定的形式向社会公开,使人民在了解政府事务真实情况的基础上,参与决策与管理,实施有效的监督。行政公开是公民行使宪法规定的知情权的基础,也是政府机关履行法定职责和义务的重要方式,是建设法治国家的重要举措。对于发展民主政治,保障公民宪法权利,监督政府机关依法行政,建设廉洁、高效、勤政政府都具有十分重要的意义。

从政治层面上讲,现代社会要求实行民主,而民众的参与程度是衡量民主发展的标尺。民主进程中公众的实质性参与,必然要求参与人首先获知充分的相关信息,否则,将使公众参与民主陷入困境。从微观角度讲,政府信息公开影响着每个公民的生活,现代社会只有对服务行政信息充分知情,公民才能更好地安排生活和工作,并以此为基础对国家权力进行民主监督。作为第二次世界大战后出现的一项基本人权,知情权已经得到国际社会的普遍认可。尽管各国对知情权的认识有不同程度的差别,但从基本人权的高度对知情权予以重视,并通过立法来保障公民知情权,已逐渐成为国外权利立法的一个新动向。瑞典在1766年最先制定了有关信息公开的法律,其他西方国家从20世纪50年代开始也相继制定了相关的法律。芬兰于1951年颁布了《文件公开法》,美国于1966年制定了《信息公开法》、1976年制定了《阳光下的政府法》、1996年制定了《电子化信息公开法》,这些法典都为其他许多国家所仿效,如日本在1999年、英国和南非在2000年也制定了相关法律。到2017年为止,包括美国、加拿大、英国和日本等国在内的一百多个国家已经制定了信息公开法,另外还有十几个国家正在制定信息公开法。

在中国,保障公民知情权、推行政务公开的法律依据是宪法、法律和政策的规定。我国《宪法》规定:"中华人民共和国的一切权力属于人民。""人民依照法律规定,通过各种途径和形式,管理国家事务,管理经济和文化事业,管理社会事务。"为了保障人民参与国家管理的权利,我国于2007年通过了《政府信息公开条例》,明确了行政机关、法律法规授权组织及公共企事业单位的信息公开义务。2019年,国务院对《政府信息公开条例》进行了修订,明确提出"行政机关公开政府信息,应当坚持以公开为常态、不公开为例外,遵循公正、公平、合法、便民的原则"。此外,中国的《立法法》《行政处罚法》《价格法》和《行政许可法》等都对行政公开作了明确规定。在行政许可领域,行政公开的内容主要表现为:行政许可依据公开,也即有关行政许可的规定应当公布,未经公布的一律不得作为实施行政许可的依据,行政机关应当将行政许可的事项、依据、条件、数量、程序、期限以及需要提交的全部材料和申请书示范文本在办公场所公示或者在其网站、公报上公布;行政许可的实施与许可结果也应当公开。

行政公开的内容应当包括行政行为的依据、过程和结果。具体而言,包括:与公众重大利益相关的行政会议的公开;行政法规、规章及抽象行政行为的公开;行政管理的机构、办公地点、依据、职责、程序、标准和条件、时限、结果的公开;行政管理过程中产生的有关文件、档案和资料的公开;行政执法机关公务员的个人资料(职务、收入、简历、工作情况等)的公开;干部廉洁自律情况,机关内部财务收支情况,干部交流、考核、奖惩情况以及其他重要的事项也需要公开;应公民的申请,涉及记载其个人信息的档案资料的公开。我国已有许多法律对一些特定的行为规定了公开的义务,如《行政处罚法》《价格法》规定了公开要求。《行政处罚法》第 5 条第 3 款规定:"对违法行为给予行政处罚的规定必须公布;未经公布的,不得作为行政处罚的依据。"第 64 条规定,除涉及国家秘密、商业秘密或者个人隐私依法予以保密外,听证公开举行。《价格法》《行政许可法》也有类似的规定。

(二)公正原则

行政公正是确保行政机关行使行政权的过程和结果可以为社会一般理性人认同、接受所要遵循的基本原则。公正原则要求行政机关应当公正地行使行政权。行政机关公正地行使行政权力,对于行政机关而言,是树立权威的源泉,对于相对人来说,是信任行政权的基础。公正原则主要是针对行政自由裁量权而提出的要求。由于行政自由裁量权本质上是一种自由的权力,权力本身的扩张性和操纵权力的人的自身不可克服的弱点容易导致行政自由裁量权的滥用。从实体上对行政自由裁量权进行规范显然不足以对其形成有力的制约,因此必须借助于行政程序法的功能,确保行政机关正当行使行政自由裁量权。

行政程序公正原则包括以下几个方面的内容:第一,行政机关行使行政权力,以事实为根据,以法律为准绳,当事人在行政程序中的法律地位平等。行政机关行使行政权力,应当平等、公正地对待相对人,不可歧视相对人。第二,在相同或相似情况,行政权力的行使,应当体现一致性。也就是我们通常说的,行政机关行使行政权力,应当尽量做到相同情况相同对待,不同情况不同对待。如果不同情况却受到行政机关相同对待,或者相同情况却受到行政机关不同的对待,那么公正原则就没有得到遵守。第三,行政机关工作人员与其所处理的行政事务存在利害关系可能影响程序公正进行的,应当回避。回避制度是避免偏私、达致公正最好的制度,我国《行政处罚法》《行政许可法》等法律中都明确规定了回避制度。

（三）参与原则

参与是现代行政程序中的一个基本原则,在我国,它和公开原则、公正原则、效率原则等一起构成了行政程序的基本原则体系。参与原则是指行政机关在行使职权过程中,除法律规定的程序外,应当尽可能为行政相对人提供参与行政活动的机会,从而确保行政相对人实现行政程序权利,同时也可以使行政活动更加符合社会公共利益。这一原则的法律价值是确认行政相对人在行政程序中是具有独立人格的主体,而不再是受行政权随意支配的客体。

参与原则的内容集中体现为行政相对人在行政程序中的权利,行政相对人的行政程序参与权是由若干个具体程序权利所构成,主要包括:第一,获得通知权。获得通知权是指行政相对人在符合参与行政程序的法定条件时,有要求行政主体通知其何时、以何种方式参与行政程序的权利。获得通知是行政相对人的一项程序权利,相应地通知便是行政主体应当履行的义务。通知义务的履行,不仅仅关乎利害关系人获知行政行为的内容,还涉及期间计算、利害关系人行政救济的申请。因此,获得通知权是行政相对人重要的程序权利之一。第二,陈述权。陈述权是行政相对人就行政活动所涉及的事实向行政主体作陈述的权利。因此,确认行政相对人的陈述权有利于行政机关全面了解行政案件的事实真相,正确地处理行政案件。同时,确认行政相对人的陈述权,也是行政相对人为维护自身合法权益而向行政主体说明行政案件事实真相的需要。第三,抗辩权。抗辩权是行政相对人针对行政主体提出的不利指控,依据其掌握的事实和法律向行政主体提出反驳,旨在从法律上消灭或者减轻行政主体对其提出的不利指控的权利。这是行政程序正当性的要素之一。如果没有给予抗辩的权利就限制、剥夺了行政相对人的自由权、财产权等法律权利,那么,这样的行政决定肯定是无效的。正如英国大法官丹宁勋爵在谈到一个与工会委员会有关的案件时所说的:"这些在人类活动中的一个重要领域具有垄断地位并可剥夺他人生计的机构,必须遵守正义的基本原则。它们不得不经审讯,不给他人以辩护机会就惩罚他人。任何与此原则相悖的合同或做法都是无效的。"[①]第四,申请权。申请权是行政相对人请求行政主体启动行政程序的权利。行政相对人行使申请权的目的是希望通过行政程序来维护其自身的合法权益。行政相对人拥有了申请权,意味着行政相对人可以要求行政主体行使以及如何行使行政权,从而减少行政主体恣意行使行政权。申请权在行政程序中可以表现为如下几个方面的权利:听证请求权;回避请求权;卷宗阅览请求权以及行政复议请求权等。

(四)效率原则

效率原则是指行政程序中的各种行为方式、步骤、时限、顺序的设置都必须有助于确保行政效率,并在不损害行政相对人合法权益的前提下适当提高行政效率。行政效率是行政权的生命,没有基本的行政效率,就不可能实现行政权维护社会所需要的基本秩序的功能。此外,行政效率也是保障相对人合法权益的要求,拖延履行职责等效率低下的行政行为,将对相对人合法权益造成损害,尤其是在行政给付行为中,行政机关能及时、全面进行给付是公民基本权利实现的重要保障。

行政效率原则主要有以下三个要求:第一,严格遵循行政程序和时限。在行政法的立法中,要重视并严格规定行政活动的程序和时限,以及行政机关违反程序、时限时应当承担的法律责任。行政机关在法定期限之内如果不行使行政职权,在法定期限届满后不得再行使,同时应承担相应的法律责任。例如,为规范行政机关实施行政许可的行为,促进行政行为高效、便民,我国《行政许可法》规定,除可以当场作出行政许可决定的外,行政机关应当自受理之日起 20 日内作出决定。20 日内不能作出决定的,经本行政机关负责人批准,可以延长 10 日。第二,行政机关机构精简。在符合法定条件的情况下,

---

① 〔英〕威廉·韦德著:《行政法》,徐炳等译,中国大百科全书出版社 1997 年版,第 137 页。

可以由一个行政机关集中行使行政权力,这样可以在很大程度上提高行政效率。例如,我国《行政许可法》规定:经国务院批准,省、自治区、直辖市人民政府根据精简、统一、效能的原则,可以决定一个行政机关行使有关行政机关的行政许可权;行政许可需要行政机关内设的多个机构办理的,该行政机关应当确定一个机构统一受理行政许可申请,统一送达行政许可决定;行政许可依法由地方人民政府两个以上部门分别实施的,本级人民政府可以确定一个部门受理行政许可申请并转告有关部门分别提出意见后统一办理,或者组织有关部门联合办理、集中办理。第三,重视行政决策、行政行为中的成本效益分析方法的运用。这种成本效益分析方法主要运用于行政立法领域。美国总统里根曾发布行政命令,要求行政机关在制定重大的法规之前,必须先对执行这项法规所花的费用和可能得到的效益进行分析,并向管理和预算局汇报,由该局审查这项法规是否真正需要。行政机关制定法规必须能够得到最大的经济效益。

第六节 责任行政原则

一、责任行政原则概述

所谓责任行政,是指国家行政机关必须对自己所实施的行政活动承担责任,整个行政活动应当处于一种负责任的状态,不允许行政机关只实施行政活动而可以对自己的行为不承担责任。

任何人都必须对自己的行为负责,这是一个社会实现秩序状态的基本要求。无论是公民个人,还是社会组织,甚至包括国家机关,都应当毫无例外,因为它是一个社会赖以存在的基本条件。假如社会允许某些不负责任的行为存在,那么社会将无秩序可言,法律的产生正是基于此,它存在的目的即在于通过对某种行为责任的追究,来实现社会的一定秩序状态。国家行政机关同公民、社会团体一样,也应当对自己的行为负责,特别是国家行政机关活动本身的性质、特征决定了行政活动更应建立在责任基础之上。因为从性质来讲,行政活动具有公共性质,以整个社会为对象,以公共利益为目的,如果行政活动可以随意实施而无需承担责任,那就会引导整个社会进入一种无序状态。从特征上分析,行政活动是以行政权力作用于公民、社会团体为特征,公共权力的运用就是以对公民、社会团体的权益产生影响为特点。如果这种行为可以不负责任,可以任意影响相对人而无需承担任何责任,那就将对相对人的权益造成极大的威胁,从而危及整个社会。

在我国,将责任行政原则作为行政法基本原则之一是基于我国特定的国情。首先,责任行政是社会主义市场经济体制发展、完善的内在要求。在市场经济体制下,市场是资源配置的基本手段,但市场并不是万能的,市场的缺陷决定了它客观上需要政府的存在。在市场不能发挥作用、不能有效发挥作用和不应该发挥作用的领域都可以让政府出面。但政府又是一个具有超经济强制力的组织,政府的干预一旦启动,很难保证其不出现权力的扩张和膨胀。因此,对政府进行严格的限制是十分必要的,而责任机制正是约束政府行为的重要手段之一。正因如此,建立一个有限的负责任的政府已成为现代市场经济国家的共识。其次,责任行政是民主行政的必然要求。在专制政治下,不存在"责任"这个概念,统治者高高在上,唯我独尊,官员们对其效忠,不存在向人民负责的观念。责任的观念是随着现代民主政治的产生发展而形成的。在现代民主政治的条件下,国家的一切权力来源于人民,政府的权力是人民主权的让渡,人民是国家的主人,是权力的本源,政府的公职人员是人民的公仆。因此,政府及其公职人员是受人民委托在进行管理,在行使职权时要受人民监督,向人民负责。只有把政府以及政府内部各层级、各部门、各职位对人民的责任落实到位,人民的权力才能由抽象变为现实。否则,民主就成了一句空话。因此,责任行政是民主行政的必然要求,没有责任行政,公共行政的民主取向也无法真正确立。最后,责任行政对规范行政权力运行、监控和制约行政权力也起着重要作用。责任与权力是一对孪生物,它们相生相克又相辅相成。要承担责任就须具有一定的权力,有责无权或责大权小,无法落实其责任;要行使权力也须承担相应的责任,有权无责或权大责小,就可能滥用权力。以责任的负担控制权力的运行,是制约行政权力的重要方式之一。责任是对权力行使效果和完成工作任务情况的检验,实行责任行政,从根本上说,即政府的一切公共行政行为都必须符合和有利于公民的意志、利益和需求,一切国家机关及其工作人员都必须对其掌握的权力的效果负最终责任,如若滥用权力或以权谋私、渎职失职,就将根据其责任予以追究、给予处罚,由此起到制约行政权力运行、防止其"越轨"的作用。

在国务院2004年发布的《全面推进依法行政实施纲要》中,"权责统一"作为行政法基本原则之一,被赋予了丰富的含义:行政机关依法履行经济、社会和文化事务管理职责,要由法律、法规赋予其相应的执法手段。行政机关违法或者不当行使职权,应当依法承担法律责任,实现权力和责任的统一,依法做到执法有保障、有权必有责、用权受监督、违法受追究、侵权须赔偿。《法治政府建设实施纲要(2015—2020年)》中也明确规定:严格决策责任追究。决策机关应当跟踪决策执行情况和实施效果,根据实际需要进行重大行政决策后评估。健全并严格实施重大决策终身责任追究制度及责任倒查机制,对决策严重失误或者依法应该及时作出决策但久拖不决造成重大损失、恶劣影响的,严格追究行政首长、负有责任的其他领导人员和相关责任人员的党纪政纪和法律责任。全面落实行政执法责任制。严格确定不同部门及机构、岗位执法人员的执法责任,建立健全常态化的责任追究机制。完善纠错问责机制。加强行政问责规范化、制度化建设,增强行政问责的针对性和时效性。加大问责力度,坚决纠正行政不作为、乱作为,坚决克服懒政、庸政、怠政,坚决惩处失职、渎职。

二、责任行政原则的内容

责任行政中的"责任"不是通常说的责任,也不是政治责任和道德责任,而是一种法律责任。其目的就在于克服行政活动中的无责任状态,把全部行政活动置于法律的基础之上,而不能随心所欲、任意行政、滥用职权。

作为行政法的基本原则,责任行政原则包括以下几项内容。

（一）责任行政原则的基本目标是实现行政活动的有责任状态

行政活动并非毫无拘束，根据行政行为的性质、种类的不同，需要确定相应的责任。责任行政原则的基本要求是，行政机关必须对自己实施的行政活动承担责任，同样，行政机关的工作人员也必须对自己的行为负责，不论职位的高低，也不论工作的性质，有行为必有责任。所不同的是，根据行政性质的不同，将承担不同的责任。如实施违法行政行为应当承担被有权机关撤销的责任，违法行为给相对人造成损害的，应当承担赔偿责任；而行政机关的合法行为给相对人造成损害的，则应当承担补偿责任。责任行政原则的目标是实现一种行政活动承担责任的状态。

（二）责任行政原则要求有明确的主体

行政机关违法行政应当承担责任，责任的具体落实和承担是责任行政理论的重大课题。责任行政原则首先体现在行政组织方面。行政组织是一个庞大的系统，包括不同级别、管辖不同地域、具有不同职权的众多的行政机关以及行政工作人员。这些组织和人员必须权限清楚、职责分明，从而使每一个行政行为都能准确地判明究竟为何者的责任，否则，责任行政无法实现。要求行政机关承担法律责任，必须有明确的承担责任的主体，如果没有明确的责任主体，责任行政原则便形同虚设，无法起到约束行政机关及其工作人员的作用。我国现有的行政责任制度中，存在责任主体不清、层次不明、规范不统一等问题；一些领域有"原则"而无实施"细则"，缺乏可操作性。这就要求我们完善行政组织法，明确不同主体在行政法上的地位及其应当承担的责任。

（三）责任行政原则要求将行政机关的各种活动与责任相连

责任行政原则要求将行政机关的各种活动与责任相连，不允许存在无责任的行政活动。权力与责任是行政活动的两个方面。行政活动的实施是以行政权力的存在为前提，在授予行政机关权力的同时，应当明确相应的责任。无责任即无授权，权力与责任必须一致。在我们以往的行政活动中，甚至包括某些行政法律规范中，往往只有对行政机关的授权,而没有重视行政机关的责任。责任和权力相连还要求根据行政行为的性质确定应负的责任。如,行政行为越权就应当承担行为无效的责任,如果造成损害就应当承担赔偿或补偿责任。

（四）责任行政原则要求建立实现责任的法律制度

责任行政原则不仅要有法定的责任形式,而且要有实现这些责任的法律制度。一旦行政机关的活动违反法律规定,责任即从法律规定转化为实际状态。诸如行政诉讼制度、行政复议制度、行政赔偿制度等,都是实现责任行政原则的重要法律制度。如果没有这些制度,责任行政原则将变得毫无意义。当然,我国现有的行政诉讼制度、行政复议制度以及行政赔偿制度在追究行政机关及其工作人员法律责任方面已经发挥了很大的作用,但仍需修改完善。此外,还应当建立行政责任基本制度,尤其是各项责任追究制度,如重大决策责任追究制、用人失误责任追究制等。

此外,责任行政原则还要求构建行政责任的监督机制。从世界各国的行政实践来看,一个真正的责任政府必须建立在有效的责任监督机制基础之上。也就是说,政府在行政管理过程中必须接受来自组织内外的监督。这是确保行政管理运行法制化、规范化的基本条件,也是确保行政责任得到切实落实的重要前提。一方面,要加强行政责任的内部监督。它是以行政领导、专门监督机构以及下属为主体实行的自上而下或自下而上的监督。特别是行政领导对部属的组织、人员在进行行政管理活动过程中是否坚持依法办事和廉洁奉公实行的自上而下的监督,是保证行政责任制有效运作的首要条件。同时,要加强国家监察部门和国家审计部门等专门监督机构对各级政府及其行政人员是否违法的监督。另一方面,要加强权力机关、监察机关、司法机关、社会舆论等外部力量的监督。这种外部监督的主体包括人大、监察委员会、法院、检察院、政协、社会团体以及新闻媒介等力量。在我国,这种监督的基本途径是对行政人员提出建议、批评、检举、申诉和控告。当然,从根本上来说,责任心的树立依赖于行政人员的自觉性和自律性,但这种自觉性的养成必然要经历一个从不自觉到自觉、由外在规范逐步内化为内在要求的过程。在这个过程中,外部监督是这种转化得以实现的重要因素,外部监督终归要通过内部监督的实施来起作用。因此,只有建立内外结合的行政责任监督机制,对政府行政管理活动进行良好的监督,才能最终提高行政人员的行政责任感,实现责任政府和法治政府的目标。

思考题

1. 行政法基本原则的含义是什么?
2. 行政法基本原则有什么功能(意义何在)?
3. 行政法基本原则与行政法具体制度是什么关系?
4. 除了本章所述之外,行政法还有没有其他基本原则?

第三章 行政主体

内容概要 行政主体掌握行政权力,是国家公权力系统的执行系统,也是民众感知或了解政府活动的载体。行政主体由行政机关和授权组织构成,其职能、机构、编制等受行政组织法的制约。行政主体内活跃着行政公务人员,包括国家公务员和其他行政公务人员。行政公务人员以行政主体的名义、代表行政主体实施行政管理,其行为后果归于所在的行政主体。本章研究行政主体的概念与构成、行政组织法、行政公务人员,旨在认识和理解国家公权力系统中掌握并行使行政权力的组织和人员。

学习重点 行政主体的概念和构成 行政组织法 行政公务人员。

第一节 行政主体的概念与构成

一、行政主体的概念

行政主体是指享有行政职权,能以自己的名义行使行政职权,并能独立承担由此而产生的法律责任的组织。行政主体既是学理概念,又是法律概念。[①]

行政主体理论大约于20世纪80年代末被引入中国,引入的原因主要是学术研究与司法实践的需要。从学术研究上看,20世纪80年代初行政法学研究起步后,有关行政组织的研究曾一度停留在组织学或管理学的角度而未能进到法学角度。行政主体理论的引入,使行政法学找到了研究行政组织的法学角度。因为,行政法学研究

---

① 我国《行政诉讼法》第75条规定:"行政行为有实施主体不具有行政主体资格或者没有依据等重大且明显违法情形,原告申请确认行政行为无效的,人民法院判决确认无效。"本条使用了行政主体的概念。

行政组织主要是研究行政组织的法律意义,而行政组织的法律意义即在于行政组织是行政的主体。从司法实践上看,1989年《行政诉讼法》的颁布,标志着我国行政诉讼制度步入独立发展的轨道,行政主体理论有助于论证和解释行政诉讼的被告制度,使行政诉讼制度得以推行并逐步完善。

行政主体理论被引入后,国内学者对其进行了中国式改造,使这一理论逐渐发展起来。目前,行政主体理论涉及行政主体的概念、范围(种类)、法律地位、职责权限、资格与确认、法定代表人、主体间关系等多个问题的研究。行政主体理论的价值在于:第一,作为技术性概念,行政主体概念整合了行政机关和法律、法规、规章授权组织的表述,避免了表述上的繁琐,给学术研究带来方便。第二,行政主体概念的提出,使行政责任主体变得清晰、明确。由于行政主体享有行政职权,并能以自己的名义行使行政职权,行政主体理应承担由此而产生的法律责任。例如,在行政赔偿案件中,尽管行政赔偿责任最终由国家承担,但作出侵权损害行为的行政主体及其行政公务人员并不能因此而免除法律责任。第三,无论是自然界还是人类社会,联系是普遍的,其法则是事物之间、事物内部诸要素之间都是相互影响、相互作用和相互制约的。行政主体概念的提出,凸显了行政主体与行政相对人的关系结构。行政相对人是指在具体行政管理法律关系中与行政主体相对应的另一方当事人,包括公民、法人和其他组织。这一关系结构时刻提醒行政主体必须合法、合理行政。因为,在具有联系关系的结构中,没有哪一方是完全被动的。如果行政主体的活动无视行政相对人的权利,对相对人的权利和义务随意施加影响,则行政主体必然受到来自相对人的反制。

科学理性地认识行政主体与行政相对人的关系,对于民主行政和法治行政来说十分重要。在行政主体与行政相对人的关系结构中,行政主体运用权力并接受监督,行政相对人承受权力并参与行政。一个好的政府应当与民众保持良好关系而不是仅注重民众对自己是否服从与忠诚,判断一个政府的好坏也主要看其是否为人民服务和受人民监督。正如J. S. 密尔所说:"评价一个政府的好坏,应当根据它对人们的行动,根据它对事情所采取的行为,根据它怎样训练公民,以及如何对待公民,根据它倾向于促使人民进步或是使人民堕落,以及它为人民和依靠人民所做工作的好坏。政府既是对人类精神起作用的巨大力量,又是为了公共事务的一套有组织的安排。在前一种职能上,它的有益的行动是间接的,但并不因此是较不重要的,而它的有害的行动则可以是直接的。"①行政主体与行政相对人关系具体可以从两方面认识:

从行政主体方面。首先,行政主体是行政行为的作出者,行政相对人对行政行为有服从的义务,相对人不服行政行为,可以申请行政复议或提起行政诉讼,但在行政行为存续期间,行政主体与相对人的命令——服从关系是不改变的。其次,行政主体在有些情况下也是行政相对人,例如,交通局违法收费被财政局处以罚款,财政局就成为行政主体。也就是说,当某行政主体作为相对人而受到某行政行为的作用时,必然有另一个组织成为行政主体。

从行政相对人方面。首先,行政相对人是广泛的。由于行政管理事务的广泛与复杂,任何组织和个人都可能成为行政管理对象,即成为行政相对人。国家公权力机关在进行职权活动时不可能成为行政相对人,但当其进行非职权活动时,就有可能成为行政相对人。例如,人民法院建造房屋,需要向城建部门提出建房申请,人民法院即成为行政相对人。其次,在行政管理中,行政相对人既承担义务,又享有权利。一方面,行政相对人有服从行政行为的义务,除非行政行为无效或被有权机关撤销;另一方面,行政相对人在行政管理中享有多项权利,包括知情权,参与权,监督权(批评和建议权),申诉、控告或检举权,受益权,隐私权,获得补偿和赔偿权,申请复议和提起诉讼权等。行政相对人享有的上述法定权利,增加了行政相对人在行政管理中的主动性。

二、行政主体的构成

行政主体由行政机关和授权组织构成,授权组织包括法律、法规、规章授权的组织。

---

① 〔英〕J.S.密尔著:《代议制政府》,汪瑄译,商务印书馆1982年版,第29页。

(一) 行政机关

行政机关是依照宪法或行政机关组织法设立的、享有且能以自己的名义行使国家行政权,并能独立承担由此而产生的法律责任的机关。根据上述界定,可以概括出行政机关的三个特点:第一,行政机关是依照宪法或行政机关组织法的规定而设立的行政组织。[①] 行政机关有时会因工作需要设立一些临时性机构,这些机构的设立没有法律依据,因此不是行政机关。第二,行政机关具有独立的法律人格,能够以自己的名义行使行政权,实施行政管理活动,例如发布行政决定和命令、采取行政措施等。行政行为通常由行政机关的内设机构(司、局、处等)具体实施,但行政机关内设机构不能以自己的名义实施行政行为,不具有独立的法律人格,不能独立实施行政行为。第三,行政机关能够独立承担因实施行政行为而产生的法律责任。有权力就有责任,行政机关行使行政权力,就应当承担相应的法律责任。能否独立承担法律责任是判断是否为行政机关的一个重要标准。由此可知,行政机关内设机构实施行政行为所产生的法律责任由行政机关承担。根据行政机关职权行使(管辖)的范围,我国的行政机关分为中央行政机关和地方行政机关。

1. 中央行政机关

中央行政机关包括国务院和国务院行政机构。[②] 国务院行政机构中,具有行政管理职能的机构主要有国务院组成部门、国务院直属机构和国务院部委管理的国家局。

(1) 国务院。国务院是中央人民政府,是最高国家权力机关的执行机关,是最高国家行政机关。国务院由全国人民代表大会产生,对全国人民代表大会负责,受全国人民代表大会及其常务委员会监督。国务院由总理、副总理、国务委员、各部部长、各委员会主任、审

---

① 行政组织亦即政府组织,包括各级人民政府、各级人民政府内设机构、各级人民政府职能部门、各级人民政府职能部门内设机构等。简言之,行政组织是行政机关和行政机关内设机构的统称。

② 在学理上,行政机构通常是指行政机关内设机构或派出机构,但在实践中,行政机关、行政机构两个概念经常混用。此处"国务院行政机构"的用语直接采用了《国务院行政机构设置和编制管理条例》的用语。

计长、秘书长组成,实行总理负责制。国务院设全体会议和常务会议,全体会议由国务院全体成员组成,常务会议由总理、副总理、国务委员、秘书长组成,国务院工作中的重大问题必须经常务会议或全体会议讨论决定。国务院行使《宪法》第89条规定的职权。

(2)国务院组成部门。国务院组成部门是依法分别履行国务院基本的行政管理职能的机构。国务院组成部门包括各部、各委员会、中国人民银行和审计署,其设立经国务院总理提出,由全国人民代表大会决定,在全国人民代表大会闭会期间,由全国人大常委会决定。国务院组成部门实行部长、主任、行长、审计长负责制。部门工作中的重大问题向国务院请示、报告,由国务院决定。

(3)国务院直属机构。国务院直属机构中具有行政管理职能的机构,是主管国务院某项专门业务的机构,其设立、撤销或合并由国务院机构编制管理机关提出方案,报国务院决定。

(4)国务院部委管理的国家局。部委管理的国家局是由国务院组成部门管理,主管特定业务,行使行政管理职能的机构。依据现有法律规定,部委管理的国家局的法律地位介于完全独立与完全附属之间,既不同于国务院直属机构,也不同于主管部委内设司局,是相对独立于主管部委的主管特定业务的国家行政机构,其设立、撤销或者合并由国务院机构编制管理机关提出方案,报国务院决定。

2. 地方行政机关

地方行政机关管辖地方性行政事务,包括地方各级人民政府、地方各级人民政府职能部门、地方人民政府派出机关等。

(1)地方各级人民政府。地方各级人民政府是地方各级人民代表大会的执行机关,依法管理地方性行政事务,并对其行为产生的法律后果承担责任。根据宪法和有关组织法的规定,我国地方政府一般分为四级,即省、自治区、直辖市人民政府;设区的市、自治州人民政府;县、自治县、县级市人民政府;乡、镇人民政府。县级以上地方各级人民政府行使《地方各级人民代表大会和地方各级人民政府组织法》第59条规定的职权。

(2)地方各级人民政府职能部门。地方各级人民政府职能部门是依法分别履行地方各级人民政府基本行政管理职能的机构,负责某一方面的行政事务并承担法律责任,例如省、市、县政府设立的经济、教育、科学、文化、卫生、体育、城乡建设、财政、民政、公安、民族事务、司法等部门。

(3)地方人民政府派出机关。地方人民政府派出机关是指县级以上地方人民政府经有权机关批准,在一定区域内设立的行政机关。地方人民政府的派出机关有三种:一是省、自治区人民政府经国务院批准设立的行政公署;二是县、自治县人民政府经省、自治区、直辖市人民政府批准设立的区公所;三是市辖区、不设区的市人民政府经上一级人民政府批准设立的街道办事处。

(二)授权组织

授权组织是指享有法律、法规、规章授予的行政职权,能以自己的名义行使行政权,并能独立承担由此产生的法律责任的组织。授权组织的法律要件是法律法规规章的明确授权(简称"法律授权"),因而授权组织也称"法定授权组织"。

在当代,法律授权的现象很普遍,原因主要有二:一是政府职能的扩展导致政府公共产品供给能力的降低,因而有必要采用政府与政府之外的组织分权的方法,减轻政府的负担,提高政府公共产品的供给能力;二是行政事务的复杂化和行政决策难度的加大,要求政府行政愈来愈专业化,政府借助政府外具有专业优势的组织,可以更好地处理复杂和技术性强的行政事务。但是,由于行政机关以外的其他组织并不享有行政职权,因此,这些组织只有在法律授予其职权的情况下,才能以自己的名义实施行政行为并承担法律责任。法律授权的结果是出现了大量的授权组织,其特点是享有经法律法规规章授予的行政职权,能以自己的名义实施行政行为,并能独立承担由此而产生的法律责任。

授权组织的法律地位与行政机关大体相同,具体可以从两方面认识。首先,在行政复议中,授权组织是被申请人。行政相对人不服授权组织的行政行为,可以以授权组织为被申请人,向行政复议机关申请行政复议。其次,在行政诉讼中,授权组织是被告。行政相对人不服授权组织的行政行为,可以以授权组织为被告依法向有管辖权的人民法院提起行政诉讼。

授权组织的出现必然会对行政相对人的权利义务产生影响。因此,授权必须符合法律要求,遵守授权规则。授权规则包括:授权的对象是行政机关以外的其他组织而不是行政机关本身或行政机关的下级机关,上级行政机关向下级行政机关下放权力不是行政法上的授权;非经法律法规规章的明确授权,行政机关以外的其他组织不享有行政职权;授权组织要在法律授权的范围内行使职权而不能超越,并承担由实施行政行为所产生的法律后果。授权组织主要有以下几种:

1. 行政机关内设机构

行政机关内设机构有两种,一种是各级人民政府内设机构,另一种是政府职能部门内设机构,法定授权组织通常是指后一种内设机构。行政机关内设机构一般不能以自己的名义对外行使行政权,在执行公务时,应当以所在机关的名义作出行政决定。但是,行政机关内设机构在得到法律授权的情况下,可以在授权范围内以自己的名义行使行政权。例如,我国《水污染防治法》第9条第2款规定:"交通主管部门的海事管理机构对船舶污染水域的防治实施监督管理。"据此,作为交通部门内设机构的海事管理机构成为授权组织。

2. 法律直接设立的专门行政机构

法律直接设立的专门行政机构是代表国家处理专项行政事务的机构。例如,《商标法》第2条第2款规定:"国务院工商行政管理部门设立商标评审委员会,负责处理商标争议事宜";《国境卫生检疫法》第2条规定:在中华人民共和国国际通航的港口、机场以及陆地边境和国界江河的口岸,设立国境卫生检疫机关,依照本法规定实施传染病检疫、监测和卫生监督。

3. 政府部门派出机构

政府部门派出机构是代表政府职能部门从事某方面行政管理工作的机构,例如公安派出所、税务所、工商所、司法所等。政府部门派出机构经法律授权,可以自己的名义行使行政权,实施行政行为。例如,公安派出所是公安局的派出机构,根据《治安管理处罚法》第91条的规定,"治安管理处罚由县级以上人民政府公安机关决定;其中警告、五百元以下的罚款可以由公安派出所决定",公安派出所据此取得法律授权成为授权组织。

4. 行政性公司

行政性公司是指以公司的构成要件成立,从事经济活动,但同时承担一定行政职能的组织。我国在市场化改革中,为适应市场经济的需要,由原政府部门(主要是专业经济部门)转变或改制形成的行政性公司大量出现。由于管理的需要,法律往往授权行政性公司履行某些行政职能。例如,2013年国务院机构改革,铁道部被撤销,其拟订铁路发展规划和政策的职责划入交通运输部,同时组建国家铁路局和中国铁路总公司。中国铁路总公司承担铁道部的企业职责,负责铁路运输统一调度指挥,经营铁路客货运输业务,承担专运、特运任务,负责铁路建设,承担铁路安全生产主体责任等。《铁路法》第3条第2款规定:"国家铁路运输企业行使法律、行政法规授予的行政管理职能。"

5. 事业组织

事业组织是政府外依靠政府财政拨款运作但不实行经济核算的非营利组织,例如学校、医院、科研院所等。事业组织经法律授权,可以自己的名义对外行使行政权。例如,《动物防疫法》第11条规定,县级以上地方人民政府的动物卫生监督机构依照本法规定,负责动物、动物产品的检疫工作。

6. 社会团体

社会团体是社会成员依法自愿结合而成的社会组织,例如公益团体、学术团体、行业协会等。法律往往授权社会团体在某一特定领域行使行政权。例如,《注册会计师法》第4条、第7条规定:注册会计师协会是由注册会计师组成的社会团体,国家实行注册会计师全国统一考试制度,考试办法由国务院财政部门制定,由中国注册会计师协会组织实施。《律师法》第43条、第46条规定:律师协会是社会团体法人,是律师的自律性组织,履行制定行业规范和惩戒规则、对律师的执业活动进行考核、组织管理申请律师执业人员实习活动并对实习人员进行考核、对律师和律师事务所实施奖励和惩戒、受理对律师的投诉或者举报、调解律师执业活动纠纷、受理律师的申诉等职责。

7. 基层群众性自治组织

基层群众性自治组织是指城市的居民委员会和农村的村民委员会。根据有关法律的规定,居民委员会、村民委员会设人民调解、治安保卫、公共卫生等委员会,办理本居住地区的公共事务和公益事业,调解民间纠纷,协助维护社会治安,并且向人民政府反映群众的意见、要求和提出建议。

8. 企业组织

企业活动的根本目的是追求企业利益而非公共利益,因此,企业主要是作为政府行政管理的对象。但是,在特定情况下,法律也授权企业或企业内设机构行使某些行政职权。例如,《矿产资源监督管理暂行办法》第6条规定,矿山企业的地质测量机构是本企业矿产资源开发利用与保护工作的监督管理机构,其职责是做好生产勘探工作,提高矿产储量级别,为开采提供可靠地质依据;对矿产资源开采的损失、贫化以及矿产资源综合开采利用进行监督;对矿山企业的矿产储量进行管理;对违反矿产资源管理法规的行为及其责任者提出处理意见并可越级上报。

(三) 行政机关和授权组织的关系

行政机关和授权组织的关系可以从两个方面认识。首先,与授权组织特定职权有专业关联性的行政机关对授权组织有监督、管理、指导职责,例如司法行政部门对律师协会实施监督、指导,财政部门对注册会计师协会实施监督、指导等。按照《行政复议法》的规定,公民、法人和其他组织不服授权组织的行政行为,可以向直接管理该组织的地方人民政府、地方人民政府工作部门或者国务院部门申请行政复议。其次,在有法律、法规、规章授权的前提下,授权组织依法独立行使特定行政职权,在职权范围内实施行政管理,作出行政行为,不需要向隶属的行政机关请示批准。

三、行政主体和委托组织

在国家治理体系中,在行政主体之外,与行政主体关系密切且有必要清晰认识的另一种组织是"委托组织"。

(一)委托组织的概念

行政主体在其职权范围内,可以将某项行政职权或事项委托给非国家机关、社会组织或个人行使,例如公安机关委托城乡治安联防队维护社会治安,交通管理部门委托交通协管员维持交通秩序等。受委托的治安联防队、交通协管员等就成为委托组织。行政委托一般采取书面委托的形式,明确规定双方的权利和义务,紧急情况下也可以采取口头委托的形式。在执法实践中,由于人员不足、装备不够、地理条件限制、需要依法回避等事实原因或法律原因,行政主体不能自己履行某项行政管理职责而将其委托给非国家机关或社会组织,这种情形是普遍的。在市场经济条件下,行政委托是提高社会自律自治水平和公共行政社会化程度的有效途径。

为便于履行职责或为行政相对人提供方便,行政主体有时也在行政系统内相互委托,例如《行政许可法》第24条规定:"行政机关在其法定职权范围内,依照法律、法规、规章的规定,可以委托其他行政机关实施行政许可。委托机关应当将受委托行政机关和受委托实施行政许可的内容予以公告。委托行政机关对受委托行政机关实施行政许可的行为应当负责监督,并对该行为的后果承担法律责任。受委托行政机关在委托范围内,以委托行政机关名义实施行政许可;不得再委托其他组织或者个人实施行政许可。"行政系统内的相互委托不属于本章研究的委托组织。

(二)委托组织与授权组织的区别

委托与授权都会发生行政职权的转移,但两者存在着诸多不同:(1)职权来源不同。在委托关系中,委托组织的职权来自行政主体;在授权关系中,授权组织的职权来自法律的授予。(2)职权性质不同。在委托关系中,委托组织获得的职权不能独立行使,必须以委托的行政主体的名义行使;在授权关系中,授权组织获得的职权可以独立行使,以自己的名义实施行政行为。(3)法律后果不同。在委托关系中,委托组织的行为后果归于委托的行政主体;在授权关系中,授权组织的行为后果由其本身承担。(4)表现形式不同。委托关系是一种合约关系,需征得委托组织的同意;授权具有单方面意志性,不以授权组织的同意为前提,授权组织不得拒绝授权。

(三)委托组织的法律地位

委托组织行使的行政权力并非本身所有,而是基于行政主体的委托。因此,委托组织要以委托的行政主体的名义实施行政行为,由此产生的法律责任亦由委托的行政主体承担。委托组织的法律地位可以从四个方面认识:(1)在行政复议中,委托组织不能作为被申请人,行政相对人不服委托组织的行政行为,应当以委托的行政主体为被申请人向行政复议机关申请行政复议。(2)在行政诉讼中,委托组织不能作为被告,行政相对人不服委托组织的行政行为,应当以委托的行政主体为被告向有管辖权的人民法院提起行政诉讼。(3)在国家赔偿中,委托组织不能作为赔偿义务机关,行政相对人的合法权益受到委托组织的侵害,委托的行政主体为赔偿义务机关。(4)委托组织必须合法行使委托权,在委托的权限范围内实施行政活动,接受委托的行政主体的监督和指导。

(四)行政委托的规则

行政委托的结果是出现了大量的委托组织,这必然会对行政相对人的权利义务产生影响,因而行政委托应当遵循必要的规则。这些规则包括:委托的行政主体必须依法委托,不得自行决定是否委托和如何委托;委托的行政主体必须在职权范围内委托,超越职权的委托是无效委托;委托的行政主体对于受委托组织有监督职责,可以依法收回或撤销委托;受委托组织或个人必须符合法定条件,例如属于依法成立的管理公共事务的事业组织、具有专业技术优势、具有熟悉法律和业务的工作人员等;受委托组织必须在委托权限范围内实施行政行为而不能越权;受委托组织不得再行委托。

从行政委托的实践看,委托不足和委托违规是行政委托中并存的两大问题。委托不足是指政府对公共组织参与社会公共事务管理利用不足,其直接后果就是政府公共服务供给能力的降低和社会活跃程度的降低,社会活跃程度的降低反过来又加剧了政府垄断和官僚主义。对此,邓小平同志曾深刻指出:"我们的各级领导机关,都管了很多不该管、管不好、管不了的事,这些事只要有一定的规章,放在下面,放在企业、事业、社会单位,让他们真正按民主集中制自行处理,本来可以很好办,但是统统拿到党政领导机关、拿到中央部门来,就很难办。谁也没有这样的神通,能够办这么繁重而生疏的事情。这可以说是目前我们所特有的官僚主义的一个总病根。"[1]委托违规是指行政委托不遵守法律规定,例如委托非公共组织实施行政处罚、委托不按法定程序等。委托违规的直接后果是使许多不具备法定条件的委托组织进入执法过程,造成执法过程的无序与混乱。因此,适应公共管理社会化的发展趋势,政府要提高对政府外公共组织的利用程度,并规范对政府外公共组织的委托程序,以增强社会的自治能力。

第二节 行政组织法

一、行政组织法的价值

行政组织法是规范行政组织和人员编制的法律规范的总称。行政组织法的结构模式有统一式和分散式两种。统一式是指冠以"组织法"或"编制法"名称的行政组织法;分散式是指分散于宪法和其他法律中的有关行政机关、行政职权、人员编制等的规定。本章主要研究统一式行政组织法。行政法作为控制行政权力的法,其对行政权力的控制既针对行政权力的活动,也针对行政权力的载体。从联系的角度看,行政权力的合法合理运用,必须以行政组织的合法合规组织为基础。如果行政组织本身杂乱无章,则行政活动也会杂乱无章,整个社会必然陷入无序或混乱。因此,行政组织法的健全与完善对于法治政府建设和公民权益保护意义重大。具体来说,行政组织法的价值主要有二:

(一)行政组织法是建立"理想行政组织"的保障

行政组织是行政职能的承担者,行政职能的履行首先需要一个

---

[1] 《邓小平文选》(第2卷),人民出版社1994年版,第328页。

理想的行政组织。按照德国学者马克斯·韦伯的设计①，理想的行政组织应该具备以下条件：第一，在政府组织中，每个工作人员都有固定的职责权限，他们只能在自己的职责权限范围内执行公务而不能超越；第二，政府组织有严格的等级，下级组织必须接受上级组织的监督控制；第三，政府的各项活动都要严格依照规范性文件的规定进行；第四，以能够胜任工作为前提，政府工作人员领取固定薪俸并稳定任职，使政府公职成为受尊重的职业。韦伯认为，按照职权分明、层级节制、政令严格、稳定任职原则建构起来的政府组织是最为合理的政府组织，这种政府组织完全能够取得高行政效率和胜任各项行政任务。近几十年来，韦伯设计的理想行政组织受到广泛批判，但这一设计所包含的诸多要素，例如行政组织结构、管理方式和价值观念等都有合理之处。

从行政组织结构看，任何国家的行政组织都是按层级化设计的，这种设计规定了行政权力运行方向、行政首脑指挥路线、行政信息传递渠道和行政人员职责权限，是政府有效行政的组织保障。从行政管理方式看，理想的行政组织以行政权力为轴心，运用计划、组织、指挥、协调、控制等方式对社会实施管理，这种管理方式迄今为止仍是不可替代的。从行政观念看，对契约、形式和规则的重视是理想行政组织的基本价值观念，又称"官僚精神"，这种官僚精神也是西方理性主义一以贯之的传统。

按照理想行政组织的标准衡量，我国行政组织仍处于理想官僚制不足阶段，例如行政职能不完整、行政权责不一致、行政机关随意设置、行政关系不协调、行政领导独断专行、人员编制管理不规范等。因此，建立理想行政组织仍是我国政府面临的一大任务。建立理想行政组织的前提就是行政组织法的健全与完善。

（二）行政组织法是巩固机构改革成果的保障

1978年后，从中央到地方，政府机构进行过多轮改革。多轮机构改革和精简工作成效显著，但却没能走出"精简——膨胀"的怪圈。

---

① 有关马克斯·韦伯的论述，可参见〔德〕马克斯·韦伯著：《经济与社会》（第一卷），阎克文译，上海人民出版社2019年版。

这个怪圈经多轮改革而不变,反而演化成了一条难以避开的刚性路径。在我国,依靠中央和地方财政负担的机构和人员为数众多。据人力资源和社会保障部《2016年度人力资源和社会保障事业发展统计公报》公布的数据,截至2016年年底,全国共有公务员719万人。这是人社部最近一次公布的全国公务员数据,如果再加上在法律、法规、规章授权组织中履行公职、由国家财政负担工资福利的工作人员,数量则会更大。如此多的机构和人员由国家财政负担,导致国家财政成为"吃饭财政"。机构和人员膨胀的原因虽然很多,但行政组织法滞后、缺乏强有力的约束机制是其中的重要原因。因此,从根本上巩固机构改革成果,必须健全和完善行政组织立法。

二、行政组织法的基本内容

关于行政组织法的构成,有研究者提出,行政组织法由行政机关组织法、行政机关编制法和公务员法构成。这种认识把组织和人相结合,认为组织和人有着相互依存、密不可分的关系,组织是人的组织,人是组织的人。① 本章基于行政组织的定义,认为行政组织法由行政机关组织法和行政机关编制法构成。这种认识将组织和组织内的人相对分离,便于对行政组织和行政公务人员进行分门别类的研究。

(一)行政机关组织法的基本内容

行政机关组织法是指规定行政机关的性质与地位、设立与变动、组成、基本工作制度、职权等规则的法律规范。基本内容有:

1. 行政机关的性质与地位

行政机关组织法规定行政机关的根本属性和在整个行政系统中的位置。例如《地方各级人民代表大会和地方各级人民政府组织法》第54条规定:"地方各级人民政府是地方各级人民代表大会的执行机关,是地方各级国家行政机关。"这里,"地方各级人民代表大会的执行机关"是地方各级人民政府的性质,"地方各级国家行政机关"是

---

① 参见方世荣主编:《行政法与行政诉讼法》,中国政法大学出版社1999年版,第69—71页。

地方各级人民政府的地位。

2. 行政机关的设立与变动

行政机关组织法规定行政机关的设立与变动。例如《国务院组织法》第 11 条规定:"国务院可以根据工作需要和精简的原则,设立若干直属机构主管各项专门业务,设立若干办事机构协助总理办理专门事项";《地方各级人民代表大会和地方各级人民政府组织法》第 64 条第 1 款规定:"地方各级人民政府根据工作需要和精干的原则,设立必要的工作部门。"行政组织法还规定行政机关的变动与变动程序。例如《地方各级人民代表大会和地方各级人民政府组织法》第 64 条第 3 款规定:"省、自治区、直辖市的人民政府的厅、局、委员会等工作部门的设立、增加、减少或者合并,由本级人民政府报请国务院批准,并报本级人民代表大会常务委员会备案。"

3. 行政机关的人员组成

行政机关组织法规定各级行政机关或人民政府的人员组成。例如《国务院组织法》第 2 条规定:"国务院由总理、副总理、国务委员、各部部长、各委员会主任、审计长、秘书长组成";《地方各级人民代表大会和地方各级人民政府组织法》第 56 条第 1 款规定:"省、自治区、直辖市、自治州、设区的市的人民政府分别由省长、副省长,自治区主席、副主席,市长、副市长,州长、副州长和秘书长、厅长、局长、委员会主任等组成。"

4. 行政机关的正副职设置

行政机关组织法规定行政机关正副职设置及数额。例如《国务院组织法》第 9 条规定:"各部设部长一人,副部长二至四人。各委员会设主任一人,副主任二至四人,委员五至十人。"《地方各级人民代表大会和地方各级人民政府组织法》第 56 条第 3 款规定:"乡、民族乡的人民政府设乡长、副乡长。民族乡的乡长由建立民族乡的少数民族公民担任。镇人民政府设镇长、副镇长。"

5. 行政机关的基本工作制度

行政机关组织法规定行政机关的基本工作制度,包括民主集中制、行政首长负责制、行政机关会议制等。例如《国务院组织法》第 2 条、第 4 条规定:国务院实行总理负责制,总理领导国务院的工作,国务院工作中的重大问题,必须经国务院常务会议或者国务院全体会议讨论决定;《地方各级人民代表大会和地方各级人民政府组织法》第63条规定:县级以上的地方各级人民政府会议分为全体会议和常务会议。全体会议由本级人民政府全体成员组成。……政府工作中的重大问题,须经政府常务会议或者全体会议讨论决定。

6. 行政机关的职权

行政机关组织法规定行政机关的职权。例如《国务院组织法》第3条规定了国务院的职权,《地方各级人民代表大会和地方各级人民政府组织法》第59条规定了县级以上地方各级人民政府的职权。

7. 行政机关之间的关系

行政机关组织法规定行政机关之间的关系。例如《地方各级人民代表大会和地方各级人民政府组织法》第66条第1款规定:"省、自治区、直辖市的人民政府的各工作部门受人民政府统一领导,并且依照法律或行政法规的规定受国务院主管部门的业务指导或者领导。"

(二)行政机关编制法的基本内容

行政机关编制法是对行政机关设置、行政人员数额实施管理的法律规范。行政机关设置管理涉及行政机关设置的原则,行政机关设立、撤销、合并或者变更规格、名称的程序,行政机关内设机构设立程序等内容,管理的目的是严格控制行政机关的设置和数量,使行政机关的设置既能与履行政府职能的需要相适应,又能在一届政府任期内保持稳定。行政人员数额管理涉及编制核定和审批原则,行政编制总额的提出、审核与批准,特定行政机关行政编制的专项管理,行政编制在总额内的调整等内容,管理的目的是严格控制行政人员数额,将人员数额限定在法定范围内而不能突破。

行政人员数额管理,尤其是人员总额控制是非常重要的。首先,行政人员数额是国家支付行政经费的最基本依据,控制行政人员总额实际就是扼住了国家行政经费的关口,控制了行政经费的流向;其次,行政人员虽然是行政职能实现的必需条件,但如果不对人员总额施加控制,就可能导致行政机关冗员充塞,并引发各种各样的"官场病"。①因此,控制行政人员总额是国家政治、经济、文化和社会发展总体规划中不可缺少的组成部分。在这方面,日本的经验值得借鉴。日本不仅有比较系统的行政机关组织法,而且还有行政机关的"总定员法"。② 总定员法规定了行政机关总人数和定期减员的百分比,从发布总定员法开始,日本行政机关的总人数一直难有突破,目前已成为世界公认的行政机关最为精简的国家之一。

三、行政组织法的健全与完善

为了使行政组织适应社会主义市场经济体制和经济社会发展要求,达到精简、统一、高效的标准,必须健全和完善行政组织法,使行政组织机构设置、人员编制等走上法治轨道。但是,我国行政组织法距健全与完善的目标还有相当的差距。例如,1982年制定并实施的《国务院组织法》是我国现行有效的组织法之一,其主要缺陷是内容太过简单,许多重要问题都未予规定。《地方各级人民代表大会和地方各级人民政府组织法》1979年公布颁行,其后于1982年、1986年、1995年、2004年、2015年作过五次修改,是我国另一部现行有效的组织法。随着市场经济体制的建立,地方各级政府在管理职能、职权范围、工作部门设置等都方面都发生了很大变化,因而有必要制定单行的《地方各级人民政府组织法》,对地方各级人民政府的组成、职能、权力、工作制度、隶属关系等作进一步具体规定。与行政机关组织法相比,我国有关编制的立法更为薄弱,尤其缺少效力级别高、内容综合并具普遍指导意义的编制基本法。由于编制立法的薄弱,我

---

① 英国历史学家诺斯古德·帕金森通过对英国海军部统计数据的分析发现,从1914年至1928年,海军部的行政任务并未发生变化,甚至有所减少,但行政人员的数量却增长了78%。根据这一发现,帕金森提出了著名的"帕金森定律":为了提高自己的地位,行政官员有不断增加其下属的欲望,他们宁愿找两个平庸的助手,也不愿找一个与自己势均力敌的下属。行政人员数量的增加,行政人员之间互相制造出许多无益于组织目标的"工作",同时也增加社会负担、助长官僚主义、减低组织效率。参见〔英〕帕金森著:《官场病——帕金森定律》,陈休征译,生活·读书·新知三联书店1982年版,第9—12页。

② 1969年,日本政府开始实施《行政机关职员定员的法律》,即《总定员法》,这项法律保持了各级公务员多年数量平衡。周志忍著:《当代国外行政改革比较研究》,国家行政学院出版社1999年版,第271—272页。

国行政机关编制管理主要依靠"三定规定"、会议纪要或领导人讲话等,经验色彩、人治色彩浓厚。因此,制定系统的行政机关编制法是完善行政组织法的必然要求。

第三节 行政公务人员

行政公务人员是指在行政机关和授权组织、委托组织内行使行政权力、执行公务的人员,包括国家公务员和其他行政公务人员。

一、国家公务员

按照《公务员法》的规定,国家公务员是指依法履行公职、纳入国家行政编制、由国家财政负担工资福利的工作人员。这一概念明确了国家公务员的三个条件,全部满足这三个条件的是公务员:(1) 公务员是行使公权力、执行公务的人员,国家机关中的工勤人员不属于公务员;(2) 公务员纳入行政编制,事业编制的人员不属于公务员;(3) 公务员由国家财政负担工资福利。与其他学科研究公务员的角度不同,行政法学主要是从权利义务角度研究公务员制度。

(一)国家公务员的权利

公务员的权利是指国家法律对于公务员享受某种利益或有权作出、不作出某种行为的许可和保障。公务员可以自愿不享受或者放弃某些权利,但不得放弃属于职务方面的权利。因为,公务员职务方面的权利同时也是其必须履行的义务,放弃就意味着失职,必须承担法律责任。按照法律规定,国家公务员基于身份享有以下权利:

1. 获得履行职责应有条件的权利

国家公务员享有工作条件权利,例如必要机具设备、良好工作环境、安全与卫生防护措施等。公务员的工作条件权是公务员履行职责或执行公务的物质保障。

2. 身份保障权利

国家公务员享有身份保障权利,即国家公务员从录用或任用时起,非因法定事由和非经法定程序不被免职、降职、辞退或处分。公务员的身份保障权是公务员的最基本权利,这一权利对于解除公务员履行公务、行使权力的后顾之忧,对于保持国家行政管理的连续性与稳定性都有重要意义。

3. 获得劳动报酬和享受保险、福利待遇的权利

国家公务员享有各项经济权利,主要包括工资、福利、保险等。公务员工资是国家对公务员进行个人消费品分配的货币表现形式,是公务员本人及其家庭生活的基本保证;公务员福利是公务员物质和文化生活的重要补充,包括生活困难补贴、季节性福利补贴、子女教育补贴、交通费补贴、住房补贴等;公务员保险是国家对暂时或者永久丧失劳动能力的公务员以及应当由他们供养的直系亲属所给予的物质帮助,例如伤残保险、医疗保险、待业保险、养老保险、死亡保险等。保险制度的建立可以满足这一部分人的基本生活需要,并在很大程度上缓解在职公务员的后顾之忧。国家公务员的经济权涉及每个公务员的切身利益,属于公务员制度中的敏感问题,处理得当与否直接关系公务员系统的稳定和对优秀人才的吸引。

4. 参加培训的权利

国家公务员享有参加培训的权利。国家机关应当根据需要对公务员进行有计划、有组织的教育与训练,包括初任培训、晋升培训、专门业务培训、更新知识培训等。国家公务员参加培训权利,有利于开发人员智能、更新知识结构、掌握专业技能、提高工作效率,也有利于提高公务员队伍的整体素质,使公务员知识、技能与科学技术的发展同步化,与政府行政功能的发展同步化。

5. 对机关工作和领导人员提出批评和建议的权利

国家公务员享有批评和建议权利。批评和建议的对象可以是本机关工作和本机关领导人员,也可以是与本机关有关联的其他机关的工作和其他领导人员。批评和建议的内容可以是自己工作、权益方面的问题,也可以是机关工作程序、工作内容、领导人员工作方式等方面的问题;批评、建议的方式可以是口头的,也可以是书面的。公务员的工作明显带有执行性,当公务员在执行上级决定或命令时发现决定或命令明显违法时,公务员行使批评建议的权利尤为必要。《公务员法》第60条规定:"公务员执行公务时,认为上级的决定或者命令有错误的,可以向上级提出改正或者撤销该决定或者命令的意

见;上级不改变该决定或者命令,或者要求立即执行的,公务员应当执行该决定或者命令,执行的后果由上级负责,公务员不承担责任;但是,公务员执行明显违法的决定或者命令的,应当依法承担相应的责任。"国家公务员的批评和建议权有利于在国家机关形成平等、民主、和谐的工作氛围,并防范领导人员专制武断,这是保障国家机关依法行政和高效运转所必需的。

6. 提出申诉和控告的权利

国家公务员享有申诉、控告的权利。公务员对国家机关作出的涉及本人权益的人事处理决定不服的,有权向同级公务员主管部门或者作出该人事处理的机关的上一级机关提出申诉;认为自己的合法权益受到有关机关和领导人员的侵害的,有权向上一级机关或者监察机关控告。可见,申诉与控告是公务员权利救济的两条基本途径。国家公务员的申诉、控告权有利于恢复公务员受到侵害的权利,也有利于监督国家机关及其公务员的违法、违纪行为。除此之外,此项权利对于公务员录用、考核、奖励、纪律处分、工资与福利、职务升降与任免等具体制度的执行都有一定的监督与保障作用。依据我国现行法律的规定,国家公务员对涉及本人权益的人事处理决定不服,不能提起行政诉讼。因此,为维护公务员合法权益,在国家机关内部设立尽可能完善的权利救济制度是非常必要的。

7. 申请辞职的权利

国家公务员享有辞职的权利。辞职包括辞去领导职务和辞去公务员职务。当公务员由于主客观原因提出不愿继续担任领导职务或者不愿继续从事公务员职业时,国家机关应当允许其辞职。国家公务员的辞职权,尤其是公务员的自由择业权,是社会文明的标志之一,有利于人的自由全面发展。允许公务员辞职会使工作成为有益身心的活动。对于公务员系统来说,辞职制度有助于公务员系统的精干优化。

8. 法律规定的其他权利

法律规定的其他权利主要包括两部分,一是宪法、法律对公民权利的一般规定,二是宪法、法律对公务员权利的特别规定。对于前一部分权利,由于公务员既是公民又是公务员的双重身份,因此,只要这些权利与公务员的身份和职责不相冲突,便同时是公务员的权利,说明公务员权利的广泛性与全面性。

(二) 国家公务员的义务

公务员的义务是指国家法律对于公务员作出或者不作出某种行为的限制和约束。公务员义务的基础是公务员的身份和职责。《公务员法》第14条规定了公务员的义务,这些义务包括:(1) 忠于宪法,模范遵守、自觉维护宪法和法律,自觉接受中国共产党领导;(2) 忠于国家,维护国家的安全、荣誉和利益;(3) 忠于人民,全心全意为人民服务,接受人民监督;(4) 忠于职守,勤勉尽责,服从和执行上级依法作出的决定和命令,按照规定的权限和程序履行职责,努力提高工作质量和效率;(5) 保守国家秘密和工作秘密;(6) 带头践行社会主义核心价值观,坚守法治,遵守纪律,恪守职业道德,模范遵守社会公德、家庭美德;(7) 清正廉洁,公道正派;(8) 法律规定的其他义务。

义务是高层次的公务员行为规范。国家和社会对公务员行为的规范和制约可以用多种形式进行,例如社会和公民可以用道德准则约束公务员的行为,部门和单位可以用规章制度衡量公务员的言行。但是,在各种形式的规范和制约中,义务规范是最强有力的,也是最有实效的。因为,义务是以国家法律的形式对公务员行为作出的约束,是具有强制性的法律措施,当公务员未能履行法定义务时必须承担法律责任。有了这种高层次的行为规范,公务员的行为将受到强有力的控制和约束,从而保证公务员个人的廉洁自律和行政系统的运行秩序。

(三) 国家公务员权利与义务的关系

行政权力和政府职能是由一个个国家公务员具体运用和履行的,民众也是通过一个个国家公务员接触和了解政府的。因此,行政权力的运用和政府职能的履行被人格化,公务员其言其行就具有了某种代表或象征意义,关乎民众对政府的信任度和政府的公信力。此外,组织理论在研究构成组织的诸要素时,往往将人的要素摆在头等重要的位置。在政府组织中,公务员是最重要的构成要素,公务员的总体素质直接关系政府的行政能力。行政能力强的政府,能够根据外部行政环境的变化不断调整自己的结构与功能,能够有效地调动、利用和分配社会资源,推动经济社会长期稳定发展。所有这些都与构成政府的人员状态有直接关系。

由此推论,国家公务员权利与义务的关系有自身特点,主要表现在:(1)公务员权利与义务是对应的,公务员依法享有的每项权利都对应着一定的义务,公务员不能只享受权利而不履行义务。例如,公务员的批评建议权对应着忠于职守义务;申诉控告权对应着不得捏造事实、诬告陷害义务。(2)在公务员权利与义务结构中,义务优先于权利。公务员既要履行一般法定义务,又要承担所在机关单方面要求公务员承担的特别义务或不定量义务。(3)当国家机关对公务员作出的免职、降职、辞退、处分等人事处理决定影响其权利时,公务员寻求司法救济的路径收窄,以显示公务员忠于国家的整体形象。我国《公务员法》第95条、第98条规定了公务员的申诉控告权,但未规定提起诉讼的权利。支持这种制度安排的是德国行政法学家奥托·迈耶的"特别权力关系"理论。这种理论认为,公务员与国家之间的关系是"特别权力关系"。在特别权力关系中,公务员是国家的附庸。加入特别权力关系的人,如果认为其权利受到特定国家机关的侵害,则寻求司法救济的余地变小。①

(四)国家公务员违反义务的惩戒

惩戒制度是对公务员给予处罚警戒的制度,惩戒的前提是公务员不履行应当履行的义务或有明确的违纪行为。《公务员法》第59条规定了公务员不得有的行为:(1)散布有损宪法权威、中国共产党和国家声誉的言论,组织或者参加旨在反对宪法、中国共产党领导和国家的集会、游行、示威等活动;(2)组织或者参加非法组织,组织或者参加罢工;(3)挑拨、破坏民族关系,参加民族分裂活动或者组织、利用宗教活动破坏民族团结和社会稳定;(4)不担当,不作为,玩忽职守,贻误工作;(5)拒绝执行上级依法作出的决定和命令;(6)对

---

① 〔德〕奥托·迈耶著:《德国行政法》,刘飞译,何意志校,商务印书馆2016年版,第109—111页。

批评、申诉、控告、检举进行压制或者打击报复;(7)弄虚作假,误导、欺骗领导和公众;(8)贪污贿赂,利用职务之便为自己或者他人谋取私利;(9)违反财经纪律,浪费国家资财;(10)滥用职权,侵害公民、法人或者其他组织的合法权益;(11)泄露国家秘密或者工作秘密;(12)在对外交往中损害国家荣誉和利益;(13)参与或者支持色情、吸毒、赌博、迷信等活动;(14)违反职业道德、社会公德和家庭美德;(15)违反有关规定参与禁止的网络传播行为或者网络活动;(16)违反有关规定从事或者参与营利性活动,在企业或者其他营利性组织中兼任职务;(17)旷工或者因公外出、请假期满无正当理由逾期不归;(18)违纪违法的其他行为。

公务员有违纪行为但尚未构成犯罪的,应当受到行政处分。行政处分有警告、记过、记大过、降级、撤职、开除等六种。公正公开、严肃慎重的惩戒,可以防范、约束、控制公务员的违纪越轨行为,从而强化公务员的职业道德和行为规范,有效地维护系统秩序,保证整个组织的净化和素质的提高,建立起廉洁、高效的国家公务员团队。

二、其他行政公务人员

其他行政公务人员是指在法律、法规、规章授权组织或委托组织中执行公务的人员。国家公务员是行政公务人员的主要组成部分,但由于行政活动的复杂性和专业技术性,国家公务员以外的其他人员经法律、法规、规章授权或行政委托也行使行政职权,从事行政管理活动,这些人员统称为其他行政公务人员。

其他行政公务人员的行政行为违法或不当,同样应当承担法律责任。我国一些法律在规定行政机关职责或公务员行为的同时,也规定了法律、法规、规章授权组织的职责或公务人员的行为。例如《国家赔偿法》第7条规定,法律、法规授权的组织在行使授予的行政权力时侵犯公民、法人和其他组织的合法权益造成损害的,被授权的组织为赔偿义务机关;受行政机关委托的组织或者个人在行使受委托的行政权力时侵犯公民、法人和其他组织的合法权益造成损害的,委托的行政机关为赔偿义务机关。《行政诉讼法》第2条规定,公民、法人或者其他组织认为行政机关和行政机关工作人员的行政行为侵犯其合法权益,有权依照本法向人民法院提起诉讼,行政行为包括法律、法规、规章授权的组织作出的行政行为。这些法律规定表明,虽然其他行政公务人员不具有国家公务员身份,对其实施管理不能完全按照国家公务员法,但由于其他行政公务人员行使授予的或委托的行政权力,因此,其他行政公务人员的行为亦必须遵循合法行政、合理行政的基本原则。

[资料]

1978年后国务院机构改革

1978年后,随着改革开放的进程,国务院机构进行了多轮改革。

1982年5月4日,五届全国人大常委会二十三次会议审议通过了国务院部委机构改革实施方案,开始了从中央到地方历时三年的政府机构改革。到1985年,国务院工作部门从100个减少到61个,其中部委43个,直属机构15个,办事机构2个,办公厅1个。

1988年4月9日,七届全国人大一次会议通过国务院机构改革方案。根据这个方案,国务院设工作部门68个,其中部委41个,直属机构19个,办事机构7个,办公厅1个。

1993年3月22日,八届全国人大一次会议审议通过了国务院机构改革方案。根据这个方案,国务院设工作部门59个,其中部委40个,直属机构13个,办事机构5个,办公厅1个。

1998年3月10日,九届全国人大一次会议通过国务院机构改革方案,国务院设工作部门53个,其中部委29个,直属机构17个,办事机构6个,办公厅1个,与此相适应,各部委机关人员编制总数减少一半。

2003年3月10日,十届全国人大一次会议通过国务院机构改革方案,国务院设部委28个。

2008年3月15日,十一届全国人大一次会议通过国务院机构改革方案,国务院设工作部门47个,其中部委26个,直属特设机构1个,直属机构15个,办事机构4个,办公厅1个。

2013年3月14日,十二届全国人大一次会议通过国务院机构改革和转变职能方案,国务院设工作部门46个,其中部委25个,直属特设机构1个,直属机构15个,办事机构4个,办公厅1个。

2018年3月17日,十三届全国人大一次会议通过国务院机构改革方案,国务院设工作部门40个,其中部委26个,直属特设机构1个,直属机构10个,办事机构2个,办公厅1个。

资料罗列的数字虽然枯燥,但却反映了国务院机构频繁变动的历史事实。机构频繁变动有现实原因,但也有行政组织法定化不足的原因。中央行政机关组织立法和编制立法的长期滞后,导致机构设置与变动无法可依,频繁变动。行政组织法定化不足是我国长期存在的老问题,机构改革、机构职责、内设机构、人员编制等很大程度上依据的是"机构改革方案""三定规定""权责清单"等文件。这些文件在一定时期内对行政机关的组织和运行发挥了积极作用,但政策推动的改革成果是短期的、不稳定的,而频繁变动的政府机关,对于行政管理的长期规划、行政工作的连贯性、治理专业水平的提高等都是不利的。从长远看,保证行政组织精简、统一、效能的必由之路是健全和完善行政组织法。

思考题

1. 什么是行政主体?
2. 如何理解行政主体与行政相对人的关系?行政相对人有哪些权利?
3. 什么是行政机关,行政机关有哪些种类?
4. 什么是授权组织,授权组织有哪些种类?
5. 什么是委托组织?委托要遵循哪些规则?
6. 行政组织法有何作用?
7. 行政机关组织法的基本内容有哪些?
8. 行政机关编制法的基本内容有哪些?
9. 什么是国家公务员?国家公务员享有哪些权利,承担哪些义务?

第四章 行政公产

内容概要 行政机关的管理需要有人的手段、物的手段和行为的手段。行政主体一章说明的是人的手段,本章说明物的手段,即行政公产制度。国内行政法学界长期对公产研究关注不足,导致公产理论的研究一直处于一个较低的水平。而公产又是公共管理和服务的物质基础,故而,明确公产的一般理论尤其显得必要。本章主要阐释行政公产的概念、法律性质,行政公产的成立、处分和转换,行政公产的管理和使用等。

学习重点 行政公产的概念 行政公产与私产的区别 行政公产的使用及规则 行政公产的管理与保护

第一节 行政公产概述

一、行政公产的概念

(一)公产的概念

我们生活于一个物质世界之中,人类生活依赖于这些物质。物质世界中的各种物体于人的生活具有意义,构成一种财产。从法律角度而言,财产有为私人所有的私产,如私人所搭建的房屋;也有为公共所有的公产,如土地、领海等;还有无人所有的无主财产,如空气等;以及人类共同财产,如公海、南极等。对财产作这样一种区分,不仅是因为界定财产首要的问题在于明确其归属有所不同,人类要想谋得共同生活,需以明确财产的归属为必要条件,更为重要的是,财产的性质不同,其运行的法律规则也有区别。

最早注意到公产与私产的区别并将其加以区分的是西方学者。关于公产的含义,各国的学者有不同的认识。

法国的行政法学者把行政主体的财产划分为公产(domaine

public)和私产(domaine privé)。前者受公法支配和行政法院管辖,后者受私法支配和普通法院管辖。公产的含义受到其传统的公法、私法划分理论的影响,由于公法、私法划分的标准本身就不确定,因此其含义范围也因人因时而异。通常认为,下列财产属于公产:公众直接使用的财产和公务使用的财产。前者又称共用公产,指公众直接利用公产本身,例如道路、桥梁;后者又称公务财产,该财产的自然状态或经过人为加工后的状态必须专门或适于达到公务目的,例如铁路部门运用铁路设施而提供的服务。此外,与公产接触的物体(包括不可分割的补充物和有益的附属物)亦为广义的公产,例如公路里程碑、指示标志。但只有行政主体的财产才是公产,私人财产即使用于公共利益目的也不是公产。[①] 法国研究公产的所有权,这种公所有权(propriété publique)与私法上讲的私所有权的区别成为研究的热点。

在德国,与我国公产制度相类似的是公物(Oeffentliche Sachen)制度。一般认为公物指经由提供公用以达成特定公目的、适用行政法的特别规制而受公权力支配的物。公物是公行政辐射公私生活的物质条件,依其使用目的可分为公共使用公物、行政使用公物、特别使用公物和营造物使用公物。与法国不同的是,德国学者认为公物在公法上的"物之支配"与私法上的"所有权支配"并不能简单类同,显示出行政公产所独具的特殊性,但同时也衍生出适用不同法律关系并进行救济的复杂性。[②]

日本的行政法学者认为行政的主要目的即是物的设施的提供和管理,他们淡化公物的物的特征,而强调其作为行政重要要素的一面。公物作为学术用语的含义通常是指国家或者公共团体直接为了公共目的而提供使用的有体物。其要素为:行政主体对于物的权利依据(不必为所有权)、提供公用、行政主体的提供而非私人的提供以及有体物等。

值得注意的是,英美法系虽无公私法的划分,但作为英美法系国家的美国也有 public domain 的概念,但它非指公物,而是指广义上

[①] 参见王名扬著:《法国行政法》,中国政法大学出版社 1988 年版,第 301—309 页。
[②] 参见陈敏著:《行政法总论》,台湾三民书局 2001 年版,第 841 页。

的公有地和国有地以及狭义上的政府向民间出售的公有地。在英美法系,言称的实质意义的公物受单行法规制,并由判例形成了公共信托制度。①

由上可见,国外学者对公产制度的研究已经较为深入,行政公产制度与私法财产制度的内在联系和区别构成了理论界分析的总思路。公产原则上从私的交易对象中排除出去,为达成其目的而适用特殊的公法规则。在公产的含义中,较多运用实质主义的观点:行政主体凭借法律的权利依据对公产的所有权不同于私产所有权,或摒弃所有权分析的主导思路;公产的利用出于公共利益;公产的标的系于能否受到国家的支配管理,等等。

在我国,公共财产大量存在。《宪法》明确规定,矿藏、水流、森林、山岭、草原、荒地、滩涂等自然资源,都属于国家所有,即全民所有。全民所有即意味着是属于全民的公共所有的公产。但我国对于公产的理论研究还较为薄弱,以至于公产的范围、所有权种类、公共利益的分析均缺乏可供援引的理论支持。但即便如此,关于公产,存在如下基本共识:

(1)国家或行政主体对于公产享有所有权,而且这种权利须有法律依据。这里有三层含义:第一,公产的直接提供者须限于国家和行政主体。一般认为行政主体包括行政机关和公务组织,后者包括被法律、法规授权的行政机构、企事业单位、行政性公司、自治性团体(含基层群众性自治组织和行业自治组织)。公产也相应地分作国家提供的公产和行政主体提供的公产。私人提供的财产除国家或行政主体认可外均不得视为公产,如私人所设医院虽为公众所使用,但未被公权力认可以提供公用,即非公产。第二,国家或行政主体对公产具有所有权。国家或行政主体一般对公产享有所有权,但并不以此为限。私人珍藏的私有绘画陈列于博物馆亦为公产。第三,公产所有权为法定权利,必须有法律的明确规定。

(2)公产须为公共目的而提供使用。公共目的可以通过直接或间接的方式达致,直接的方式如道路、桥梁的提供,间接的方式如通

---

① 参见〔日〕盐野宏著:《行政法》,杨建顺译,法律出版社1999年版,第742页。

过政府采购而置办办公处所、办公器材、交通工具,等等。公共目的是公产区别于私产的功能性标准,也是确定公产的重要标准。

(3) 公产的范围受能否为人类支配影响。一般认为,公产须为有体物,无体物不能为公产(如气体、电波等)。但随着人类支配能力的提高,无体物对公共目的的达成起着越来越重要的作用,也应当纳入公产之范围。例如,我国《广播电视管理条例》规定,任何单位和个人不得侵占、干扰广播电视专用频率,不得擅自截传、干扰、解扰广播电视信号。

这些内容成为公产含义中的重要组成部分。因此,所谓公产就是指行政主体提供公众直接使用的财产或公务用的财产,如不能作为私有财产的公路、海岸、可通航的河流等,根据法律规定属于公产。

(二) 明确公产的意义

公产在我国大量存在,但在管理部门的执法以及学者的研究视野中却鲜有涉及。这种无视实际的做法对行政活动带来许多消极影响。事实上,研究公产对行政活动具有重要的意义。具体而言,其意义有以下几个方面:

(1) 提高行政执法的水平。公产是行政活动的前提和基础。任何行政活动先要明确前提,因为执法的前提不同,其活动的规则即有不同。行政执法是基于国家对公产具有所有权这一前提,不同于警察对社会治安的管理,也不同于市场监管部门对市场的管理。警察或市场监管部门的管理是对社会秩序的维持,目的在于公共安全或市场交易安全。行政活动除了要维持秩序,更为重要的是保护公产作为公共财产的安全以及公产的有效使用或利用。

以往由于未意识到这样一个重要的前提,因此,行政活动多少有些盲目,有关行政活动的法律规则也不尽完善,不能充分发挥公产的效益。因此需要我们以公产为前提,探讨行政法的规则,提高行政执法的水平。

(2) 促进行政执法主体依法行政,实现公产管理的法治化。行政公产是由行政主体所有及管理,因而行政主体负有保护和监管的义务。但在我国,由于没有一个健全的法律制度环境保证,公产管理存在极大的漏洞,国有资产流失,政府采购中存在暗箱操作,公产得不到有效监管,这些都与行政公产领域缺少相应的规范有着直接关系。通过对公产的研究,可以为行政执法提供相应的依据,完善相应的公产管理和保护的规范,促使行政主体在公产领域的活动规范化。例如公产范围的界定,公产的维持与维护,公产邻接区域的公用限制,公产必要的公用负担特权等,这些有关公产管理的内容是公产的重要组成部分,对此进行研究将大大推进行政公产的法治化进程,促进依法行政水平的提高。

(3) 保障相对人的合法权益。行政公产的形成是以国家对资源垄断的形式出现。但国家之所以对公产进行垄断,是为了能够更好地发挥公产的效益,为公众提供对公产更方便的使用和利用途径。但公产能否得到有效的使用和利用,很大程度上取决于我们对公产的认识及其相应的规则的明确。公产因其设置目的的不同,对相对人提供的服务也各不相同。例如公产的强制使用、许可使用、一般使用、特许使用等,其间有何种区别,它们对相对人各自会产生何种影响,在设定方面应当遵循何种规则等,这些方面明确了相应的规则,不仅有利于行政主体对公产的管理和保护,而且也能够为相对人提供使用或利用公产的方便,对其利益提供最充分的保障。

二、行政公产的法律性质

公产的法律性质主要涉及的是公产的所有权及其相关问题。

(一) 公产的所有权问题

行政公产是供公众使用或供公务使用的财产。但行政主体对公产所具有的权利究竟属于何种性质,行政主体对公产是否也具有所有权,尚无明确答案。在实际生活中,很多问题必须根据公产所有权的观念才能解决。例如,谁人对公产负维修责任,谁人对公产可能引起的损害负赔偿责任,公产可能产生的收益归谁享有,公产在公共使用废除以后,出卖时的价金由谁享有,所有这些问题在法律没有明确规定时,只能按公产所有权理论来解决。

根据《民法典》第 240 条的规定,"所有权人对自己的不动产或者动产,依法享有占有、使用、收益和处分的权利。"但这并不意味着所有权是占有、使用、收益和处分权能的简单相加,所有权是对标的物全面支配的权利,即使其中个别权能根据权利人的意思由他人行使,或受到限制,所有权的性质也并不因此受到影响。①

对于公产是否存在所有权,许多人持否定态度,即使承认所有权的存在,也认为它是一种民事性质的所有权。其实,不仅在法律规定中,而且在实际生活中,公产所有权的存在都是不争的事实。我国《宪法》明确规定:矿藏、水流、法律未规定属于集体所有的森林、山岭、草原、荒地、滩涂等自然资源,城市的土地,法律规定属于国家所有的农村和城市郊区的土地都属于国家所有。在此基础上,《民法典》第247条至第255条明确了其他属于国家所有的财产,包括:海域,无居民海岛,法律规定属于国家所有的野生动植物资源,无线电频谱资源,法律规定属于国家所有的文物,国防资产,法律规定属于国家所有的铁路、公路、电力设施、电信设施和油气管道等基础设施,国家机关直接支配的不动产和动产。国家对土地、海域等资源享有所有权。现实生活也完全证实了公产所有权的存在。对一项财产如果没有所有权,政府对该项财产就只存在警察权力,即出于维持社会秩序的需要,对侵犯他人财产权利的行为予以制裁。在我国,构成所有权权能的三个因素:使用、收益和处分权,政府在对公产的财产权方面都具备。首先,行政主体最低限度对公产具有使用权;其次,实行海域等资料的有偿使用制度,说明行政主体对公产享有收益权;再次,就处分权而言,行政主体对公产虽然因其公共使用的性质而不能自由处分,如转让、出售等,但这种限制本身即表明处分权的存在,否则没有必要加以限制。而对公务公产的处分,《民法典》第255条则直接明确了国家机关依照法律和国务院的有关规定享有的处分权。

(二)公产所有权的法律性质

承认行政主体对公产具有所有权,那么,对其所有权的法律性质必须进一步加以说明。行政主体虽对公产具有所有权,但这种所有权与民法上的所有权性质上有所不同。它是行政法上的所有权。民法上的所有权强调的是财产的归属,而行政法上的所有权则强调财产的用途或者使用目的。正如奥里乌所言:"如果说公产是所有权标的,那

---

① 参见最高人民法院民法典贯彻实施工作领导小组主编:《中华人民共和国民法典物权编理解与适用》,人民法出版社2020年版,第208页。

么这种所有权,尽管具有财产属性,却不得保留私产的全部特点。这是一种必须依赖于国家力量的行政所有权,它的特点是由事物的公共用途决定的,使得行政主体有义务将其保管并用于公用。因此,只有在从公共利益的最高要素出发的情况下,才可以改变其设定的用途。"[①]

作为行政法上的所有权,公产与民法上的所有权的区别在于:

(1) 公产具有公共使用的使命,由此,行政主体对于公产所有权的行使,只在供公众使用或公务使用的范围内才存在。行政主体对公产的使用、收益和处分要受到公共使用的限制。这种限制对于民法上的所有权来说是不存在的。对于民法上的所有权,权利人具有自由处分的性质,它可以转让、放弃、承包、租赁等,随意处分,只要这种处分不影响他人的权利,任何人不得干预。而对于公产而言,公产的所有权与公共使用是一个不可分割的整体,因而是一种公所有权。

(2) 公产所有权不仅对行政主体存在着限制,而且公共使用的性质也导致对相对人同样存在着限制。这种限制通常可以称为公产的役权。公产的役权表现在三个方面:第一,公产在普通使用时,相对人必须按公共利益的要求来使用。第二,公产在独占使用时,必须按照特别许可使用的要求来使用。如依照我国《海域使用管理法》的规定,海域使用权人在使用海域期间,未经批准不得从事海洋基础测绘等。第三,因公产的相邻关系而产生的役权。公产的相邻关系是指公产和私人不动产毗连而产生的法律关系。由于相邻关系的存在,邻地不动产必须为公产利益负担一定的义务。其中所负担的义务,既有民法上一般相邻关系而产生的义务,如对邻地的使用不妨碍公产的公共使用;也有行政法上相邻关系而产生的义务,如禁止在沿海领域内新建不具备有效治理措施的化学制浆造纸、化工等严重污染海洋环境的工业生产项目等。

(3) 公产是公共公产。公产一般可以区分为公务用公产和公众用公产。公务用公产指财产的自然状态或经过人为加工后的状态必须专门或适于达到公务目的;公众用公产指直接提供于公众利用或

[①] 〔法〕奥里乌著:《行政法与公法精要》,龚觅等译,春风文艺出版社1999年版,第845页。

使用的财产。无论是公务用公产或公众用公产,本质上都属于公共公产,而不能为某个人或某个团体所有。

(三)行政公产的特征

行政公产的特征是指行政公产内在的特质,这些特征表明行政公产与私产的区别所在。与私产相比,行政公产具有以下特征:

(1)行政公产原则上不可融通。财产存在的价值在于其流通,因此在民法上,以能否流通为标准,将物分为流通物、限制流通物和禁止流通物。而行政公产则有所不同。不可融通是指行政公产不得作为交易的标的,在民事主体之间自由流转。因为行政公产的本质属性在于其能提供公用,因此公产以不融通为原则。如我国《民法典》第683条第2款规定,以公益为目的的非营利法人、非法人组织不得为保证人;第399条规定,下列财产不得抵押:……(三)学校、幼儿园、医疗机构等以公益为目的成立的非营利法人的教育设施、医疗卫生设施和其他公益设施;……这些都是行政公产不可融通特征的体现。不融通公产包括绝对不融通公产和相对不融通公产,国家的土地、海洋是绝对禁止融通的,可称为禁止融通公产;有些公产在法律范围内并非完全禁止融通,如国有企业法人闲置的固定资产或"关停并转"需要转让给其他组织的资产等。

(2)公产不得被强制执行和征收。公产在原则上为不融通物,其中也就包含着其不得为扣押、拍卖等强制执行的标的。当然,正如不融通物有绝对不融通物和相对不融通物一样,不得为强制执行的标的也要区别分析。同样,公产的目的在于提供公用或供行政机关所用,因此原则上公产不能成为征收的对象。征收的对象是私人所有物,《宪法》第13条第3款规定:"国家为了公共利益的需要,可以依照法律规定对公民的私有财产实行征收或者征用并给予补偿。"行政机关若需要使用国有土地,可以通过划拨的方式取得。

(3)取得时效的限制。取得时效是指无权利人以行使所有权或其他财产权利的意思,公然地、和平地持续占有他人的所有物,经过法律规定的一定期间,即依法取得其财产所有权或其他财产权的法律制度。民法上的时效制度,目的在于维护因一定事实状态继续一定期间而建立的新的经济秩序,使长期继续占有了该物者,无论是否善意,均能取得其所有权。但对于公产而言,取得时效是对公产公共使用使命极大的妨碍,因此,原则上,公产不能作为取得时效标的。但完全否认公产的取得时效,将不利于发挥公产的实效,以及维护法律秩序的稳定性。日本和法国的判例都承认了公产的默示公用废止[①],即当公共财产长年间没有为公共目的使用,而被他人持续稳定地占有,若该物作为公共财产的形态、功能完全丧失,继续维持该物为公共财产的理由已经不复存在,则这些公共财产就是被默示地废止公用,私主体就可以根据时效制度取得这些财产。[②] 在彭州乌木事件[③]中,乌木的法律属性是什么,以及乌木的所有权归属国家抑或先占者引发了较大的争论。确立公产的默示公用废止制度,一定程度上可以缓解未来新出现公物的所有权归属问题。对法律法规明确规定属于国家所有的财产,不允许私主体经过时效取得,如我国《文物保护法》第5条第1款规定:"中华人民共和国境内地下、内水和领海中遗存的一切文物,属于国家所有。"但对于法律条文尚未明确规定属于国家所有的财产,若其已不具备公共财产的形态和功能,继续维持该物为公共财产的理由已经不复存在,为发挥该财产的最大效能,应承认私主体经过时效取得该物的所有权。

公产的上述特征说明,行政公产有其特有的规则,不能完全适用私人财产的规则,从而构成公法问题。

第二节 行政公产的成立、处分与转换

一、行政公产的成立

(一)公产的构成

公众使用或公务用公产很多,构成公产的物体主要有以下几类:

---

① 参见〔日〕大桥洋一著:《行政法学的结构性变革》,吕艳滨译,中国人民大学出版社2008年版,第205—206页。

② 参见王贵松:《论公物的公共目的性——兼从公物法理思考物权法》,载杨建顺主编:《比较行政法:给付行政的法原理及实证性研究》,中国人民大学出版社2008年版,第205页。

③ 参见四川省高级人民法院(2013)川行终字18号行政裁定书。

(1) 土地及地面公产。根据我国宪法规定,城市的土地属于国家所有,农村和城市郊区的土地,除由法律规定属于国家所有的以外,属于集体所有。国家所有的土地意味着属于公产,集体所有的土地同样也属于公产。地面公产则包括:国有道路、道路的底土及其附属物,如桥梁、界碑、路灯等;国家经营的铁路及附属物;供公众使用的菜市场、体育场、图书馆、博物馆等;其他地面公产,如公立学校、公立医院等。

(2) 海洋公产。海洋公产包括领海以及和领海位置及作用有关的各种自然物在内。根据《中华人民共和国政府关于领海的声明》《领海及毗连区法》等的规定,领海距离为12海里。领海公产的范围包括海床、底土、海岸、海港、海滩、领港内部的水域、防波堤等。

(3) 江河湖泊等公产。根据宪法规定,水流等自然资源属于国家所有。据此,江河湖泊等属于公产。公产的范围包括河底、湖底、河岸和堤岸等。江河湖泊可以用于公众的航行、农业、工业、居民用水等目的,因而这种事实状况决定其属于公产。

(4) 新型公产。由上文可知,国家或行政主体拥有法定所有权、为公共目的而提供使用、为人类支配影响构成行政公产的三大要素。随着现代经济的发展和科学技术的进步,越来越多的财产符合行政公产的要素,如政府信息、政府数据、无线电波、环境等,因此需要将其纳入行政公产的范畴中,以便更好地发挥其公用目的。政府信息和政府数据是行政机关在履行行政管理职能过程中制作或者获取的,以一定形式记录、保存的资源,尽管国家层面尚未出台法律规范明确政府信息和政府数据的国家所有性质,但一些地方通过出台地方政府规章的形式明确了政务数据的国家所有属性。[1] 无线电波具

---

[1] 如《福建省电子政务建设和应用管理办法》(福建省人民政府令第156号)第9条规定:"应用单位在履行职责过程中产生的信息资源,以及通过特许经营、购买服务等方式开展电子政务建设和应用所产生的信息资源属于国家所有,由同级人民政府电子政务管理部门负责综合管理。"《山西省政务数据资产管理试行办法》(山西省人民政府令第266号)第7条规定:"政务数据资产是重要的生产要素,属于国有资产,其所有权归国家所有。县级以上人民政府授权政务信息管理部门代表政府行使政务数据资产所有权人职责。"《重庆市政务数据资源管理暂行办法》(重庆市人民政府令第328号)第4条规定:"政务数据资源属于国家所有。"《福建省政务数据管理办法》(福建省政府令第178号)第3条规定:"政务数据资源属于国家所有,纳入国有资产管理,并遵循统筹管理、充分利用、鼓励开发、安全可控的原则。"

有有限性、排他性、易污染性等特点,对国家的经济、国防等具有重要价值,1993年《无线电管理条例》就规定了无线电频谱资源属于国家所有,《民法典》对此予以了巩固。环境是人类生产和生活的基本物质条件,环境具有整体性、开放性、公用目的性等特征,对于清洁水权、清洁空气权、景观权等具有较强公益性的环境利益,国家负有保护和改善的职责和义务。[①] 此外,随着传统财产概念的扩张,诸如全民所有的知识产权(公共知识产品)、经营许可证、公共职位、国家科研项目等具有财产价值的公权利也被纳入行政公产的范畴。[②]

(二) 公产的成立

行政公产的成立是指特定物体取得其作为行政公产的法律性质。公产的成立依财产的性质不同,成立的条件也有所不同。自然公产的成立,以其自然形态可供公众使用即可成为公产,一般不需要有特定的明确意思表示行为。而人工公产的成立,则需要具备实体要素和法律要素。前者是人工公产因其公共使用之目的,必须有承载其公共使用使命的实物形体存在,后者则是指必须有供公共使用的行政主体的意思表示,意思表示可以由行政主体单方面决定,也可以通过法律规定。究竟采取何种方式,则根据公产的性质而决定。

私人公园、私人博物馆[③]、私人森林、私人街道若在事实上供公众使用,但缺少供公共使用的行政主体的意思表示,这些财产并不属于行政公产,财产所有权人既可以按照非公共使用的目的使用该财产,又可以随时排除该财产的普遍使用。但若私人财产因时效完成而在事实上成为公物,如私人所有的土地在二十年前就成为公路,供公众通行,那么私人虽有所有权,但所有权的行使应受到不违背公众通行之目的的限制。同时国家应当对土地所有权人因公益而特别牺牲的财产利益,按照法律规定办理征收手续并给予补偿,或者签订租

---

① 我国《宪法》第26条第1款规定:"国家保护和改善生活环境和生态环境,防治污染和其他公害。"
② 参见应松年主编:《当代中国行政法》,人民出版社2018年版,第654页。
③ 我国《文物保护法》第6条规定:"属于集体所有和私人所有的纪念建筑物、古建筑和祖传文物以及依法取得的其他文物,其所有权受法律保护。文物的所有者必须遵守国家有关文物保护的法律、法规的规定。"

赁协议并支付租金。①

二、行政公产的处分

行政主体对公产具有所有权,即存在着对财产的处分。在民法上,对财产的处分包括事实处分和法律处分。事实处分指对标的物为物质变形、改变或毁损等物理上事实行为;法律处分指对标的物所有权的移转、限制或消灭等。从法律效果上看,二者的区别在于,事实行为可能使物归于消灭或在客观上改变物的性状,法律处分则导致移转物的所有权或暂时转让权能的一部分。

行政公产因其公共目的一般适用公法规则而不适用私法规则。对行政公产的事实处分有害于公产本身的设立目的,但在某些情况下的收益行为可以为之。至于对公产的法律处分,若与其公共使命相悖则不得为之。同样,海洋公产由于其公共使用的性质,因而不得让与他人,或在其物上设定地上权、抵押权等限制物权。但是,行政主体可以为了公共利益将公产的使用权有偿出让,由于使用权的出让意味着排他性的使用,故这种使用权的出让属于特许独占。受特许人只是取得使用权,而不是所有权。

三、行政公产的转换

公产成立后将公产的用途进行变换称为公产用途的转换。公产成立后,能否将公产的用途进行转换,是对公产进行处分所须明确的问题。由于公产的公共使用使命,频繁变动不利于公产的有效使用,因此原则上公产成立后是不允许将公产的功能转换的。但是,既然公产存在是为了公共使用,符合公产目的的转换也并非绝对禁止,当然,这种用途的改变存在着转换条件的限制:(1)转换后行政公产的使用目的较转换前行政公产的使用目的更为重大;(2)转换前行政公产属于事实上提供公用,转换后变为法定提供公用;(3)行政主体认为某一公产对原来的某种公共使用已经没有必要时,可以移作他

---

① 参见林明锵著:《行政法讲义》,台湾新学林出版股份有限公司 2014 年版,第 87 页。

种公共使用。上述情形只要具备其中之一,即可以将行政公产用途进行转换。

例如我国对海洋公产的管理实行海洋功能区划制度,海域的使用必须符合海洋功能区划。对海洋公产的功能区划,法律上设定了严格的程序:国务院海洋行政主管部门会同国务院有关部门和沿海省、自治区、直辖市人民政府,编制全国海洋功能区划。沿海县级以下地方人民政府海洋行政主管部门会同本级人民政府有关部门,依据上一级海洋功能区划,编制地方海洋功能区划。海洋功能区划实行分级审批:沿海省、自治区、直辖市海洋功能区划,经该省、自治区、直辖市人民政府审核同意后,报国务院批准;沿海市、县海洋功能区划,经该市、县人民政府审核同意后,报所在的省、自治区、直辖市人民政府批准,报国务院海洋行政主管部门备案。在海洋功能区划确定后,县级以上人民政府海洋行政主管部门依据海洋功能区划,对海域使用申请进行审核,并报有批准权的人民政府批准。但有关海洋管理的法规同时规定,经国务院批准,因公共利益、国防安全或者进行大型能源、交通等基础设施建设,需要改变海洋功能区划的,根据国务院的批准文件修改海洋功能区划。这充分说明,对海洋公产要根据其功能区划来确定用途,一旦用途确定,则轻易不能改变,只有在例外情况下,也即具有更大利益并且经过相应的批准程序时才能改变。

四、行政公产的废止

行政公产的废止即行政公产丧失其公用性质。公产成立后,可能由于某种原因而不再具有公产的性质。公产的废止有两种方式:自然废止和法定废止。

(一)自然废止

自然废止是指以具备一定形体要件供一般公众使用的公产,因自然力或人为原因而灭失,不可能继续提供公用或提供公用有显著困难的情形。此种功能丧失必须是永久性而非暂时性的。公共公产的功能已经丧失或不能满足公产设定目的,无需法律上任何程序即可废止,因为它大多是由自然的原因所造成。即使是人为的原因造成,但由于事实上已经丧失公产的功能,也应废止。此种废止是从事实层面而非法律层面进行考察的。

(二) 法定废止

法定废止又称公用废止行为,是指行政主体以废止该公产直接供公共目的使用的意思表示而消灭其公共使用目的的行为。法定废止公产一般须经过法定程序,其程序遵循平行程序规则,即与公产设定程序相同的程序。如公产是以法规、规章的形式设定的,则仍应以法规、规章的形式废止;如公产是以公布等宣示行为设立的,则仍应以宣示行为废止公用。

第三节　行政公产的管理

公产的管理是指行政主体为了使公产实现公共使用的目的而采取的一定范围的界定、维修、保护等行为。公产的管理,积极方面的目的在于使公产能够积极地实现公产设立的公用使命,消极方面则是为了防止或排除可能对公产使命造成的与公用不相容权利的设立或存在。

一、公产范围的界定

公产的范围,既涉及管理法律法规适用的范围,也涉及行政执法的范围。因此,对公产的管理首先要界定其范围。

不同于私产范围的界定(两个相邻的不动产之间的界线,由所有者协议确定),行政公产的界线由行政主体单方面确定,不需要和所有者达成协议。通常公产的界定是由法律规定。如我国《领海及毗连区法》第 2 条规定:"中华人民共和国领海为邻接中华人民共和国陆地领土和内水的一带海域。中华人民共和国的陆地领土包括中华人民共和国大陆及其沿海岛屿、台湾及其包括钓鱼岛在内的附属各岛、澎湖列岛、东沙群岛、西沙群岛、中沙群岛、南沙群岛以及其他一切属于中华人民共和国的岛屿。"第 3 条规定:"中华人民共和国领海的宽度从领海基线量起为 12 海里。"《海域使用管理法》第 2 条规定:"本法所称海域,是指中华人民共和国内水、领海的水面、水体、海床和底土。"领海的基线采用直线基线法划定,由各相邻基点之间的直线连线组成。这些规定大致确定了海洋公产的范围。

公产的范围,除了公产本身以外,还包括与公产接触的物体。如海洋公产除领海海域外,还包括和海洋公产接触的物体。行政主体的一项财产本身不直接提供公众使用或供公务使用,但由于和公用公产或公务公产有接触,因而也可成为公产。这种由于和公产接触而产生的公产有以下两种情况:

(1)不可分割的补充物。如果行政主体的一项财产和一个公产密切接触以致成为一体时,这个财产便是公产不可分割的补充物,因此而成为公产。例如海洋的底土和上层的高空在合理的深度和高度内成为公产。

(2)有益的附属物。公产的附着物对公产所要达到的目的起着有益的补充作用时,由于这种有益的补充关系而成为公产。例如海上的航行标志等。

二、公产的维护

对公产的管理包括公产的维护。这项管理内容的实质在于保全公产的功用。公产的维护是指在物质方面保持公产的存在和处于能够满足公共使用的状态。我国《海洋环境保护法》第17条第2款规定:"沿海县级以上地方人民政府在本行政区域近岸海域的环境受到严重污染时,必须采取有效措施,解除或者减轻危害。"第20条规定:"国务院和沿海地方各级人民政府应当采取有效措施,保护红树林、珊瑚礁、滨海湿地、海岛、海湾、入海河口、重要渔业水域等具有典型性、代表性的海洋生态系统,珍稀、濒危海洋生物的天然集中分布区,具有重要经济价值的海洋生物生存区域及有重大科学文化价值的海洋自然历史遗迹和自然景观。"对此,行政主体还可采取行政上的强制方法以维护公产的良好状态。使公产保持满足公众使用的状态是公产管理者的必然使命,在"南京紫金山观景台"一案中,南京市中山陵园管理局为满足江苏省气象局气象观测的需要,在紫金山最高峰兴建了"南京紫金山观景台",东南大学的两名教师认为观景台破坏了紫金山自然景观,影响了公众享受自然景观带来的精神上的愉悦,因此提起了诉讼,随后观景台在争议声中被拆除,原处的山体植被得以恢复。① 在有些情形下,对一公产的维护可能以破坏另一公产为代价,2016年9月,武汉大学工学部第一教学楼因遮挡东湖风景区自然景观而被爆破拆除;2017年,浙江大学湖滨校区主教学楼因对西湖整体景观造成破坏而被爆破拆除。② 因此,基于对已有公产的维护,行政主体在作出城市规划和建筑审批时,要避免新建公产对原有公产公用价值的破坏;当基于公共利益的需要对新建公产进行处置时,要强化科学决策和程序法定,在公产所能满足和实现的公用价值中作出权衡,避免对公产作出不当处置导致国有财产的流失和浪费。

  私人对自己的财产不注意维护,只要其未侵害第三者的利益则不受法律的干涉,但公产管理者疏于管理而致公民受损害时,可能要承担赔偿责任。公产致害赔偿责任是国家赔偿责任还是民事侵权责任,存在着一定的争议。行政公产致人损害指的是由于行政公产的设置与管理存在缺陷、瑕疵,致使利用者的人身或者财产权利遭受损害。我国《国家赔偿法》仅确立了因国家机关和国家机关工作人员行使职权致人受损的国家赔偿责任,对因行政公产致人受损的国家赔偿责任的规定则付之阙如。在"丁启章诉江苏京沪高速公路有限公司等人身损害赔偿纠纷案"③中,法院认为"车辆通过付费方式进入高速公路的法律关系,系通行者与高速公路管理者达成的有偿使用高速公路的民事合同关系",因此高速公路管理者未能及时履行巡视和清障义务,致使通行者碾压到车辆散落物导致交通事故的,应当承担相应的民事侵权责任。然而我国台湾地区以及德国、日本,都在相关法律中确立了公有公共设施设置或管理有欠缺造成损害的国家赔偿责任。行政主体具有维护行政公产并确保其处于可用和安全状态的职责,若行政主体疏于履行该职责使行政公产使用者受到损害时,

---

① 参见朱安平:《民意——南京紫金山"观景台"建拆舆论干预始末》,载《新闻记者》2002年第10期,第41—43页。
② 参见宦吉娥、任沫蓉:《事业单位国有资产处置的宪法约束——以武汉大学拆除工学部第一教学楼为例》,载《甘肃政法学院学报》2019年第1期,第91页。
③ 参见《最高人民法院公报》2016年第10期。

为使受害者得到充分的救济,应承认受害人取得国家赔偿的权利。因此,应通过立法完善,逐步建立起行政公产致人受损的国家赔偿责任。

三、公产的相邻关系

公产的管理主体为了确保公产的功能,甚至对于邻接的区域也要加以公用限制。公产的相邻关系是指公产和与之相毗连的其他不动产之间产生的法律关系。公产不可能孤立存在,与其相邻接的其他不动产相互之间负有义务。邻地不动产要为公产负担一定的义务,同样,公产也要为邻地不动产的利益负担一定的义务。

（一）邻地不动产为公产所负担的义务

在法国,邻地不动产为公产所负担的义务称为行政役权。行政役权即对毗连的不动产规定的一些特别义务。主要有两种:一种是为了公共利益而存在的行政役权,如私人不动产上的通行权,电话、电报、电力供应线路的架设权等。另一种是为公产利益而存在的行政役权。最常见的如在公共道路两侧不许种植树木的距离,私人不动产的利用不得妨碍公共道路的良好可见度等。

在我国,公产同样存在上述行政役权。如第一类,《海洋环境保护法》第37条规定:"沿海农田、林场施用化学农药,必须执行国家农药安全使用的规定和标准。沿海农田、林场应当合理使用化肥和植物生长调节剂。"而对于第二类,则有《海洋环境保护法》第46条的规定:"兴建海岸工程建设项目,必须采取有效措施,保护国家和地方重点保护的野生动植物及其生存环境和海洋水产资源。严格限制在海岸采挖砂石。露天开采海滨砂矿和从岸上打井开采海底矿产资源,必须采取有效措施,防止污染海洋环境。"

（二）公产为邻地不动产所负担的义务

公产为邻地不动产所负担的义务主要是对周围不动产所有者或使用者所负担的某些义务,通常称为"道路便利权"。道路便利权的主要内容是:(1)必要通行权。如海洋周围的不动产使用者或所有者可以不需凭证进入海域。(2)采光权。如海域周围的不动产所有者或使用者,可向海洋方向安置窗户以获取日光照耀。(3)排水权。包括相邻自然排水关系与相邻人工排水关系。自然排水中高地所有人或使用人对低地公产所有人或使用人享有排水权;对于人工排水,如海洋公产所有人或管理人不得在海洋上设置障碍物,以妨碍相邻权人向海洋排水或使邻地相邻权人受到损害。当然,上述权利的行使不得损害公产的公共使用性质。例如,相邻权要遵守《海洋环境保护法》的规定,不得超标准向海洋排放污染物等。

四、公产的保护

公产负有公共使用的目的,因此,法律对于公产确定特别保护以维持公产的作用。法律上对财产施加保护的目的无非是防止公产的毁损、侵占和丧失。为了防止公产的毁损、侵占和丧失,法律上规定的保护有以下几个方面:公产的维修、公产的违法处罚等。

行政主体对公产的保护有两个方面:一是公产的管理者对公产的毁损、侵占等行为予以处罚,以排除可能的破坏公产行为;二是当公产的安全发生有可能性的危害或对社会公共秩序产生影响,公产的管理者没有权力排除时,需要外部治安权的介入。前者可称为公产保护的警察权,后者可称为一般治安警察权。

公产保护的警察权能包括罚款和修复责任。如我国《海域使用管理法》第42条规定:"未经批准或者骗取批准,非法占有海域的,责令退还非法占用的海域,恢复海域原状,没收违法所得,并处以非法占有海域期间内该海域面积应缴纳的海域使用金5倍以上15倍以下的罚款;对未经批准或者骗取批准,进行围海、填海活动的,并处非法占用海域期间内该海域面积应缴纳的海域使用金10倍以上20倍以下的罚款。"其中所动用的保护手段即包括罚款和修复责任。当然,这里所说的罚款是广义的,包括罚款、暂扣或吊销有关证照,等等。而修复责任也是广义的,包括排除妨害、损害赔偿、责令限期改正、消除危害等。

公产保护的一般治安警察权的目的在于保护公共安宁、公共安全和公共卫生不被破坏,如果公产管理者缺乏相关的治安权限,就有赖于行政公产管理者以外的拥有一般治安权的行政机关介入。

公产保护警察权的目的是保持公产的物质完整,而一般治安警察权的目的在于一般社会安全,二者结合,才能对公产提供完整的保护。

第四节 行政公产的使用

一、使用的方式和原则

由于公产领域广泛,对象众多,与人类的活动之间关系日益密切,故其使用方式也多种多样。但从法律角度而言,这些使用方式可以按不同的标准加以区分:

(1)根据公众同时使用公产的人数,可以分为集体的共同使用和个别的独占使用,前者由一般公众共同使用,无须指出姓名,如海上的航行;后者由特定的人独占使用公产的一部分,如海上钻探平台等。

(2)根据使用者是否按照公产设定的目的使用,可以分为普通使用和特别使用。普通使用是按照公产设定的目的使用,如海洋捕捞;特别使用是不按公产设定的目的使用,但其使用和公产的目的不相抵触,如在海上设立娱乐场所等。

公产的使用必须符合下列原则:

(1)符合公共使用的目的规则。公产是一种公共资源,公共资源存在的目的在于公共利益,因此,无论公产的使用者还是管理者,都必须在符合公共利益要求的范围内使用或利用公产。如不得向海洋排放污染物、倾倒废弃物,涉海的活动不得改变海洋的功能和用途等。

(2)不违背公产的管理规则。国家对公产的管理设定了许多规则,这些规则是出于保护公产的目的,因此,海洋公产的使用者必须遵守这些管理规则,服从公产管理者的管理。管理机构行使权力时,不能妨碍使用者符合公产目的的使用,对于普通使用不能任意拒绝,没有自由裁量权力。对于特别使用是否允许以及使用的条件,具有自由裁量权力。

(3) 最佳使用原则。海洋公产是一种集体财富,行政主体对公产不仅行使保护的警察权力,而且也行使经营管理权力。行政主体必须为了公共利益尽量发挥公产的经济效益,在满足公产的公共使用使命的同时,在不妨碍公共使用使命的范围内,也可以利用公产取得正当的经济效益。

(4) 公产使用权利不稳定性原则。公产为公众所使用和利用,但公产的使用不妨碍行政主体取消和改变公共使用使命的权力。共同使用的公产,由一般性的规则规定使用的条件,行政主体可以修改这些规则。独占使用的使用者,即使取得某种法律上的资格,行政主体仍然可以取消或改变已经设立的使用。但使用者受到特别的损害时,可以要求给予补偿。我国《海域使用管理法》第 30 条第 1 款规定:"因公共利益或者国家安全的需要,原批准用海的人民政府可依法收回海域使用权。"但第 2 款同时规定:"依照前款规定在海域使用权期满前提前收回海域使用权的,对海域使用权人应当给予相应的补偿。"

二、公产的使用

(一) 公产的共用

公产分为公务公产和共用公产。公务公产的目的在于执行公务,因此,通常公务公产由执行有关公务的行政机关使用,只有在一定条件下才可以由私人使用。共用公产则是公众直接使用的公产。共用公产的使用,有共同使用和独占使用两种情况。两种情况分别遵守不同的规则。

1. 共同使用

共同使用是指一般公众不需要对公产享有任何特殊的权利,可以直接使用公产。使用者是不知姓名的群众,不需要管理机关事先批准,只要符合法律或法规的规定和公产设定的目的,就可使用。使用人对其使用不取得任何既得权利,行政机关随时可以变更使用条件。如对海洋公产的进入、航行等;再如使用者可以自由取得海洋公产的某些物体和产品,如海草、海水等。

共同使用根据其性质,受以下原则支配:

第一,自由使用原则。公产的自由使用首先涉及其性质。关于公产的自由使用的性质有下几种观点:(1)反射利益说。认为一般使用权人仅得于公共使用公产开放时在利用范围内自由使用(普通使用、一般使用),即便此种公产管理人为公产设置或废止受有不利益时,亦不得主张自己权利受侵害。(2)自由说。认为使用权是一种视为私权的"自由权",其性质仅为事实上自由之显现,而非法律上的权利,并认为此种使用权是一种可以由民法保护的私权。(3)平等权说。即认为使用权是一种法律赋予的平等权利,可获得公法上的救济,但此种理论未提供使用权人的法律上的利益。(4)公共信托说。英美学者认为海岸、湖泊等自然公产为天然惠泽,不得为私所有权之对象,应供人民使用,国家抑或公共团体之权力仅为基于人民之"信托"而存在,因而国家或公共团体任意废止或变更公产时,人民得以"违反信托"为由,以诉讼请求禁止或恢复。

以上观点代表了不同国家不同时代对于人民使用公共公产的态度,这种使用权被界定为公法保障的"权利",代表了前行方向,所以制度设计应当促进人民对其所有的公共公产的监督和维护权利,而不应当将公共公产视为一种与人民无关的行政私产。根据现代行政公产理论,使用人对行政公产的使用,已经不再只是一种反射利益,而可能同时具有权利的性质。如当公产管理机关的作为或不作为损害到公产具体使用人的权益时,使用人可通过提起行政复议和行政诉讼获得救济。①

公产共同使用在很多情况下是共同所有的一种表现。国家设定某项财产为公产,同样可以认为是授予公众自由使用的权利。但是公产的自由使用,不是一个绝对原则,必须受到一些必要的限制。

自由使用的范围和界限通常由法律法规规定。其限制自由使用的方法一般有两种,即管理限制和警察②限制。管理限制一般是指基于管理上的必要而限定自由使用之范围,例如我国《公路法》规定,

---

① 参见应松年主编:《当代中国行政法》,人民出版社2018年版,第672页。
② 此处"警察"与我国通常理解的警察意义不同,行政法学上指的是行政机关维持秩序、可以使用强制力的行为。

任何单位和个人不得在公路上及公路用地范围内摆摊设点、堆放物品、倾倒垃圾、设置障碍、挖沟引水、利用公路边沟排放污物或者进行其他损坏、污染公路和影响公路畅通的活动。我国《海洋环境保护法》也有类似的规定。警察限制指基于维持秩序之必要,于恐有违反社会公共秩序之虞时,对自由使用加以限制,例如我国《水法》规定,对于在水工程保护范围内进行爆破、打井、采石、取土等危害水工程安全活动的,可以由有关主管部门罚款。我国《海洋环境保护法》同样规定,对于向海洋排放禁止排放的污染物或者其他物质的,不按照法律规定向海洋排放污染物,或者超过标准排放污染物等行为,行使海洋监督管理权的部门有权责令限期改正,并处以罚款。

第二,平等原则。平等使用是指以同样的方式共同使用公产的人,行政执法部门必须同样对待。公产作为一种共同财产,任何人都有权自由地且以无害的方式利用或使用。但平等原则并不表示一切使用者地位相同,必须区别不同的事实情况。例如渔民就比一般人对海洋有更多的使用或利用,从事海上运输的企业比一般企业有更多的使用或利用,这就不排除法律上对他们有更多的优益或限制,这都不违背平等使用的原则。只有在对相同情况的使用者适用不同的制度时,才违背平等使用原则。

第三,非营利原则。公产是共同使用的公产,因此,公用公产的使用,应当以免费为原则。但考虑到公产的运营、维护等需要较高的经济成本,所以公用公产的使用,并不完全排斥使用者付费,但有一个基本前提是,公用公产的运营不得营利,其收费应当限定在必要的限度之内。公产是一种共同的财富,行政主体必须尽量发挥公产的经济效益,在某些情况下可以收费使用。如对于超过一般情况使用海域,引起特别损害的,可以征收一定的排污费用等。

供公众使用的公产的收费问题在理论界和实务界一直存在较大的争议。公产的共同使用以免费为原则,收费为例外,但是实践中如高速公路、文物保护单位、公园、博物馆等都存在着不同程度的收费现象,"对许多国有财产的使用,越来越成为只有有钱人才能享有的特权,并已严重损害到社会的公平,已经与我国建立社会主义制度的初衷相悖"①。以岳麓书院门票存废事件为例,岳麓书院是湖南大学直接支配的国有资产,其门票从1980年的十余元调整到2004年的30元,到2012年提高到了50元。在2018年岳麓书院门票再度调整之际,岳麓书院门票收费的合法性、合理性和必要性再次遭到了公众的质疑和拷问。② 其争议点在于,岳麓书院作为文物保护单位能否实行旅游行业的经营性收费,以及是否具有低价收费或免费开放的可能性。③ 岳麓书院是利用财政性资金修复重建的文物,是典型的供公众使用的公产,因此岳麓书院应当实行行政事业性收费,收费标准由省级政府价格、财政部门审批④,收取的费用专门用于文物保护。⑤ 2018年,国家发展改革委发布《关于完善国有景区门票价格形成机制降低重点国有景区门票价格的指导意见》(发改价格[2018]951号),明确规定文物保护单位同风景名胜区、自然保护区、国家公园等公共资源一样属于全民所有,"是弘扬传统文化、加强爱国主义教育、保护生态环境的重要载体,依托这些资源建设的国有景区具有较强的公益属性"。因此,对于供公众使用的行政公产,应当逐渐降低价格乃至取消收费,以增加公民的生活福利,减轻公民的生活支

---

① 肖泽晟:《从国有财产到社会公共财产——中国未来社会福利制度改革的重要内容》,载杨建顺主编:《比较行政法:给付行政的法原理及实证性研究》,中国人民大学出版社2008年版,第192页。

② 参见刘希平:《岳麓书院门票收费争议调查》,载《法制日报》2018年12月20日第5版;任然:《岳麓书院收费:大学如何更好地开放》,载《中国青年报》2018年12月13日第2版;沙元森:《"可以收费"的岳麓书院,能否不收费》,载《齐鲁晚报》2018年12月12日第A02版。

③ 参见倪洪涛:《文物保护单位门票收费许可的合法性研究——以岳麓书院收费案为中心》,载《行政法学研究》2019年第3期,第20页。

④ 发展改革委、财政部《关于印发〈行政事业性收费标准管理办法〉的通知》(发改价格规〔2018〕988号)第4条规定:收费标准实行中央和省两级审批制度。国务院和省、自治区、直辖市人民政府(以下简称"省级政府")的价格、财政部门按照规定权限审批收费标准。未列入行政事业性收费目录清单的收费项目,一律不得审批收费标准。
中央有关部门和单位(包括中央驻地方单位,下同),以及全国或者区域(跨省、自治区、直辖市)范围内实施收费的收费标准,由国务院价格、财政部门审批。其中,重要收费项目的收费标准应当由国务院价格、财政部门审核后报请国务院批准。
除上款规定的其他收费标准,由省级政府价格、财政部门审批。其中,重要收费项目的收费标准应当由省级政府价格、财政部门审核后报请省级政府批准。

⑤ 我国《文物保护法》第10条第3款规定:"国有博物馆、纪念馆、文物保护单位等的事业性收入,专门用于文物保护,任何单位或者个人不得侵占、挪用。"

出,为公民的各项宪法基本权利和自由的实现提供更多的机会与可能性。

2. 独占使用

共用公产的独占使用是指使用者根据行政主体所给予的权利,单独占用公产的一部分。按其法律性质的不同,可以分为两种情况:一种是特别的独占使用,指共用公共场所设定的目的是供公众直接共同使用,例外地设定独占使用。另一种是普通的独占使用,指共同公产设定的目的是供公众个别地使用,这种独占使用是正常的使用方式。

特别的独占使用是共用公产的一种例外,因为共用公产应为公众所使用,但出于公众利益的需要,且符合公共利益,行政主体可以允许使用者独占使用。如某个海域的有偿使用。但使用者必须从行政主体取得独占使用权利,否则是违法的使用。行政主体自由决定是否给予独占使用权利,可以随时废除这些权利;同时这种使用不适用免费规则,使用者必须交纳费用。这种使用因由特定人独占使用,因而不适用平等使用原则。由于独占使用较为重要,以下对此分为一般许可使用与特别许可使用进行分析。

(二)共用公产的普通独占使用

一般许可使用,也称普通独占使用或正常独占使用,它是与特别许可使用相对之术语。海洋公产在共同使用情形下,使用公共公产通常是无条件的,允许一般公众自由使用。一般许可使用通常基于防止妨害他人之共同使用,为调整其未然之使用关系而为条件之限制。如轮船在某一海域的长期停泊。这种许可使用行为并非新设权利,而是对于不具备所设条件者,禁止其使用;对于具备条件者,解除其禁止,由此而生之法律效果亦仅为获得使用之自由而已,而非获得一种权利。法国学者将特别独占许可与共同使用(自由使用)相较,认为此种使用是一种例外的使用,不适用免费和平等原则。我国《海域使用管理法》规定,在中华人民共和国内水、领海持续使用特定海域3个月以上的排他性用海活动,必须取得海域使用权;在中华人民共和国内水、领海使用特定海域不足3个月,可能对国防安全、海上交通安全和其他用海活动造成重大影响的排他性用海活动,则需要办理临时海域使用证。前者属于海洋公产的特别独占使用,而后者则属于海洋公产的一般许可使用。

一般许可使用通常通过两种方式取得,一种是根据行政主体单方面行为给予使用权利,另一种是与行政主体订立合同取得使用权利。根据行政主体单方面行为给予的使用权利一般是指行政主体单方面允许私人例外地单独使用公共使用公产的一部分,当然这种使用不得与公共利益相悖。这里首先应讨论的是这种许可条件是否应由行政主体单方面规定。前法治时代的原理一般认为行政主体仅可对公产的管理规则和警察规则享有规定权,余皆应由法律规定。而新法治观念认为许可是对一般之禁止,一般的公共利益应受到尊重,因为公共使用公产是基于服务行政之理由而存在,许可之条件可降由行政主体自行决定之,以保障对一切人提供服务之平等。其次,对于此种许可,行政主体可以收取费用,以保障作为人民财富的公共使用公产可以不间断使用。最后,许可使用权的废除或中止可由行政主体自行决定,因为相对人并未从这种许可中获得任何既得的权利,但废除作为一种制裁方式时须给予相对人辩护的权利。根据行政合同而许可使用则是行政主体与私人通过行政合同进行。由于它具有行政合同的一切法律特征,因此,它完全可以获得行政诉讼的救济,私人可以根据合同的规定向行政主体主张权利。

(三)共用公产的特别独占使用

共用公产如若超越其本身之设置目的,为特定人设定特别使用权利的,即为特别许可使用。例如在天安门广场举办庆祝活动,在长安街举行马拉松长跑等均属之。海洋管理中所实行的海域有偿使用制度,即属于特别许可使用。这里必须区别海洋公产的三种使用:自由使用、一般许可使用和特别许可使用。自由使用是一种一般使用,使用人无须许可即可自由地使用;许可使用则意味着要经过一定的批准程序才能使用。在许可使用中,一般许可使用是正常的使用,它不取得任何既得权利,而特别许可使用则超出了正常使用的范围,获得独占使用的权利。

特别许可使用是指公共公产原则上供一般公众使用,但使用人在经过公共公产管理主体特别许可后,可以获得特定使用的权利。由于特别许可使用是在长时期内独占使用,其前提是经过有关行政机关的许可,而且此许可常预设期限或附有废止保留。因此种许可系超越公共公产原始、本来的使命而设定供使用人使用的特殊权利,那么这种设定(许可)行为的性质是什么呢？一种观点认为,这种设定是一种公法契约,因为许可权依附于公产管理机关,依申请给予相对人,因而是公法契约;另一种观点认为此种许可是一种单方之处分;还有一种观点认为是特殊行政行为,是一种必须由申请人申请才能许可的行政行为,许可作出后仍须申请人同意,因而它是一种双方合意的行为,等等。

特别许可使用是公共使用公产的一种特别情形,它具有独占的性质,一般需缴一定的费用,因不能满足所有人要求,因此平等原则亦受挤压。行政主体对于此种许可不得为自由裁量行为,而必须依据有关的法律法规,是一种典型的法定裁量。

(四)公务公产的使用

公务公产是行政主体为直接供公共行政的目的而自行利用的公产,因而,公务公产的使用首先排除公务人员之外的公众使用。但这并不排除在一定条件下可以由私人或受特许人使用。例如铁路公产,私人利用行政机关所提供的服务来使用这些公产,这时,私人的使用是利用行政机关的服务,不是利用公产本身,和公众直接使用的公产有所不同。此外,公务公产有时也可以由公务特许人使用。

公务公产的使用是行政机关运行的重要保障,机关办公用房的配置、公务用车和办公设备的购买、使用与维护等,都属于公务公产的使用问题。[①] 虽然公务公产不供公众使用,但是与公众基本权利的实现密切相关,如,倘若消防部门未配备消防救援车辆和救援设备,就无法履行《消防法》所规定的职责,展开消防救援活动。但实践

[①] 2017年12月,中共中央办公厅、国务院办公厅印发了《党政机关办公用房管理办法》和《党政机关公务用车管理办法》,对办公用房和公务用车这两个机关运行中的重点事项进行了进一步规定。以上述规范为依据,全国大多数省(区、市)陆续出台了国内公务接待、办公用房、公务用车等方面的配套措施,相应的制度体系已经基本建立起来。

中,既存在因精简效能和厉行节约的需要,对公务公产数量进行削减和对公务公产资源进行重新配置,导致公务公产使用难以满足行政机关履行法定职责所需的问题,又面临因政策执行的错位和监督的缺失,一些地区公车私用、超标配车、违规占用办公用房等公共资源私有化乱象仍然存在的困境。因此亟需明确公务公产的使用规则,加强对公务公产的使用监督。

在公务公产使用规则的确立上,一是要明确公务公产的使用应遵循合法、合理、公开的基本原则。合法性强调行政机关使用公务公产应遵循法律法规明确列举的履行行政任务的情形并且遵守法定的程序;合理性强调公务公产的使用要受到预定目的的约束,行政机关不得随意变更公务公产使用形式和状态,并确保公务公产的使用效能最大化,实现节约经济成本和满足行政职能履行的平衡;公开性强调公务公产的使用信息应向社会和公众公开,接受公众的监督,如在网站上公开办公设备的购置数量和费用,在公务用车车身上增加统一标识等。二是要理顺私有公务公产中公法物权和私法所有权的关系。随着国家治理现代化的推进和政府职能的进一步转变,行政机关通过租赁等方式设定公务公产将更加普遍,为应对公务公产的市场化,应在承认公务公产上私有所有权存在的同时,秉持公物权权能原则上优先于私有所有权的理念。所有权人应忍耐行政机关在租赁的预定公共用途内对于财产的利用,若行政机关没有废除公用的意思表示,所有权人无权行使物权返还请求权。

在公务公产的使用监督上,除了发挥行政机关内部的监督功能,还要调动行政机关外部的监督力量。《行政诉讼法》第 25 条第 4 款确定了人民检察院对国有财产保护、国有土地使用权出让的监督[①],其中对"国有财产保护"的解释可作广义解释,将行政机关非法使用

---

① 我国《行政诉讼法》第 25 条第 4 款规定:"人民检察院在履行职责中发现生态环境和资源保护、食品药品安全、国有财产保护、国有土地使用权出让等领域负有监督管理职责的行政机关违法行使职权或者不作为,致使国家利益或者社会公共利益受到侵害的,应当向行政机关提出检察建议,督促其依法履行职责。行政机关不依法履行职责的,人民检察院依法向人民法院提起诉讼。"

公务公产造成公务公产流失,或滥用公务公产损坏公务公产效能等行为纳入公益诉讼的监督范围。① 2015年最高人民检察院发布《人民检察院提起公益诉讼试点工作实施办法》,明确了人民检察院对行政机关履行国有资产保护职责的监督义务,2017年《行政诉讼法》修订,将"国有资产保护"修改为"国有财产保护",从"资产"到"财产"的变化,就蕴含着拓宽保护范围、更为全面保护国有财产的意旨。

思考题

1. 什么是行政公产?行政公产有哪些种类?中国行政公产的范围是什么?
2. 明确"行政公产"这一概念有什么法律意义?
3. 行政公产的成立、处分、转换有什么特殊规则?
4. 行政公产的管理、使用和私人财产的管理、使用有什么区别?

---

① 参见马怀德:《机关运行保障立法的意义、原则和任务》,载《中国法学》2020年第1期,第46页。

第五章 行政活动与行政行为

内容概要 国家行政职能的履行需要人的手段、物的手段和活动的手段,与此相应的是,行政法规范的对象也就包括人的手段、物的手段和活动的手段。行政主体一章说明了人的手段,行政公产一章则说明了物的手段,本章主要阐述活动的手段:行政行为。本章先说明行政活动的多样性,进而分析各种类型的行政活动,在此基础上探讨干预行政与给付行政、直接行政与间接行政的区别及其区分意义,以及行政指导的方式。行政行为是最重要的行政活动方式。我国现行法律制度也是围绕行政行为构建的。因此,掌握行政行为的概念及分类、行政行为的内容以及行政行为的成立、生效和无效具有重要的意义。本章重点阐述了行政行为的概念、行政行为的内容、行政行为的分类以及行政行为的效力。这些都是把握行政行为法律制度的重点所在。

学习重点 行政活动的多样性 干预行政与给付行政的区别 直接行政与间接行政的区别 行政行为的概念 行政行为的分类 行政行为的生效与无效

第一节 行政活动方式概述

一、行政活动概述

关于行政活动,以往行政法学研究都是以行政行为这一名词来概括[1],主要研究行政行为概念的界定,行政行为的分类、行政行为

---

[1] 迄今为止,国内行政法学教科书几乎都是以行政行为概括全部行政活动。虽然这种处理方式对于我们把握行政活动提供了重要的结构单元,但也使丰富的行政活动被人为切割。但现实并不因为未认识而不存在,相反,却提出了许多在既定的学科和理论框架中难以解释的问题,如事实行为是否属于行政行为的范畴,行政行为是否仅能容纳行政机关行使职权的行为,那些未类型化的行为又如何纳入行政行为的范畴中。

的内容、行政行为的效力等范畴。但是,行政行为这一概念在法教义学上虽具有重要意义,却不能概括全部行政活动。若以行政行为的概念为研究的基本范畴,丰富的行政活动就被人为地阉割了,进入人们视野的只是一小部分行政活动,大量的行政活动被排除在行政法学研究的范围之外,也使目前行政法学面对丰富现实缺乏充分的解释。

事实上,行政活动是十分复杂的,它远非教义学上的行政行为概念所能囊括。这个问题又因中国国情的特殊性而显得更为复杂。固然,行政行为不仅是行政活动中最重要的部分,也是各国行政法学中经常采用的概念,甚至影响到了我国的立法。行政诉讼法以具体行政行为与抽象行政行为的划分作为界定范围的标准,而这一标准的前提就是以行政行为作为基础性的概念。行政法的学科旨趣在于探讨行政应如何受到法的拘束,以确保人民的基本权利。因此,行政凡涉及人民权利或义务的活动手段,均应成为行政法学科探讨的领域。

依此见解,行政的目的在于实现国家的作用,而所谓国家的目的,即指公共利益或公共福利。所以,追求公共利益可谓是行政活动的重要特征。因此,对行政活动的界定首先要着眼于"公",于此与私人活动相区分。这也是许多国家将行政法界定为"公法"的缘由所在。公共活动和私人活动在性质与特征等方面是根本不同的,这两种活动运行的逻辑也有不同,因而遵循着不同的规则。

二、行政活动的多样性

行政活动是国家行政职能的具体表现,而行政职能随着人们对国家的认识以及社会对国家的需要而变化。传统上认为,国家的基本职能是维持秩序,故有"警察行政"之说。当代行政活动的内容非常复杂,国家对社会生活的干预越来越多,人们不再满足于政府消极地维持秩序,而且要求其积极地为公民谋取利益,故有"福利国家"之说。如果我们将消极地维持秩序称为"警察行政"或"秩序行政",那么,积极地为公民谋取利益则可以称为"给付行政"或"福利行政"。

行政活动是复杂多样的,以不同标准可以将行政活动区分为不同类型。(1)如果以行政组织形式为标准,行政活动可以区分为:① 国家行政,指由中央国家行政机关所执行的行政事务;② 地方行政,指由地方国家行政机关所执行的行政事务;③ 授权或委托行政,指由社会组织经由法律的授权或行政机关的委托而执行行政事务。(2) 如果以活动的性质为标准,行政活动可以区分为权力行政与服务行政。运用具有国家强制力的权力发布命令、采取强制措施等活动可以称为权力行政,而以为公众提供服务为目的的活动可以称为公务行政或服务行政。(3) 如果以行政运作主体为标准,行政活动可以区分为直接行政与间接行政,直接行政指由国家行政机关直接执行行政任务,间接行政则是指由国家将行政任务委托某一社会组织代为处理。

除此之外,行政活动的复杂性还在于,行政机关除自身管理行政事务,或者将各种服务事业交由社会组织执行之外,可能还需要对某些私人所从事的、具有或符合公益性质的公益事业给予一定的援助。私人从事的这些活动本身不属于行政活动,但行政机关所提供的援助却属于行政活动范畴。

上述表明,行政活动的内容非常复杂,但不管其如何复杂,总有一些基本的活动。就行政法而言,依王名扬先生的概括,可以分为几种主要方式[①]:

(1) 国家作为公共组织是为了公共秩序的需要,秩序作为"公共产品"要依靠公共权力来提供,因此,任何政权存在的目的首先是维持基本的社会秩序。为此目的,国家设立行政机关并由其承担该职能,而行政机关在维持公共秩序中,必然要制定维持社会生活必不可少的行为规则,既要对公民的权利提供保护,同时也要限制个人自由。这类行政活动称为警察活动,在行政法上通常称之为警察行政。

(2) 任何政权为了延续本身的存在,不仅要消极地维持秩序,而且还要积极地增进福利,必须对社会生活提供一定的服务。随着社会的发展,西方社会抛弃了传统的个人自由主义,公民要求国家所提供的服务越来越广泛,从教育到文化,从交通到社会保障,可以说"从摇篮到坟墓"。行政机关从事的这种活动,可以称之为公务活动或公共服务行政。在法国行政法上就有过从公共权力到公共服务这一核

---

① 参见王名扬著:《法国行政法》,中国政法大学出版社 1988 年版,第 445 页。

心观念的转变。

（3）行政机关除自身管理各种服务事业外，对于私人所从事的各种有利于公共利益的活动，例如私人从事的文教卫生事业、发展生产活动等，也给予一定的援助，从而调动私人从事公益事业的积极性，这类行政活动称为援助私人公益事业活动，如国家对民办教育的鼓励与支持。

第二节 行政行为概述

上文展示了行政活动的多样性与复杂性，但在诸多行政手段中，最具重要性的即行政行为。行政行为的概念范畴，各国和地区规定和学理认识并不统一，但有关行政行为的学理框架却大体一致。

一、行政行为的概念

（一）行政行为与行政法学

在阐述行政行为的定义与界限之前，有必要首先明确以下几个问题：

行政行为主要是一个理论概念，是行政法学中对行政机关所实施的核心行政活动的学理抽象和概括，也是传统行政法学研究中的重要名词。行政行为理论可谓是欧陆行政法学理论的精髓和基石。行政法学是以行政行为的概念、分类、内容、效力等来构筑自己的理论体系。行政行为也是行政法学用以观察和归整复杂行政世界的单元和工具。关于行政行为的一般理论阐述在整个行政法学理论体系中具有举足轻重的地位，是全部行政法学理论的内核，行政行为理论在行政法学中的地位相当于法律关系学理在传统民法中的地位。

在行政法制度中，一个出自行政机关的行为是否属于行政行为具有重要意义，此时，就需要理论指引和确定。

其一，对于行政相对人来说，一个出自行政机关的行为如果是行政行为，就含有约束其行动、要求其遵守与执行的意义，相对人就要接受行政行为为其设定的作为与不作为的义务，满足与实现该行政行为所要求的状态，这也是行政行为具有法律效力的结果。同时，如果相对人认为该具体行政行为损害了他的合法权益,理应允许其诉请法院予以审查,从而决定该行政行为的最终的法律效力。可见,行政行为内含的调整性以及法效性,都使其与相对人在行政法上的权利义务紧密相联。

其二,对于行政机关自身来说,行政行为是其进行行政活动的最主要的法律手段,是履行其职责的主要表现形式。所以,法律对行政行为的实施设定了严格的界限和程序,行政机关只能依法实施行政行为,遵守法定程序,不逾越法定界限。行政行为的本质是行政最基本的活动单元,也是其行使权力、履行职责的最重要表现,由于权力本身的自我膨胀、盲目扩张的趋向,现代国家不仅以行政组织法对行政权力加以约束,还对其典型的行为方式予以规范,而这部分内容也因此成为行政法学的核心内容。

其三,对于人民法院而言,行政行为是人民法院受理行政诉讼案件的审查单元,所以,行政行为与行政诉讼又是密切相关的。行政行为概念在实际的行政诉讼中,不仅在划定行政诉讼的范围时具有重要意义,还决定了法院的审查方式。在受理案件后,法院也是依据法律规范对于行政行为的具体规范要求来审查该行政行为合法/违法以及生效/无效。

(二)行政行为的定义

由于行政机关的活动是由多种不同性质的行为组成,行政行为只是其中一部分,因此,我们对行政行为的界定也是将其放在全部行政活动的背景之下。行为的性质不同,所要遵循的法律规则亦有区别。所谓行政行为,是指有行政职权的主体运用行政职权所实施的对外具有法律意义、产生法律效果的行为。具体而言,行政行为有以下四层含义:

(1)主体要素。作为行政行为,首先对行为主体有要求,行政行为应当是有行政职权的主体实施的行为。拥有行政职权的主体包括行政主体(行政机关和法律法规规章授权组织),包括和这些行政主体有职务委托关系的工作人员,也包括行政主体委托的组织和个人。

主体要素是行政行为的重要识别标志,但并非只要是具有行政职权的主体所实施的行为都是行政行为。一般认为,即使是具备行政职权的主体,其所实施的私法行为,例如行政机关为辅助公务实施而进行的辅助行为,或是通过设立公司等机构进行的经营行为,也并非行政行为。

(2) 职权要素。行政行为应当是行政主体运用行政职权所为的行为。任何行政行为都是运用行政职权所为的行为,职权是行政行为的内核,行政行为是行政职权的外化。如果行为主体具备行政主体资格,但是该行为不包含着行政职权的运用,也不是行政行为。例如行政机关购买办公用品、租借办公场所的行为,是行政机关以民事主体的身份进行的民事行为,而不是行政行为;在某些行政活动中,不排除行政机关可能会成为行政相对人的情况,例如在环境和卫生检查中,行政机关也会成为行政管理的相对人。因此,行政行为必须以行政职权的运用为核心内容。

所谓行政职权,是行政机关对社会公共事务进行组织管理的权力。如行政许可审批权、检查监督权、处罚权和强制执行权等。它们都是维持社会公共秩序所不可缺少的权力。

(3) 法律要素。行政行为必须是具有法律意义、产生法律效果的行为。所谓法律意义或法律效果是指对相对人的权利义务予以调整并因此产生影响。正因为要对相对人的权利义务予以调整,行政行为中也包含了欲发生某种法律效果的意思表示,行政行为在生效后所产生的具体拘束作用也依据这种意思表示而发生。也正是在这个意义上,行政行为与那些并不包含"规范性""调整性"的意思表示的事实行为相互区分。后者例如气象台广播天气预报,其只是将一天的天气变化的客观情况告知他人,并不包含想要对他人的权利义务予以调整的意思表示。

(4) 外部要素。行政行为应当是行政机关对外部实施的,不包括其对内部事务的组织、管理。内部行为与外部行为的区别在于,其一,它并不包含要对相对人的权利义务予以调整的意思表示,其二,它所遵循的原则和追求的价值更多的是效率和统一,因此与外部行为并不相同。典型的内部行为,例如行政机关内部机构的设置,行政机关之间的联席会议,行政机关内部或者行政机关之间的公文传递、会签等。很多教科书上曾用外部行政行为和内部行政行为来对行政行为予以区分,但这种表述本质上却存在问题。此外,外部行为和内部行为的边界并非绝对清晰,内部行为原则上不会涉及相对人的权利义务的调整,但如果内部行为已经对相对人产生影响,此时就会出现内部行为外部化的问题。[①]

二、行政行为的特征

行政行为是行政主体行使行政权力的外在表现形式,是行政权力的具体实现。因此,行政行为具有其本身的特点,包括:

(1) 行政行为的执行性。行政机关行使的任何权力都是执行性的权力,即执行法律,因此,行政行为表现出执行性的特征。行政行为可能表现为行政机关对于具体事务的处理,如行政处罚;或者表现为制定规范性文件的活动,例如地方人民政府颁布的规范性文件。但是无论采取何种形式,其本质都是执行法律的活动。行政行为的法律执行性主要表现为:第一,行政行为的权限和内容必须符合法律,没有法律规定,行政行为即为超越权限的行为;第二,为确保行政行为符合法律,行政行为原则上也并不具有终局性,应当受到司法的监督。反映于具体制度中,行政行为一经作出,原则上就具有法律效力,但相对人不服的,仍旧可以通过相应的途径寻求救济。

(2) 行政行为的单方性。行政行为一般表现为行政机关依照自己单方意志作出决定的行为,不需要行政相对人的同意或者认可,这一点就是行政行为的单方意志性。依职权的行政行为的单方性较容易理解,例如行政强制执行,该决定以行政机关的意志为准,相对人的意思表示也不能阻却其效力的发生。依申请的行政行为虽然以相对人的申请为前提,但并不意味着行政机关最终的决定需征得相对人的同意,例如是否颁发许可还是由行政机关单方决定,相对人并没有决定的权利。但行政行为的单方性并不表明行政机关可以任意作

[①] 例如在"延安宏盛建筑工程有限责任公司诉陕西省延安市安全生产监督管理局生产责任事故批复案"(陕西省高级人民法院(2009)陕行终字第 28 号)中,法院就在判决中认为,"按照《行政诉讼法》的规定,作为内部行政行为的批复不可诉,但内部行政行为通过行政机关职权行为外化后,则可以纳入行政诉讼的受案范围"。参阅最高人民法院行政审判庭编:《中国行政审判指导案例》(第 1 卷),中国法制出版社 2010 年版,第 1 页。

为,而是必须依据法律规定。当然行政行为中还有一种特殊的双方行为即行政合同,它以行政机关和相对人双方的合意为基础才能成立,这是行政行为的一种例外情况。①

(3) 行政行为的裁量性。任何调整行政法律关系的法律都不可能对行政管理规定得事无巨细,行政事务复杂多变,且每一事项都有其特殊性,而法律无法完全预料这些情况并规定处理办法,所以法律上一般赋予行政机关一定程度和范围内的裁量权,由行政机关在法律规定的范围和幅度内,自行决定处理问题,作出行政行为。因此,几乎所有行政行为都是行政机关裁量权行使的结果。因此,现代行政法的一项重要目标就是对行政机关作出行政裁量的决定进行约束和规范,也正因如此,用以约束行政裁量权行使的核心法则——比例原则成为现代行政法中的帝王条款。

(4) 行政行为的法效性。如上文所述,行政行为区分于事实行为的典型特征还在于其所包含的欲对相对人的权利义务进行调整的意思表示,也正因此意思表示的存在,行政行为一经作出,就会直接引起行政法律关系的发生、变更或消灭,即可以直接产生规范行政相对人权利和义务的法律效果。

三、行政行为的内容

行政行为对行政管理相对人的权利义务发生影响,这种影响表现于行政行为的内容中。行政行为的内容是指行政行为所包含的意思表示以及行政行为所要达到的目的。一般情况下,行政行为的内容具有如下几层含义:

(1) 行政行为内容是行政行为中明确表达出来的。行政行为作出后,行政机关通过直接表达其意思表示表明希望达到的法律效果。当然有些行政行为的意思表示虽然明确,但行政行为的目的是隐含的,例如在抽象行政行为中,行政行为的意思表示明确,但是目的未必在行文中直接表现出来。

---

① 但在德国和我国台湾地区的行政法法理中,行政合同并不被归入行政行为中,原因就在于行政合同的成立和生效需经相对人同意。

(2)行政行为的内容是行政行为的基本构成要件。行政行为如何发生效力以及发生什么样的效力,行政行为是否在行使行政权力,是否会影响相对人的权利义务,都是通过行政行为的内容表现出来。

(3)行政行为的内容具有多样性。行政管理活动涉及各个领域,行政机关可以采取多种手段实现行政管理目的,因此行政行为的内容呈现多种形式。

行政行为虽然多种多样,但其内容却具有一定的共同特征,可以归纳为以下几个方面:

(1)赋予权利或者免除义务。

行政行为的内容可能表现为赋予相对人更多的权利。一般表现为两种形式:一是增加权利,赋予相对人原来所没有的权利,例如颁发许可证,发放抚恤金、社会生活保障金等;二是减少或者免除相对人的义务,例如减免税收、出口退税等。

(2)设定义务或者剥夺权益。

行政行为的内容对相对人权益的消极影响,表现为明显的设定新义务或者是对既有权利的剥夺。设定新的义务例如责令排除污染,责令拆除违章建筑,责令退耕还林,等等;对现有权利的剥夺例如责令停产停业、吊销许可证和执照以及没收财产,等等。这些内容对相对人的权利义务产生消极影响。

(3)确认法律事实或者法律地位。

所谓确认法律事实,即行政行为对现存的状态予以确认,这种状态是一定法律关系的基础。例如对公民出生的登记、对婚姻事实的登记、对收养关系的确认等,都属于对法律事实的确认。这种确认成为行政相对人享有某种权利或者承担某种义务的依据,是产生一定法律后果的行为。所谓确认法律地位,即确认一定主体的法律地位,成为行政行为确定某种法律关系是否存在的主要形式。例如人民政府对森林使用权属作出的确认、土地部门对土地使用权作出的确认、房管部门对房屋所有权的确认等。

一个行政行为可能同时具备多种内容,各种行政行为的内容之间并没有互相排斥的关系。一个行为可能赋予权利同时也设定义务。例如房地产管理局既向相对人颁发房屋所有权证,同时又要求交纳一定的费用。

四、行政行为的分类

行政行为的表现形式众多,根据不同的标准可以划分为不同的种类。下面介绍几种重要的行政行为分类,这些分类方式在研究中具有不同的作用。

(一)抽象行政行为与具体行政行为

抽象行政行为一般在两种意义上使用。一是静态意义上的抽象行政行为,指行政机关制定的具有普遍约束力的规范性文件,例如国务院的行政法规;二是动态的抽象行政行为,指行政机关制定具有普遍约束力的规范性文件的活动,例如国务院制定行政法规的行为。一般情况下这两种意义上的含义是通用的,不予以区别。

抽象行政行为是行政主体行使职权的一种重要形式,具有调整范围广泛的特征,在行政管理中发挥重要作用;而且因为调整范围的广泛性和长期性,对于相对人权利义务的影响非常大。

具体行政行为是指行政主体针对特定的对象,就特定的事项作出的处理决定。具体行政行为与抽象行政行为相比,具有特定性和直接性,对于相对人的权利义务直接发生影响,并且调整对象是特定的。例如行政处罚、行政许可、行政强制执行等都属于具体行政行为。

具体行政行为与抽象行政行为的概念不同,范围也不一样,在法律适用上以及法律监督方面都有区别,应当予以区分。二者的区别主要表现在以下几个方面:

(1)调整范围不同。抽象行政行为一般调整不特定的多数人和事,而具体行政行为仅仅针对特定的人和事。当然,是否属于特定的对象,并不在于对象的数量是否众多,而在于这一数量是否确定、其范围是否保持闭合。例如房屋拆迁行政决定中,虽然涉及多数人的权利义务,但是这一范围是确定不变的,因此,拆迁决定是具体行政行为;而有关机关制定的拆迁管理的规范性文件,例如关于拆迁如何补偿的规定,调整的范围则更为广泛,是不特定的群体,因此是抽象行政行为。

(2)能否反复适用不同。抽象行政行为一般以规范性文件的形式表现出来,这些规范性文件不仅适用一次,在有同样条件的情况下,会反复适用,即规范性文件在其效力期间内,一直有调整性和约束力。而具体行政行为仅仅对于本次事项的处理有效,对于其他事项则不适用。

(3)影响相对人权利义务的方式不同。具体行政行为根据行为中的内容,对相对人的权利义务直接作出决定,直接影响相对人的权利义务;而抽象行政行为本身一般并不会直接导致相对人权利义务的变化,因其一般表现为规范,只有通过具体行政行为的实施活动,才能实现抽象行政行为的目标和作用。

(4)行为程序不同。抽象行政行为与具体行政行为遵循不同的程序和规则,受不同程序规则的约束。抽象行政行为程序接近于立法程序,一般要求有征求意见程序、审查、决定、公布以及备案程序;具体行政行为则强调调查程序以及听证程序,与抽象行政行为在程序要求上有所不同。

具体行政行为和抽象行政行为是行政法学中的一组基本概念。这种分类的重要意义就在于,我国《行政诉讼法》最初颁布时,是以抽象行政行为与具体行政行为的区分作为衡量行政诉讼受案范围的标准。原则上,抽象行政行为不可诉,唯有对具体行政行为才能提起行政诉讼。《行政诉讼法》在2014年修订后,抽象行政行为与具体行政行为的区分不再是权衡行政诉讼受案范围的基准,新法允许公民、法人或其他组织对行政法规和规章以外的其他规范性文件,可申请法院审查。但这并不意味着,抽象行政行为和具体行政行为的区分就不再重要。原因就在于:其一,《行政诉讼法》仅允许当事人可要求法院对部分抽象行政行为进行审查;其二,即使法院可对除行政法规和规章以外的其他规范性文件进行审查,这种审查也只是附带性的,即必须以对具体决定的审查为前提,这与法院对具体行政行为的审查仍旧存在显著区别;其三,法院对抽象行政行为和具体行政行为的处理方式也并不相同。对具体行政行为,法院可根据其合法或违法而作出驳回原告诉讼请求、撤销、变更、履行、确认违法或无效等判决,但对抽象行政行为,法院并不能在判决中直接宣告其效力的终止,如法院认为其他规范性文件违法,只能对其消极地不予适用,即不作为认定行政行为合法的依据。

(二)羁束行政行为和裁量行政行为

根据法律规定对行政行为约束程度的不同,可以将行政行为分为羁束行政行为与裁量行政行为。

羁束行政行为是指法律明确规定了行政行为的范围、条件、形式、程序、方法等,行政机关没有自由选择的余地,只能严格依法实施而作出的行政行为。羁束行政行为是法律明确规定了处理结果的行为,行政机关不能任意作为;相对人也确切知道行为产生的法律后果。例如国家关于税率的规定,是明确、具体的,行政机关就没有相关的裁量权。

裁量行政行为是指法律仅仅规定行政行为的范围、条件、幅度和种类等,由行政机关根据实际情况决定如何适用法律而作出的行政行为。相较严格的羁束行为,裁量行政行为范围更为广泛,这既是行政管理灵活性的需要,也是为适应行政管理事务多样性的要求。裁量权表现为多种形式,例如种类上的裁量权,我国《治安管理处罚法》中规定,行政机关可以对违法公民处以警告、罚款、拘留等行政处罚,至于行政机关具体会适用何种处罚,则由行政机关根据相对人的违法情节而定;还有数量上的裁量权,例如法律规定处罚的幅度为1000—10000元,行政机关根据实际情况决定处以多少罚款。学理上一般将裁量具体划分为决定裁量与选择裁量。前者是行政机关决定是否作出某项具体决定,例如《价格法》第42条规定,"经营者违反明码标价规定的,责令改正,没收违法所得,可以并处五千元以下的罚款",此处的"可以"就意味着行政机关在个案中有作出或不作出行政处罚的权力。后者是行政机关对法律规定的处理方式有选择权。例如《治安管理处罚法》第41条第2款规定,"反复纠缠、强行讨要或者以其他滋扰他人的方式乞讨的,处五日以下拘留或者警告",在此,公安机关可选择"拘留"或"警告"作为处罚类型。

区分行政机关的羁束行政行为和自由裁量行政行为具有重要意义。首先,行政机关是否有裁量权,决定行政机关行为时应符合的要求不同。在羁束行政下,行政机关没有裁量空间,只能严格执行法律;而在裁量行政下,行政机关则可以根据个案的实际情况,在符合合目的性原则和合理性原则的前提下,在法定幅度、种类、期限和范围内决定。其次,在行政诉讼中,法院对羁束行政行为和裁量行政行为的审查强度也不相同。因为行政诉讼原则上只审查行政行为的合法性,因此对行政机关行使裁量权的行为,法院原则上会予以相当的尊重,而对羁束行为,法院则要全面审查。

(三)依申请的行政行为和依职权的行政行为

根据行政主体行使职权的前提条件不同,可以将行政行为分为依申请的行政行为和依职权的行政行为。依申请的行政行为是指以相对人的申请为前提条件,行使行政权力而作的行政行为。没有相对人的申请,行政机关不能主动为之。依申请的行政行为主要表现为行政许可。在行政许可中,行政机关接受行政相对人的申请,对于申请的条件进行审查,认为符合条件的,依法颁发许可;认为不符合条件的,驳回申请。如果没有相对人的申请,即使相对人符合颁发条件,行政机关也不能主动颁发许可证。

依职权的行政行为是指行政机关主动行使行政权力而作出的行政行为。在依职权行政行为中,不需要由相对人的申请启动行政程序,而是行政机关根据自己的判断主动行使权力。行政行为大多都是依职权的行为,例如行政处罚、行政征收等。

依申请的行政行为与依职权的行政行为的划分,在行政法学上占有非常重要的地位。首先,依职权的行政行为与依申请的行政行为的开始程序不同。依申请的行政行为是行政机关应申请而作出,没有申请就没有行为;但是依职权的行政行为的开始则不取决于相对人的意思表示。其次,区分依职权的行政行为和依申请的行政行为,还决定不同的行为在行政程序中举证责任的分配。在依职权行政行为中,一般由行政机关主动调查证据,因此,由行政机关承担举证责任;但是在依申请的行政行为中,行政机关首先要审查相对人提供的材料是否齐全,证据是否真实可信,因此相对人在行政程序中要承担相应的举证责任。

(四)单方行政行为和双方行政行为

以行政行为能否因为行政机关的单方意思表示发生效力为标

准,可将其分为单方行政行为和双方行政行为。单方行政行为是指依行政机关单方意思表示就能够成立,且会产生法律约束力的行为。大部分行政行为都是单方行政行为,例如行政许可、行政强制执行、行政处罚等。在单方行政行为中,行政机关可能是依职权作出行为,也可能是依申请作出行为。在单方行政行为中,行政机关虽然在行为过程中要充分听取相对人的意见,但最终的行政决定仍旧由行政机关基于单方意思作出,而无需征得相对人同意。

双方行政行为是指必须经过行政主体和行政相对人双方意思表示一致才能成立的行为。这种行为的主要表现形式是行政合同。行政合同实质上是一种合同,是由行政机关作为一方当事人,为实现行政管理目的,与相对人经过协商一致达成的有关行政法上权利义务内容的协议。这种合同同时具有行政性和合同性,是行政权力的运用、行政目的的实现以及相对人同意各因素的结合。与民事合同不同,在行政合同中行政机关往往享有行政优先权。

单方行政行为和双方行政行为的区分,有助于我们全面认识行政行为的各种复杂形式,行政行为不仅包括体现行政机关单方意志的行为,也有与相对人双方协商一致后的合同形式。现代行政广泛运用的招标投标就是双方行政行为的重要表现。区分双方行政行为和单方行政行为,还可以明确不同行为的生效条件,单方行政行为有行政主体单方意思表示就能生效,而双方行政行为除了行政主体的意思表示外,还必须有相对人一方的同意或者认可才能成立生效。

(五)要式行政行为和非要式行政行为

以是否必须具备法定的形式、程序为标准,行政行为可分为要式行政行为和非要式行政行为。要式行政行为是指法律、法规规定必须具备某种方式或形式才能产生法律效力的行政行为,例如行政处罚必须以书面形式作出,口头处罚不会对相对人发生法律效力。

非要式行政行为是指法律没有明确规定行政行为的具体形式,行政机关根据实际需要以各种形式作出的行政行为。非要式行政行为在行政法上表现的情况不多,一般出现在法律授予行政机关行使紧急权力的情况下,例如行政机关紧急封锁、戒严、交通管制等。也因为情况紧急,只要行政机关向相对人表达了相应的意思,无论通过何种形式,该行为都具有法律效力。

要式与非要式行政行为的区别看似简单,实际上对行政法非常重要。因为行政行为原则上都是要式的,非要式只能是例外。行政行为大多是行政机关单方面运用行政权对当事人的权利义务予以调整,如果缺少必要的形式和程序,就无法明确内容,也无法对行政机关进行必要约束。对要式行政行为和非要式行政行为,一般要严格按照法律规定进行审查和区分。对于要式行政行为,在审查该行为的合法性时,形式和程序是否合乎法律规定,是确认该行为是否合法的重要前提,如果不符合法定条件,则不发生法律效力。例如我国《行政处罚法》规定,行政机关当场收缴相对人罚款时,应当向相对人出具省级财政部门统一印制的收据,没有收据的,就是行政行为不符合法定形式即属违法的表现,当事人可以拒绝缴纳罚款。而作为非要式行政行为,对于其形式是否合法一般不作要求,主要审查其实质内容是否符合法律规定。非要式行政行为的形式也不是衡量该行为是否合法的核心基准。

（六）负担行政行为与授益行政行为

以行政行为对行政相对人给予利益或给予不利益为标准,行政行为可区分为负担行政行为与授益行政行为。负担行政行为,一般是限制行政相对人权利,或课以其一定的负担和义务,如行政处罚、行政强制和授益性行政行为的撤销,即属负担行政行为。授益行政行为,即授予行政相对人以一定权利或利益,或者免除其义务的行为,如行政许可,负担行为的撤销,都属授益行政行为。

授益行政行为与负担行政行为区分的主要目的在于,两者在作出、撤销与废止方面所遵循的规则有所不同。授益行政行为因为授予了他人权利和利益,因此在撤销或废止时要严格受到信赖保护原则的约束。此外,授益行政行为在授予某个人利益之时,可能会涉及对他人的负担,尤其在对有限的资源进行分配之时,因此,在授益行政行为中,不仅要注意和相对人的关系,而且还必须注意和第三人的关系。[1] 与此相对,由于负担行政行为的撤销或废止意味着减轻相

---

[1] 参见〔日〕盐野宏著:《行政法》,杨建顺译,法律出版社1999年版,第83页。

对人的负担,不会给相对人带来更为不利的后果,因此,并不严格受到信赖保护原则的约束。

第三节 行政行为的合法与生效

一、行政行为的合法与违法

行政行为的合法是指行政行为应当具备哪些要件,才符合法律的规定。行政行为的合法要件因此也是行政决定作出时要求行政机关必须满足的法定要件。

（一）行政行为的合法要件

1. 职权要件

行政行为的合法要件之一是职权合法,即行政主体有作出该行为的权限和权能。一般情况下,行政主体的权力必须有明确的来源和依据,例如行政机关的权力主要来自行政组织法的授权,而法律、法规、规章授权组织的权力主要来自特别法的授予。这也是所谓的"职权法定"原则的体现,根据这一原则,行政主体的职权必须依法确定,没有法定职权,行政机关不得作出行政决定。

而在判断行政机关是否符合职权要件时,又需具体考察事务管辖权和地域管辖权。所谓事务管辖权是指行政机关有无处理该事项的权限,例如公安机关负责治安管理处罚;而地域管辖权则是指该事项是否属于行政机关的地域管辖范围。《突发事件应对法》第7条第2款规定,"突发事件发生后,发生地县级人民政府应当立即采取措施控制事态发展,组织开展应急救援和处置工作,并立即向上一级人民政府报告,必要时可以越级上报。"此处的"发生地县级人民政府"即突发事件应对管理的地域管辖权。《行政诉讼法》第70条规定,"行政行为有下列情形之一的,人民法院判决撤销或者部分撤销,并可以判决被告重新作出行政行为:……（四）超越职权的",此处的"超越职权"既包含超越事务管辖权,也包括超越地域管辖权。

2. 内容要件

行政行为的合法要件之二是内容合法。所谓内容合法是指行政行为有充分的事实依据和法律依据。《行政诉讼法》第69条规定,"行政行为证据确凿,适用法律、法规正确,符合法定程序的……人民法院判决驳回原告的诉讼请求"。第70条也规定,"行政行为有下列情形之一的,人民法院判决撤销或者部分撤销,并可以判决被告重新作出行政行为:(一)主要证据不足的;(二)适用法律、法规错误的……"。这些规定都说明,有充分确凿的事实依据和法律依据同样是行政行为合法的重要条件。

3. 程序要件

行政行为的合法性要件之三在于程序合法。如上文所述,行政法律规范中包含大量的程序规则,规定了行政机关履行职权时应遵守的程序、期限、方式和步骤。这些程序规定同样构成了对行政守法的重要约束。

典型的行政行为程序规定例如,《行政许可法》第34条:"行政机关应当对申请人提交的申请材料进行审查。申请人提交的申请材料齐全、符合法定形式,行政机关能够当场作出决定的,应当当场作出书面的行政许可决定。根据法定条件和程序,需要对申请材料的实质内容进行核实的,行政机关应当指派两名以上工作人员进行核查。"再如《行政强制法》第18条:"行政机关实施行政强制措施应当遵守下列规定:(一)实施前须向行政机关负责人报告并经批准;(二)由两名以上行政执法人员实施;(三)出示执法身份证件;(四)通知当事人到场;(五)当场告知当事人采取行政强制措施的理由、依据以及当事人依法享有的权利、救济途径;(六)听取当事人的陈述和申辩;(七)制作现场笔录;(八)现场笔录由当事人和行政执法人员签名或者盖章,当事人拒绝的,在笔录中予以注明;(九)当事人不到场的,邀请见证人到场,由见证人和行政执法人员在现场笔录上签名或者盖章;(十)法律、法规规定的其他程序。"行政机关作出行政处罚或是行政强制时必须遵守法律规定的上述程序规定,这些程序不仅旨在确保实体决定的合法,还在于保障当事人的程序权利。鉴于程序规定的重要价值,《行政诉讼法》第70条规定,行政行为"违反法定程序",人民法院同样可将其撤销或部分撤销。

(二) 行政行为的违法

行政行为不符合应具备的合法要件的,即为行政行为的违法。行政行为的合法性要件包括职权合法、内容合法和程序合法,相应地,其违法形态也包括职权违法、内容违法和程序违法。这一点同样具体规定于《行政诉讼法》第70条:"行政行为有下列情形之一的,人民法院判决撤销或者部分撤销,并可以判决被告重新作出行政行为:(一)主要证据不足的;(二)适用法律、法规错误的;(三)违反法定程序的;(四)超越职权的……"根据该条,属于行政行为可撤销情形的还包括"滥用职权"和"明显不当"。但对这两项,学界的一般观点认为其属于行政裁量瑕疵,前者主要是指行政机关决定时考虑了法律授权以外的其他目的,而后者则是指行政机关的裁量决定违背了比例原则。但行政裁量瑕疵究竟属于"行政违法",或者只是"合法却不合理",在各国也有不同认识,而这些认识的背后体现的是对裁量控制宽严态度的差异。

除可根据违法的具体原因和表现形态来区分外,行政行为的违法根据其瑕疵的程度,还可区分为轻微违法、一般违法和重大且明显违法。轻微违法指违法程度较轻,对于当事人的程序权益和实体权益均未产生实质性影响。例如行政文书不规范,或是行政机关告知相对人复议和诉讼权利时不规范等。对于轻微违法,法律原则上允许行政机关予以补正,而不是一律将其撤销,这同样体现了行政效率和行政经济的要求。重大且明显的违法是指行政行为的违法瑕疵特别严重,而且在客观上非常明显地可以辨识。根据《行政诉讼法》和司法解释的相关规定,重大且明显的违法瑕疵包括:(1)行政行为实施主体不具有行政主体资格;(2)减损权利或者增加义务的行政行为没有法律规范依据;(3)行政行为的内容客观上不可能实施。根据学理通说,重大且明显的违法瑕疵,构成行政行为的无效,无效行政行为自始不发生任何法律效力,当事人对无效行政行为的救济也不受诉讼时效的限制。《行政诉讼法》第75条规定:"行政行为有实施主体不具有行政主体资格或者没有依据等重大且明显违法情形,原告申请确认行政行为无效的,人民法院判决确认无效。"如果说轻微违法和重大且明显违法是行政行为违法的两种极端,那么除这两种情形的违法即属于一般违法。对于一般违法，相对人可申请复议或提起行政诉讼，要求复议机关或是法院将其撤销，使其溯及既往地失去效力。但相对人的救济受到复议或起诉期限的限制，在复议机关和法院将违法行政行为撤销之前，当事人仍旧会受到行政行为的约束。

二、行政行为的生效与无效

行政行为的生效是指行政行为发生其所欲发生的法律效力。而行政行为的无效则是指该行为自始无效和绝对无效。行政行为的生效/无效与合法/违法相关，但这两组概念并不同一。

（一）行政行为的生效

根据行政法学的一般学理，行政行为的生效条件有两项：其一，告知相对人。行政行为唯有告知相对人后才会对其产生拘束作用，未告知相对人则不会对其产生作用效果。其二，行政行为没有重大且明显的违法情形。重大且明显的违法行为自始不生任何效力。据此，行政行为的生效并不依赖于其是否合法，一般的违法瑕疵也不会阻却行政行为效力的发生。这一点也使行政行为与民事法律行为的生效要件相互区分。后者如果违反法律的强制性规定则不生任何效力。

行政行为的生效并不依赖于其是否合法，而是基于法的安定性原则。行政行为与立法、司法裁判一样都是对当事人权益的调整和对社会生活的塑造，也因此都是整体社会的秩序构成要素。也因此，行政行为一经作出，除重大且明显违法外，都会产生拘束效力，也会要求相对人予以尊重并执行，而不应根据自身的主观好恶选择是否服从。相反，如果唯有合法的行为才会生效，相对人就会首先根据自身好恶判断该行为是否合法，并决定是否尊重与执行。这种选择性的服从自由当然不会有助于法安定性的达成。

上述生效所说的是行政行为的外部效力，即描述的是行政行为产生了针对相对人、行为作出机关和其他机关的一系列拘束性作用。外部效力的产生并不依赖于行政行为的具体规范内容，而以对权利因该行为受影响的相对人或关系人的合规范的告知为前提。如前文所述,行政行为中包含了行政机关对当事人的权利义务予以调整的意思表示。而行政行为依其具体的意思表示所产生的效力又被称为内部效力。对于此种内部效力的产生方式,根据行政行为的内容不同、所针对的对象不同也有所不同。概括而言,大致有以下几种:

(1) 即时生效。即时生效是指行政行为一经作出就具有法律效力,对相对人立即生效。即时生效的行政行为一般表现为行政机关采取某种强制措施或者紧急处理的行为,例如行政机关的即时强制等。此种行政行为的作出与其生效在时间上几乎是同一的。如我国《行政处罚法》所规定的简易程序中的当场处罚,即属此类。

(2) 公告生效。是指行政机关将行政行为的内容采取公告或宣告等有效形式,足以使相对人知悉、明了行政行为的内容,该行政行为对相对人才能开始发生效力。

公告方式所针对的是相对人难以具体确定的情况,包括针对的是不特定的多数相对人,或者相对人虽然明确,但所在地不明确,而使行政行为的内容难以具体告知。告知的核心是采取有效的告知形式,足以使相对人对行政行为的内容知悉明了。有效的告知形式主要有:公告、布告、电台广播、电视播放等。

(3) 送达生效。行政行为采用行政决定或者其他书面形式作出时,应当送达给相对人才发生效力,例如行政处罚决定书只有送达给被处罚人才生效。但是根据有关司法解释,行政行为在作出后,相对人一直不知道行政行为的内容的,最长起诉期限为行政行为作出之日起5年。从这一规定看,行政行为虽然没有送达,但是如果经过一定的时间,还是会产生效力。

(4) 附条件生效。附条件生效是指行政行为本身附有生效的日期或条件,一旦该期限届满或者条件具备,该行政行为就发生效力。

(二) 行政行为的无效

行政行为的无效是指行政行为因明显且重大违法,导致行为自始至终不产生法律效力。无效的行政行为不会产生行政机关所欲发生的法律效力,也不会对任何人产生拘束作用。

行政行为的无效和民事法律行为的无效有重大不同,在民法中,法律行为违反法律的强制性规定或公序良俗均为无效。而如上文所述,行政行为违法并不会绝对导致其无效。行政行为唯在具有重大且明显的违法瑕疵时,才会导致其自始无效和绝对无效。这一点看似与依法行政原则不符,却是对法的安定性原则的保障。这是因为对法安定性原则的维护不能绝对,如果行政行为的违法已达到"重大且明显"的程度,则任何人都无需遵守,该行为也不会对任何人产生拘束效果。这一点又是法的实质正义的基本要求。

对于导致行政行为无效的瑕疵如何判断,行政法学理上曾有重大说和明显说的争执。前者强调行政行为的瑕疵非常严重,已经超出了一般公众的容忍程度;后者则强调行为瑕疵非常明显且易于辨识。而目前的通说则将二者互相结合,认为行政行为的无效需同时具备重大且明显的要件。我国《行政诉讼法》同样采取了"重大且明显"的无效判断标准。《行政诉讼法》和相关司法解释对"重大且明显违法"行为的规定前文已有列举,此处不再赘述。

无效的行政行为自始不生效力,对于相对人、第三人、行为的作出机关、其他机关和法院都不会产生任何拘束作用,这种拘束作用既包含前文所说的外部效力,也包含内部效力。因此,任何人都无需遵守或是重视该行为。其效果具体表现于:

(1) 行政相对人不受该行政行为拘束,无需履行该行为所确定的任何义务。

(2) 行政相对人可在任何时候诉请有权机关宣告该行政行为无效。通常相对人对行政行为不服可以提起司法审查,以确定其效力,但其起诉要受诉讼时效的限制。而对于无效的行政行为,相对人不受诉讼时效的限制,可以在任何时候请求法院宣告其无效。

(3) 国家有权机关可在任何时候宣布相应行政行为无效。

(三) 行政行为的效力内容

行政行为生效后会产生一系列拘束性作用,而这些拘束性作用根据针对对象和内容的不同,又可区分为公定力、确定力、拘束力和执行力。

1. 行政行为的公定力

行政行为的公定力是指行政行为一经作出,只要不属于无效行为,均应在法律上推定其有效,并要求所有国家机关、社会组织和个人予以尊重的一种法律效果。在学理上,公定力一般被作为行政行为其他效力的基础和前提。但本质上,公定力的内涵其实与行政行为的生效尤其是外部效力的意涵互相重叠。

2. 行政行为的确定力

行政行为的确定力又可称为存续力,其内容区分为形式确定力(形式存续力)和实质确定力(实质存续力)。形式确定力是指行政行为针对相对人所产生的拘束效力,相对人如对行政行为的合法性存有质疑,应在法律规定的复议和诉讼期限内申请复议和提起诉讼,如果期限经过,该行为就会对相对人产生确定性的效果,相对人申请复议或提起诉讼,复议机关和法院也不再受理。行政行为的实质确定力是行政行为针对行为作出机关本身的效力,是指该行为尽管是由行政机关作为,作出机关在行为作出后同样要受到行为的约束,非因法定事由、未经法定程序,不得随意变更、撤销或废止该行为。因此,行政行为的实质确定力本质上是对行政机关嗣后撤销、废止行政行为的限制。这一效力产生的原因同样在于法的安定性要求。作为人类共同体生活的秩序构成要素,行政行为应和立法、司法裁判一样保持稳定性,唯有如此,人们对于共同体生活才是可预测的和可期待的。也正因如此,就需在法律上排除行政行为的效力被随意终止的可能。而这一要求反映在制度上就是对行政机关嗣后撤销、变更或废止行政行为的权力的限制。对行政机关撤销与废止权的限制,反过来对相对人而言就意味着是对其信赖利益的保护。也因此,行政行为的实质确定力和信赖保护原则本质上又是一体两面的问题。

3. 行政行为的拘束力

行政行为的拘束力是行政行为对于其他机关、法院在后续程序中的影响和作用,具体表现为,其他机关和法院对于已经生效的行政行为中已确认的事实要件及其在法律上的存在应予以尊重,并作为自身决定的基础。除行为本身的作出机关外,行政行为还会限制和约束其他机关或法院,并成为它们在后续程序中作出其他决定的事实构成。这种意义上的拘束力又被称作"构成要件效力"。这种法律效果产生的法理依据仍旧要追溯至法安定性原则。为实现法安定性要求,已生效的行政行为如同司法判决一样,也应获得其他机关和法院的承认和尊重,并在它们针对相同或相关问题的判断上,产生相当的拘束效果。行政行为的拘束力在实践中又具体表现为"跨程序效力",即在民事审判中法院一般并不审查具有法律拘束力的行政决定,而是将其作为既定的构成要件予以尊重和接受。

但行政行为的拘束力并非绝对,如果其他机关或法院对该行政行为享有监督权,则该行为中已确定的事实构成就不会构成对其他机关和法院的拘束。此外,这种拘束力原则上只涉及行政行为的做成、存立以及具体的规范内容,但并不包括行政机关对作出该行为的前提问题的判断,也不包含行政行为的理由论证部分。

4. 行政行为的执行力

行政行为的执行力是行政相对人不履行行政决定中所设定的义务,国家使用强制力迫使其履行义务的效力。但并非所有的行政行为都具有可执行的内容,形成性行为和确认性行为中并无可执行的内容,例如行政确认或行政登记都无需执行,也因此,执行力是否可作为一项独立的行为效力,学理上存在不同的争论。

执行力涉及的另一问题是执行力的实施主体涉及行政强制执行权的分配问题和强制执行的制度安排。根据《行政强制法》的规定,"行政强制执行由法律设定。法律没有规定行政机关强制执行的,作出行政决定的行政机关应当申请人民法院强制执行"。据此,我国的行政强制执行制度安排是"以行政机关申请法院强制执行为原则,以行政机关执行为例外"。而"行政机关申请法院强制执行"则是行政机关借助司法权实现行政决定的执行力。

(四)行政行为效力的终止

基于法的安定性原则的要求,行政行为在产生法律效力后效力会一直存续,除非有法定事由导致其效力终止。行政行为效力终止的原因除由有权机关,例如复议机关或法院将其撤销或废止外,还包括行政机关自己将其撤销或废止。行政行为的作出机关自己将已生效的行政行为予以撤销或废止,又被称为"行政行为的废弃",因其涉及行政行为效力的存续和相对人信赖利益的保护,因此,法律对行政机关的废弃权予以了相应的限制,而这些限制又具体表现在行政行为的撤销和废止的规则中。

如上文所述,行政行为在生效后会产生实质确定力。实质确定力的本质在于行政行为的作出机关在行为作出后同样会受到该行为的约束,而不能随意废弃该行为。因此,行政行为的实质确定力又被称为行政行为"有限制的废除可能性"。这种限制同时体现于行政行为的撤销与废止规则中。

1. 行政行为的撤销

"行政行为的撤销"经常在不同的意义上被使用。但此处所说的行政行为的撤销专指行政行为的作出机关依职权,对违法的行政行为全部或部分排除其法律效力的行为。而在法律救济程序中,行政复议机关或法院对违法行为的撤销,并不属于此处讨论的范畴。

行政行为撤销的前提在于该行为违法。行政行为的违法事由和具体表现上文已有阐释。行政行为具有违法瑕疵,根据依法行政原则,行政机关本应予以撤销,但撤销行政行为会涉及行政行为的存续力,并因此影响法的安定性原则以及相对人的信赖保护。因此,现代行政法理已经不允许行政机关在行政行为作出后随意将其撤销,而要求其对撤销可能产生的法安定性与实质正义、行政合法性与当事人的信赖利益保护等价值与利益冲突进行全面权衡后进行抉择。这一点尤其表现于授益行政行为中。授益行政行为因为赋予或确定了相对人权利或法律上的重大利益,即使行政机关嗣后发现该行为违法,也不能绝对将其撤销,而需考虑相对人在此的信赖利益。这一点同样规定于我国《行政许可法》中。《行政许可法》第 69 条规定:"有下列情形之一的,作出行政许可决定的行政机关或者其上级行政机关,根据利害关系人的请求或者依据职权,可以撤销行政许可:(一)行政机关工作人员滥用职权、玩忽职守作出准予行政许可决定的;(二)超越法定职权作出准予行政许可决定的;(三)违反法定程序作出准予行政许可决定的;(四)对不具备申请资格或者不符合法定条件的申请人准予行政许可的;(五)依法可以撤销行政许可的其他情形。被许可人以欺骗、贿赂等不正当手段取得行政许可的,应当予以撤销。依照前两款的规定撤销行政许可,可能对公共利益造成重大损害的,不予撤销。依照本条第一款的规定撤销行政许可,被许可人的合法权益受到损害的,行政机关应当依法给予赔偿。

依照本条第二款的规定撤销行政许可的,被许可人基于行政许可取得的利益不受保护。"此处的"依照本条第一款的规定撤销行政许可,被许可人的合法权益受到损害的,行政机关应当依法给予赔偿",体现的正是对行政机关撤销行政行为的限制以及对当事人信赖利益的保护。

行政行为撤销通常使行为溯及既往地失去法律效力,但根据社会公益的需要或行政相对人是否存在过错等情况,也可以从行政行为被撤销之日起失效。除效力终止的时间外,行政行为撤销事由的不同也会导致法律后果的不同。具体表现为:

(1) 若行政行为的撤销是因行政主体的过错引起,而依社会公益的需要又必须使行政行为的撤销效力追溯到行为作出之日起,由此给相对人造成的损失应由行政主体予以赔偿。

(2) 如行政行为的撤销是因行政相对人的过错或行政主体与相对人的共同过错所引起的,行政行为撤销的效力通常应追溯到行为作出之日。行政主体通过相应行为受益的,其利益要收回,行政相对人因行政行为撤销而遭受到的损失均由其本身负责;国家或社会公众因已撤销的行政行为所受到的损失,应由行政相对人依其过错程度予以适当赔偿;行政主体或其工作人员对导致行政行为撤销有过错的则应承担内部行政法律责任,如接受行政处分等。

2. 行政行为的废止

行政行为的废止指因形势或法律、政策或事实情况的变化,原合法、适当的行政行为已不符合现行法律、政策或事实,由行政机关决定终止其效力的行为。

与撤销不同,行政行为的废止针对的是合法的行为。但与撤销相同的是,行政行为的废止因为赋予了行为作出机关在符合法定要件时,废止该行为的可能,行政行为的存续性也因此会中断。因此,基于法的安定性价值的维护,行政机关的废止权限同样受到法律的严格限制。原则上,只有行政行为依据的法律、法规、规章和政策变化,或是行政行为所依据的事实基础发生变化时,行政机关为公共利益的需要才可废止该行为。此外,因为废止所针对的是合法的行政行为,因此相对人的信赖利益在此要受到更多保障,行政机关在废止所维护的公益和当事人的信赖利益之间权衡时,应给予相对人的信赖利益更多维护。这一点同样体现于《行政许可法》第 8 条:"公民、法人或者其他组织依法取得的行政许可受法律保护,行政机关不得擅自改变已经生效的行政许可。行政许可所依据的法律、法规、规章修改或者废止,或者准予行政许可所依据的客观情况发生重大变化的,为了公共利益的需要,行政机关可以依法变更或者撤回已经生效的行政许可。由此给公民、法人或者其他组织造成财产损失的,行政机关应当依法给予补偿。"

行政行为废止后,其效力自废止之日起失效,行政主体在行为废止之前通过相应行为已给予相对人的利益不再收回;行政相对人依原行为已履行的义务亦不能要求行政主体予以任何补偿。但是,如果行政行为的废止是因法律、法规、规章、政策的废、改、撤或形势变化而引起的,且此种废止给行政相对人的合法利益造成比较大的损失,则行政主体应对其损失予以适当补偿。

第四节 行政指导

一、行政指导概述

(一)行政指导的概念

行政指导是指行政主体在其职权范围内,为了实现一定的行政目的,通过政策或措施,采取鼓励、建议或劝告等非强制性手段,以促使行政相对人为或不为一定行为的行政方式。行政指导尽管是行政主体在其职权范围内作出,但它本身并不是一种行使行政权力的方式,因此与我们上文所讲的典型的行政行为有很大不同。

与行政机关运用行政权力的行为相比,行政指导具有以下特征:(1)行政指导具有非强制性,这是行政指导与运用行政权力的强制命令方式的根本区别所在。(2)行政指导具有单方性与合作性,它是行政主体单方面作出,但它又具有双方合作性,其内容须由相对人同意后才能最终实现。(3)行政指导具有特定目的性。行政指导是为了实现行政命令难以实现的特定公共利益目的。这种特定目的是由于行政机关在知识、信息等方面处于优越地位,从而通过一定的利益诱导等因素来实现。

（二）行政指导的意义

根据现代行政法学的一般原理,行政机关不仅担负维持行政秩序的任务,也有积极为公民服务的义务。行政机关不仅要通过行政命令来维持社会秩序,也要通过建议、协商、鼓励、制定导向性政策等方式对社会生活进行指导,在市场经济下更是如此。

行政指导的实施与市场经济有着密切关系。面对市场经济,政府的管理基本上可以分为三种方式。第一是自由放任。市场经济是自由经济,存在着亚当·斯密所说的"看不见的手",价值规律、供求关系能够自我调节的,就不需要借助政府的干预。但自由放任不等于放任不管,一方面存在着市场经济不能起作用的领域,另一方面市场经济也有"失灵"之时,此时需要借助政府"干预之手",以维持秩序。政府要承担起维持秩序之责,而维持秩序则只要依赖行政命令,这就是第二种方式。除了上述两种手段之外,市场经济的复杂性还在于,有些社会事务,政府不能放任不管,但又不能强制命令,如发展高科技。选择投资方向属于企业的自主权,政府不能强制命令,但发展高科技又涉及中国经济在整个世界经济中的战略地位,政府又不能不管。此时即可采取行政指导的方式,通过制定政策引导企业向高科技领域投资。投资自主权在企业,但向高科技投资国家有政策优惠、税收的减免,以此鼓励、引导企业向高科技投资。行政指导运用得当,往往会收到事半功倍的效果。

中国在转向市场经济后,行政指导有着很大的作用领域。事实上,行政指导既有法律、政策依据,也有着大量实践,只是需要我们将其进一步理论化。

二、行政指导的类型

根据行政指导的功能可将行政指导分为授益性行政指导、规制性行政指导和调整性行政指导。[1]

---

[1] 参见〔日〕盐野宏著:《行政法》,杨建顺译,法律出版社 1999 年版,第 144 页。

(一) 授益性行政指导

授益性行政指导,又称助成性行政指导,是指行政机关通过为公民或组织提供知识或信息等手段,助成或提高其福祉。如行政机关为农民提供科学种田指导等,即属此类。此类行政指导须遵守平等原则,相对人提出申请要求给予助成性行政指导时,行政机关除有正当理由外不得拒绝,且对相对人必须一律公平对待。

(二) 规制性行政指导

规则性行政指导,是指为了维持和增进公共利益,对违反公共利益的行为加以规范和制约的行政指导。如为预防或制止物价暴涨而实施的指导性价格。此种指导居于权力行政与非权力行政之间。规制性行政指导又可分为为确保私人行为符合法律的事前指导(如纳税指导)和为达成特定的规制目的所行的指导(如关于外商投资企业投资行业的指导)等。

(三) 调整性行政指导

调整性行政指导是指以调整相互对立的当事人之间利害关系为目的的行政指导。此种指导是行政主体在行政相对人之间出现利害冲突而又协商不成的情况下,以解决当事人之间的纠纷为目的的行政指导。如行政机关对土地征用过程中建设单位与被征用方就补偿纠纷如何解决所进行的指导。

三、行政指导的实施

(一) 行政指导的原则

行政指导的原则是实施行政指导必须遵循的基本准则,其作用在于使实施行政指导的行为方式不背离法律的目的。行政指导的原则主要有:

(1) 正当性原则。正当性原则,是指行政指导必须最大限度地保障行政相对人对行政指导的可接受性。行政指导方式的多样性决定了行政主体在行政指导过程中拥有更多的自由裁量权,但自由裁量并非任意裁量,行政主体在行政指导过程中仍应遵守正当性原则。这一原则意味着,行政主体在实施行政指导中,其一,应当以合法性为前提。不符合法律,正当性也就失去了存在的基础。其二,正当性体现了行政指导应当是一个说理的过程。行政指导的正当性正是通过说理的过程向相对人展示或宣示,期望相对人尽可能接受行政指导。

（2）自愿性原则。自愿性原则是指行政指导应为行政相对人所认同和自愿接受。行政指导是一种不具有强制力的行为方式,相对人自愿接受方能达成行政目的。因此,行政指导需要强调自愿原则。首先,自愿原则意味着行政相对人接受行政指导完全是出于其自己的真实意思表示,而不应是受他人意志支配下接受；其次,自愿原则意味着行政相对人对行政指导是否接受具有选择权,行政指导只不过是为行政相对人提供了决策的可选择方案,它对相对人只有参考价值,没有约束力；最后,自愿性还意味着行政相对人接受行政指导的后果,不论是积极后果,还是消极后果,一般只能自己承担,而不能归咎于作出行政指导的行政主体。

（二）行政指导的实施条件

尽管行政指导并不对相对人的合法权益产生直接影响,但它毕竟是行政主体基于行政目的而实施的一种行为,具有侵权的可能性,因此行政主体在实施行政指导时必须遵循如下条件：

（1）行政主体对行政指导的事务具有法定的管辖权。行政指导是行政主体基于职权所实施的行为,根据职权法定原则,行政主体实施行政指导必须对该事务具有管辖权。行政主体超越法定管辖权所实施的行政指导应当承担相应的法律后果。

（2）行政主体实施行政指导必须明示依据,且受其约束。对于行政指导,行政主体具有较大的自由裁量权,但既然其与行政职权有关,就应当行之有据,不论职权依据是规范性依据,还是非规范性依据,都应当对行政相对人明示。同时,行政指导也要服从法律优位原则,不能与法律明文规定及法律的一般原则相抵触。行政主体实施了有依据的行政指导,非经法定程序不得随意撤销、变更。

（三）行政指导的救济

行政指导是一种非职权的行为,但也是行政主体依职权作出的行为,如果产生不利后果,行政主体是否也应当承担法律责任,存在着不同的意见。有的学者认为不应承担责任,因为行政指导是相对人自愿接受的,其本身并无强制力;有的学者则认为应当承担一定的法律责任,如此才可以防止行政机关滥用行政指导,并保护相对方的合法权益。对此,2000年最高人民法院《关于执行〈中华人民共和国行政诉讼法〉若干问题的解释》曾明确规定,"不具有强制力的行政指导行为"不属于行政诉讼的受案范围。但也有人对此提出批评。[①] 2018年公布的最高人民法院《关于适用〈中华人民共和国行政诉讼法〉的解释》也规定"行政指导行为"不属于行政诉讼受案范围。

我们认为,对行政指导行为不能一概而论。就其不具有强制力而言,因对公民无约束力,公民是基于自愿而接受行政指导,即使产生不利后果,公民也应对自己的选择负责。但以下情况还是涉及行政机关的法律责任,需要给公民提供相应的救济:

(1) 关于强制力问题。行政指导的不可诉是基于其不具有强制力,但行政机关如果在行政指导中运用强制力,即规定相对人不接受指导可能会受到不利影响时,则名为行政指导,实为行政命令,此种情况下产生的不利后果,行政机关需要承担相应的法律责任。

(2) 信赖利益的保护。如果公民在接受行政指导后致使权益受损的,从传统行政法学理论来看,基于行政指导的无拘束力性质,其只是行政机关给予公民善意的建议,不构成侵权行为,因此,公民无请求行政补偿或国家赔偿的可能性。但这种解释显然忽略了公民对公权行为所寄予的尊重与信赖,以及行政机关在信息等方面的优势地位。因此,此时应当考虑行政机关是否存在滥用裁量权的情况,如果行政机关明显地滥用行政指导致使损害发生,行政机关也应当承担一定的责任。

思考题

1. 行政行为的概念、特征是什么?

[①] 陈新民著:《中国行政法学原理》,中国政法大学出版社2002年版,第237页。

2. 行政行为有哪些内容?
3. 行政行为有哪些种类?是根据什么标准划分的?
4. 行政行为的合法要件有哪些?违法类型如何区分?
5. 行政行为的生效和无效的要件有哪些?
6. 行政指导的概念。
7. 行政指导与行政机关实施的其他方式的行政活动有什么区别?

第六章 行政立法

内容概要 按照公共权力的分工原则,行政机关是专司执法的。但是,随着政府职能的扩展和政府社会义务的增加,为更好地履行政府职能,行政机关的立法职能也大大增加。行政立法的本质是授权性立法,行政法规、规章的效力也不能与法律相提并论,但行政立法的活跃和行政法规、规章数量的增加,使得行政立法在政府职能结构中占据了相当重要的位置。当社会环境变化而立法条件尚不成熟时,行政法规、规章就成为先法律而立的社会规则,待立法条件成熟,行政法规、规章就可能通过立法程序制定成法律。本章研究行政立法,包括行政立法的概念、分类与作用,行政立法的权限与效力等级,行政立法程序与监督等。为促进我国行政立法的规范与科学,本章还对我国行政立法存在的问题进行了归纳和分析。

学习重点 行政立法的概念、分类与作用 行政立法的权限 行政立法的效力等级 行政立法程序与监督

第一节 行政立法的概念、分类与作用

一、行政立法的概念

行政立法有广义和狭义之分。广义的行政立法是指有立法权的国家机关依照法定权限和程序制定行政管理方面规范性文件的活动;狭义的行政立法是指有行政立法权的国家行政机关依照法定权限和程序制定行政法规、规章的活动。行政法学一般在狭义层面使用行政立法概念。这一概念包含下述四层含义:一是行政立法主体法定,并非所有的行政机关都享有立法权;二是行政立法权限法定,享有立法权的行政机关并非可以就所有的问题进行立法;三是行政立法必须遵循法定的程序,包括起草、听取意见、审查、通过、公布等;

四是行政立法的表现形式是行政法规和规章。

行政立法是行政机关的职能或行为,在性质上,这种行为既有行政性,又有立法性,是两种行为的统一。

首先,行政立法具有行政性。这主要表现在:行政立法的主体是国家行政机关,行政立法调整的对象是行政管理事务,行政立法的目的是执行法律并更好地履行行政职能。行政立法具有行政性,但区别于行政机关的行政执法或行政处理行为。行政立法针对的问题是普遍的而不是个别的,行政立法所产生的行政法规、规章具有普遍约束力和重复适用性。

其次,行政立法具有立法性。这主要表现在:行政立法是有行政立法权的行政机关制定行政法规和规章的活动,具有权威性;行政法规和规章具有法的基本特征,即规范性、强制性和普遍适用性;行政立法必须遵循法定的立法程序等。行政立法具有立法性,但区别于权力机关的立法。以我国最高国家权力机关和最高国家行政机关的立法相比较,二者的区别是多方面的,包括立法主体不同、立法权力来源不同、立法内容不同、立法程序不同、法律效力不同等。在我国,最高国家权力机关是全国人民代表大会及其常务委员会,最高国家行政机关是国务院。全国人大的立法权力来源于人民的授予,全国人大制定和修改刑事、民事、国家机构的和其他的基本法律,立法程序更为严格,所立之法以法律的形式公布,其效力高于行政法规。国务院的立法权力来源于宪法、法律和权力机关的授予,国务院立法内容主要是执行法律的事项或国家行政管理事项,立法程序严格,所立之法以行政法规的形式公布,其效力低于法律。

二、行政立法的分类

行政立法可以依据不同标准进行分类,如一般授权立法和特别授权立法、执行性立法和创制性立法、中央行政立法和地方行政立法等。

(一)一般授权立法和特别授权立法

行政立法的实质是授权立法。根据授权来源的不同,行政立法可以分为一般授权立法和特别授权立法。

1. 一般授权立法

一般授权立法是指国家行政机关依据宪法和组织法授予的职权制定行政法规和规章的活动。一般授权立法要求行政机关以宪法和组织法为直接立法依据,且只能在宪法和组织法规定的职责权限范围内立法。例如,我国《宪法》第89条规定,国务院根据宪法和法律,规定行政措施,制定行政法规,发布决定和命令;《地方各级人民代表大会和地方各级人民政府组织法》第59条规定,县级以上的地方各级人民政府规定行政措施,发布决定和命令。

2. 特别授权立法

特别授权立法是指国家行政机关依据特别法律和权力机关的授权制定行政法规和规章的活动。可见,特别授权立法有两种形式:

一是特别法律的授权。例如《公职人员政务处分法》第65条规定:"国务院及其相关主管部门根据本法的原则和精神,结合事业单位、国有企业等的实际情况,对事业单位、国有企业等的违法的公职人员处分事宜作出具体规定。"《立法法》第62条规定,法律规定明确要求有关国家机关对专门事项作出配套的具体规定的,有关国家机关应当自法律施行之日起一年内作出规定,法律对配套的具体规定制定期限另有规定的,从其规定。有关国家机关未能在期限内作出配套的具体规定的,应当向全国人民代表大会常务委员会说明情况。

二是权力机关的授权。例如1985年4月10日第六届全国人大第三次会议《关于授权国务院在经济体制改革和对外开放方面可以制定暂行的规定或者条例的决定》[①],1992年7月1日全国人大常委会《关于授权深圳市人民代表大会及其常务委员会和深圳市人民政府分别制定法规和规章在深圳经济特区实施的决定》等,都属于权力机关的特别授权立法。《立法法》对特别授权立法作了明确规定:

---

① 第六届全国人大第三次会议的这一决定对于特别授权立法具有典型意义,附这一决定全文如下:"为了保障经济体制改革和对外开放工作的顺利进行,第六届全国人民代表大会第三次会议决定:授权国务院对于有关经济体制改革和对外开放方面的问题,必要时可以根据宪法,在同有关法律和全国人民代表大会及其常务委员会的有关决定的基本原则不相抵触的前提下,制定暂行的规定或者条例,颁布实施,并报全国人民代表大会常务委员会备案。经过实践检验,条件成熟时由全国人民代表大会或者全国人民代表大会常务委员会制定法律。"

(1)属于《立法法》规定的法律保留事项尚未制定法律的,全国人大及其常委会有权作出决定,授权国务院可以根据实际需要,对其中的部分事项先制定行政法规,但有关犯罪和刑罚、对公民政治权利的剥夺和限制人身自由的强制措施和处罚、司法制度等事项除外;(2)授权决定应当明确授权目的、事项、范围、期限以及被授权机关实施授权决定应当遵循的原则等,授权期限不得超过5年,但授权决定另有规定的除外;(3)被授权机关应当在授权期限届满的6个月以前,向授权机关报告授权决定实施情况,并提出是否需要制定有关法律的意见,需要继续授权的,可以提出相关意见,由全国人大及其常委会决定;(4)授权立法事项经过实践检验,制定法律的条件成熟时,由全国人大及其常委会及时制定法律,法律制定后,相应立法事项的授权终止;(5)被授权机关应当严格按照授权决定行使被授予的权力,并不得将被授予的权力转授给其他机关。

(二)执行性立法和创制性立法

根据立法事项和目的的不同,行政立法可以分为执行性立法和创制性立法。执行性立法涉及两方面的立法活动,一是国家行政机关为执行法律或上位法的规定而对法律或上位法的规定作出更具体的规定,二是国家行政机关为更好地履行行政职能,对职责权限范围内的行政管理事项制定管理规范。执行性立法的表现形式有实施条例(细则)、条例、规定、办法等。执行性立法并不为公民、法人和其他组织设定新的权利和义务。创制性立法是指国家行政机关根据有权机关的授权制定行政法规、规章的活动,表现形式有暂行条例、暂行规定等。创制性立法创设新的法律规则或为行政相对人设定新的权利和义务,因此必须经有权机关的授权。

(三)中央行政立法和地方行政立法

根据立法主体在国家行政系统的法律地位,行政立法可以分为中央行政立法和地方行政立法。

1. 中央行政立法

中央行政立法是指国务院和国务院部门制定行政法规、部门规章的活动。

国务院是我国最高行政立法主体,依据一般授权和特别授权制定行政法规。行政法规一般称"条例",也可以称"规定""办法"等。国务院制定行政法规,应当符合宪法和法律的规定,遵循《立法法》确定的立法原则。为保证行政法规的立法质量、实施效果和时效,国务院法制机构或国务院有关部门可以组织对有关行政法规或行政法规中的有关规定进行立法后评估,并把评估结果作为修改、废止有关行政法规的重要参考;国务院法制机构或国务院有关部门应当根据全面深化改革、经济社会发展需要以及上位法规定,及时组织开展行政法规清理工作,对不适应全面深化改革和经济社会发展要求、不符合上位法规定的行政法规,应当及时修改或者废止。

国务院部门是依法履行国务院基本行政管理职能或主管国务院某项专门业务的行政机关。国务院部门可以根据法律和国务院行政法规、决定、命令,在本部门权限范围内制定规章。按照《立法法》的规定,有立法权的国务院部门包括国务院各部、各委员会、中国人民银行、审计署和具有行政管理职能的直属机构。部门规章一般称"规定""办法",但不得称"条例"。制定部门规章,应当遵循立法法确定的立法原则,符合宪法、法律、行政法规和其他上位法的规定。没有法律或行政法规、决定、命令的依据,部门规章不得设定减损公民、法人和其他组织权利或增加其义务的规范,不得增加本部门的权力或者减少本部门的法定职责。

2. 地方行政立法

地方行政立法是指有立法权的地方政府依法制定地方政府规章的活动。按照我国《立法法》相关规定,有立法权的地方政府包括省、自治区、直辖市、设区的市和自治州人民政府。在我国,"设区的市"包括四种城市,即省、自治区政府所在地的市,经济特区所在地的市,国务院批准的较大的市和其他设区的市。① 地方政府规章一般称

---

① 国务院先后批准19个城市为"较大的市"(其中重庆已于1997年3月设为直辖市),这些城市包括唐山、大同、包头、大连、鞍山、抚顺、吉林、齐齐哈尔、青岛、无锡、淮南、洛阳、重庆、宁波、淄博、邯郸、本溪、苏州、徐州等。"其他设区的市"是除省会城市、经济特区所在地的市、国务院批准的较大的市之外设立市辖区的市,其范围与地级市的范围基本重合。

"规定""办法",但不得称"条例"。制定地方政府规章,应当遵循立法法确定的立法原则,符合宪法、法律、法规和其他上位法的规定。没有法律法规的依据,地方政府规章不得设定减损公民、法人和其他组织权利或者增加其义务的规范。省、自治区、直辖市和设区的市、自治州的人民政府,可以组织对有关规章或者规章中的有关规定进行立法后评估,并把评估结果作为修改、废止有关规章的重要参考。省、自治区、直辖市和设区的市、自治州的人民政府,应当根据全面深化改革、经济社会发展需要以及上位法规定,及时组织开展规章清理工作。对不适应全面深化改革和经济社会发展要求、不符合上位法规定的规章,应当及时修改或者废止。应当制定地方性法规但条件尚不成熟的,因行政管理迫切需要,可以先制定地方政府规章。规章实施满两年需要继续实施规章所规定的行政措施的,应当提请本级人民代表大会或者其常务委员会制定地方性法规。

三、行政立法的作用

行政立法与行政管理关系密切。一方面,行政管理实践是行政法规、规章产生的基础;另一方面,行政法规、规章又为行政管理提供依据或保障。行政立法在行政管理中的作用主要有三:

(一)推动行政管理的法治化和规范化

我国有长期的封建社会的历史,封建君主专制制度遗留的"人治"传统有着很深的影响,行政管理中的长官意志、言出法随、强迫命令、一言堂、瞎指挥等现象还相当普遍,执法中也存在超越职权、滥用职权、野蛮执法、趋利执法等各种问题。解决这些问题不能依靠行政首脑的开明或执法人员的自律,而要依靠健全完善的、被严格执行的法律制度。行政立法是我国法律体系的重要构成部分,加强行政立法,提高行政立法的质量,使行政机关设置、行政领导用权、行政职能履行、行政行为程序、行政责任承担等有章可循,就会大大减少行政管理中的主观随意性,使行政管理纳入法治、规范的轨道。

(二)保证行政管理的民主化和科学化

行政管理民主化的主要标志是公民的行政参与和行政系统内的

民主集中制,行政管理科学化的主要标志是行政行为经科学论证和采用科学的行政方法。行政法规、规章规定行政决策的原则与程序、行政机关和行政领导的行为方式、行政监督的内容与程序,规定行政机关和行政机关工作人员侵犯公民、法人或其他组织合法权益应当承担的法律责任,规定公民、法人或其他组织对违法和不当行政行为申请行政复议和提起行政诉讼的权利与程序,这些都有助于建立或形成民主参与的行政模式、科学严谨的行政方式、简明高效的行政程序等,为行政管理的民主化和科学化提供制度保障。

（三）提高行政管理效率

行政效率是行政管理追求的重要目标。行政效率与行政立法有密切关系。行政法规、规章通过对行政职责、行政主体、行政程序等问题的明确规定,使行政管理的各个方面有章可循,减少因制度缺损而造成的行政职责交叉、机构重叠、程序繁琐等问题,会大大提高行政效率,避免行政管理实践和过程中的混乱和低效。行政法规、规章对于国家公务员管理也是必不可少的。我国于2006年1月1日起施行的《公务员法》(2017年修正、2018年修订),对国家公务员的考试录用、考核、奖励、纪律、职务升降、职务任免、培训、交流、回避、工资保险福利、辞职辞退、退休等作了明确的规定,为国家公务员管理提供了法律依据,保证了国家公务员的素质和行为规范,这对于提高行政效率也是至关重要的。

第二节　行政立法的权限、效力与适用

一、行政立法的权限

行政立法的权限是指行政立法主体行使相应立法权力的范围和界限。行政立法的权限是行政立法的核心问题,行政立法主体超越权限制定行政法规、规章无效。规定行政立法权限的法律除《立法法》等专门法律之外,还有其他单行法律中的一些规定,例如《行政处罚法》《行政许可法》对行政处罚、行政许可设定权限的规定。行政立法的权限主要涉及国务院的立法权限、国务院部门的立法权限和地

方政府的立法权限。

（一）国务院的立法权限

国务院行使立法权,需要廓清其与全国人大及其常委会立法权的界限。

根据《立法法》的规定,全国人大制定和修改刑事、民事、国家机构的和其他的基本法律;全国人大常委会制定和修改除应当由全国人大制定的法律以外的其他法律。《立法法》还规定了只能制定法律的事项,即"法律保留"事项,包括:(1)国家主权的事项;(2)各级人民代表大会、人民政府、人民法院和人民检察院的产生、组织和职权;(3)民族区域自治制度、特别行政区制度、基层群众自治制度;(4)犯罪和刑罚;(5)对公民政治权利的剥夺、限制人身自由的强制措施和处罚;(6)税种的设立、税率的确定和税收征收管理等税收基本制度;(7)对非国有财产的征收、征用;(8)民事基本制度;(9)基本经济制度以及财政、海关、金融和外贸的基本制度;(10)诉讼和仲裁制度;(11)必须由全国人大及其常委会制定法律的其他事项。上述事项尚未制定法律的,全国人大及其常委会有权作出决定,授权国务院可以根据实际需要,对其中的部分事项先制定行政法规,但犯罪和刑罚、对公民政治权利的剥夺和限制人身自由的强制措施和处罚、司法制度等事项除外。

根据《立法法》的规定,国务院根据宪法和法律制定行政法规。行政法规可以就下列事项作出规定:(1)为执行法律的规定需要制定行政法规的事项;(2)《宪法》第89条规定的国务院行政管理职权的事项。应当由全国人大及其常委会制定法律的事项,国务院根据全国人大及其常委会的授权决定先制定的行政法规,制定法律的条件成熟时,及时提请全国人大及其常委会制定法律。

综上,从与全国人大及其常委会立法权的比较中可以看出,国务院的立法权或立法事项涵盖了执行性立法和创制性立法,可以就三方面的事项进行立法,一是为执行法律需要制定行政法规的事项,二是属于国务院行政管理职权的事项,三是根据全国人大及其常委会的授权制定行政法规的事项。

(二)国务院部门的立法权限

国务院部门行使立法权,需要廓清其与国务院立法权的界限。

根据《立法法》的规定,部门规章规定的事项是执行法律、国务院行政法规(决定、命令)的事项,或是本部门职权范围的行政管理事项。具体来说,行政法规与部门规章在调整对象和范围上有三方面的区别:(1)涉及两个以上国务院部门职权范围的事项,应当提请国务院制定行政法规。制定行政法规条件尚不成熟,需要制定规章的,国务院有关部门应当联合制定规章。应当联合制定规章的,国务院有关部门单独制定的规章无效。(2)特别法律授权国务院相关部门根据法律原则和精神,结合实际对有关事宜作出具体规定的,国务院相关部门依法作出具体规定。(3)全国人大及其常委会授权国务院行政立法的事项,由国务院制定行政法规,授权立法的实施细则或实施办法由相应的部门规章规定。

(三)地方政府的立法权限

地方政府行使立法权,需要廓清其与国务院立法权的界限。

根据《立法法》的规定,地方政府规章可以就下列事项作出规定:为执行法律法规的规定需要制定规章的事项;属于本行政区域的具体行政管理事项。因此,地方政府立法一方面要根据地方的实际情况将法律法规的规定具体化,制定法律法规实施细则;另一方面要对本行政区域行政管理的特有问题作出规定,调整区域性特有的社会关系。在适用范围和效力上,地方政府规章适用地方立法主体所辖的行政区域,效力低于法律、行政法规和地方性法规。具体来说,行政法规与地方政府规章在调整对象和范围上有三方面的区别:(1)涉及全国性或几个行政区域的问题,由国务院制定行政法规,仅涉及某行政区域的问题,由地方政府制定规章;(2)法律规定由国务院制定实施细则或办法的,由国务院制定行政法规;法律规定可以由地方政府制定具体实施办法的,地方政府可以依法并结合当地实际情况制定规章;(3)设区的市、自治州的人民政府制定地方政府规章,限于城乡建设与管理、环境保护、历史文化保护等方面的事项。

二、行政法规、规章的效力和适用

在我国,广义的法律是包括宪法、法律、行政法规、地方性法规、自治条例和单行条例、规章在内的一个体系。在这个体系中,法律文件的效力等级从高到低呈阶梯状排列。对行政法规、规章的效力可以通过法律文件效力等级阶梯加以认识。法律文件的效力等级是:宪法具有最高的法律效力,一切法律、行政法规、地方性法规、自治条例和单行条例、规章都不得同宪法相抵触;法律的效力高于行政法规、地方性法规、规章;行政法规的效力高于地方性法规、规章;地方性法规的效力高于本级和下级地方政府规章;省、自治区政府制定的规章,其效力高于本行政区域内设区的市、自治州政府制定的规章。

行政法规、规章的适用遵循行政法适用的一般原则,这些原则包括:上位法优于下位法,新法优于旧法,特别法优于一般法,同位阶法效力等同、在各自权限范围内施行,法不溯及既往等。《立法法》规定了行政法规、规章适用的具体规则。行政法规适用的具体规则是:(1)国务院制定的行政法规,特别规定与一般规定不一致的,适用特别规定;新的规定与旧的规定不一致的,适用新的规定。(2)行政法规之间对同一事项的新的一般规定与旧的特别规定不一致,不能确定如何适用时,由国务院裁决。规章适用的具体规则:(1)部门规章之间、部门规章与地方政府规章之间具有同等效力,在各自的权限范围内施行。(2)同一机关制定的规章,特别规定与一般规定不一致的,适用特别规定;新的规定与旧的规定不一致的,适用新的规定。(3)地方性法规与部门规章之间对同一事项的规定不一致,不能确定如何适用时,由国务院提出意见,国务院认为应当适用地方性法规的,应当决定在该地方适用地方性法规的规定;认为应当适用部门规章的,应当提请全国人民代表大会常务委员会裁决。(4)部门规章之间、部门规章与地方政府规章之间对同一事项的规定不一致时,由国务院裁决。行政法规、规章都不溯及既往,但为了更好地保护公民、法人和其他组织的权利和利益而作的特别规定除外。

第三节 行政立法程序与监督

一、行政立法程序

行政立法程序是行政立法主体制定行政法规、规章的步骤、方式、时限等规则的总称。我国《立法法》规定了行政法规制定程序,但并未规定规章制定程序。《立法法》第 83 条规定:"国务院部门规章和地方政府规章的制定程序,参照本法第三章的规定,由国务院规定。"根据有关法律的规定,国务院制定了《行政法规制定程序条例》《规章制定程序条例》。实际上,尽管行政法规和规章有诸多不同,例如制定主体不同、法律效力不同等,但行政法规和规章的制定程序大体相同,因而本章主要阐述行政法规制定程序。根据《立法法》《行政法规制定程序条例》的规定,行政法规的制定包括立项、起草、审查、决定、签署公布等程序。

立项。国务院法制机构根据国家总体工作部署拟订国务院年度立法计划,报国务院审批。国务院法制机构及时跟踪了解国务院各部门落实立法计划的情况,加强组织协调和督促指导。国务院有关部门认为需要制定行政法规的,应当向国务院报请立项。

起草。行政法规由国务院有关部门或国务院法制机构具体负责起草,重要行政法规草案由国务院法制机构组织起草。行政法规在起草过程中,起草部门应当广泛听取和征求意见。听取意见是指听取有关机关、组织、人大代表和社会公众的意见,听取意见可以采用座谈会、论证会、听证会等多种形式;征求意见是指将行政法规草案及其说明等向社会公布征求意见,征求意见的期限一般不少于 30 日。起草专业性较强的行政法规,起草部门可以吸收相关领域的专家参与起草工作,或委托有关专家、教学科研单位、社会组织起草。

审查。行政法规起草工作完成后,形成行政法规送审稿。起草单位将行政法规送审稿、送审稿说明和有关材料送国务院法制机构进行审查。行政法规送审稿涉及重大利益调整的,国务院法制机构应当进行论证咨询,广泛听取有关方面的意见。论证咨询可以采取座谈会、论证会、听证会、委托研究等多种形式。国务院法制机构审查工作完成后,应当向国务院提出审查报告和草案修改稿,审查报告应当对草案主要问题作出说明。

决定。行政法规草案由国务院常务会议审议,或者由国务院审批。国务院常务会议审议行政法规草案时,由国务院法制机构或起草部门作说明。国务院法制机构应当根据国务院对行政法规草案的审议意见,对行政法规草案进行修改,形成草案修改稿,报请总理签署。

签署公布。行政法规由总理签署国务院令公布。有关国防建设的行政法规,可以由国务院总理、中央军事委员会主席共同签署国务院、中央军事委员会令公布。行政法规签署公布后,及时在国务院公报和中国政府法制信息网以及在全国范围内发行的报纸上刊载。在国务院公报上刊登的行政法规文本为标准文本。

二、行政立法监督

行政法规、规章对公共利益和公民、法人或其他组织的权利、义务影响重大。行政法规、规章违宪、违法或不适当,会严重损害公共利益和公民、法人或其他组织的合法权益。为防止和及时纠正行政立法违宪、违法或不适当,行政立法监督是极为必要的。《立法法》和相关法律、行政法规规定了对行政法规、规章的监督方式,主要方式包括改变或撤销、备案、合宪与合法性审查等。

(一)改变或撤销

行政法规、规章有下列情形之一的,由有关机关依据法定权限予以改变或撤销:(1)超越权限的;(2)下位法违反上位法规定的;(3)规章之间对同一事项的规定不一致,经裁决应当改变或者撤销一方的规定的;(4)规章的规定被认为不适当,应当予以改变或者撤销的;(5)违背法定程序的。改变或撤销行政法规、规章的权限是:(1)全国人大常委会有权撤销同宪法和法律相抵触的行政法规;(2)国务院有权改变或撤销不适当的部门规章和地方政府规章;(3)地方人大常委会有权撤销本级人民政府制定的不适当的规章;(4)省、自治区的人民政府有权改变或者撤销下一级人民政府制定的不适当的规章;(5)授权机关有权撤销被授权机关制定的超越授权范围或者违背授权目的的法规,必要时可以撤销授权。

(二)备案

行政法规、规章应当在公布后的30日内依照下列规定报有关机关备案:(1)行政法规报全国人大常委会备案;(2)部门规章和地方政府规章报国务院备案,地方政府规章应当同时报本级人大常委会备案,设区的市、自治州的人民政府制定的规章应当同时报省、自治区的人大常委会和人民政府备案;(3)根据授权制定的法规应当报授权决定规定的机关备案。

(三)合宪与合法性审查

合宪性审查是指特定机关依据一定程序和方式,对各类法律文件是否合乎宪法进行审查并作出处理的制度;合法性审查是指特定机关依据一定程序和方式,对除宪法外各类法律文件是否合乎上位法进行审查并作出处理的制度。

1. 行政法规的审查

中央军事委员会、最高人民法院、最高人民检察院和各省、自治区、直辖市的人大常委会认为行政法规同宪法或法律相抵触的,可以向全国人大常委会书面提出进行审查的要求,由常委会工作机构送有关的专门委员会进行审查、提出意见。其他国家机关和社会团体、企业事业组织以及公民认为行政法规同宪法或法律相抵触的,可以向全国人大常委会书面提出进行审查的建议,由常委会工作机构进行研究,必要时,送有关的专门委员会进行审查、提出意见。有关的专门委员会和常委会工作机构可以对报送备案的规范性文件进行主动审查。

全国人大专门委员会、常委会工作机构在审查、研究中认为行政法规同宪法或者法律相抵触的,可以向制定机关提出书面审查意见、研究意见;也可以由法律委员会与有关的专门委员会、常委会工作机构召开联合审查会议,要求制定机关到会说明情况,再向制定机关提出书面审查意见。制定机关应当在两个月内研究提出是否修改的意见,并向全国人大法律委员会和有关的专门委员会或者常委会工作机构反馈。制定机关按照所提意见对行政法规进行修改或者废止的,审查终止。全国人大法律委员会、有关的专门委员会、常委会工作机构经审查、研究认为行政法规同宪法或者法律相抵触而制定机关不予修改的,应当向委员长会议提出予以撤销的议案、建议,由委员长会议决定提请常委会会议审议决定。全国人大有关的专门委员会和常委会工作机构应当按照规定要求,将审查、研究情况向提出审查建议的国家机关、社会团体、企业事业组织以及公民反馈,并可以向社会公开。

2. 规章的审查

国家机关、社会团体、企业事业组织、公民认为规章同法律、行政法规相抵触的,可以向国务院书面提出审查的建议,由国务院法制机构研究并提出处理意见,按照规定程序处理。国家机关、社会团体、企业事业组织、公民认为设区的市、自治州的人民政府规章同法律、行政法规相抵触或者违反其他上位法的规定的,也可以向本省、自治区人民政府书面提出审查的建议,由省、自治区人民政府法制机构研究并提出处理意见,按照规定程序处理。

第四节 行政立法存在的问题及其解决

一、行政立法存在的问题

我国2000年公布施行的《立法法》(2015年修正),对包括行政立法在内的国家立法制度作了全面规定,涉及立法的一系列问题,诸如谁握有立法权,各立法主体的立法权限如何划分,立法活动遵循什么程序,法律适用中的法律冲突如何裁决,如何对制定法实施监督,公众如何参与立法过程等。《立法法》是全国人大制定的基本法律,其公布施行对于健全、完善国家立法制度,规范各立法主体的立法活动,提高立法质量,促进以宪法为核心的中国特色社会主义法律体系的形成和完善起了重要作用。《立法法》公布施行后,国务院制定了《行政法规制定程序条例》《规章制定程序条例》。上述法律、行政法规的公布施行,规范了行政立法活动,推动了行政立法的发展,使行政立法在国家法制建设中占据了举足轻重的位置,也使得行政权力的运用很大程度上摆脱了无法可依的状态。但是,对照《立法法》《行政法规制定程序条例》《规章制定程序条例》的有关规定,行政立法在发展的同时仍存在一些问题,主要表现在:

(一) 文本不规范

文本是书面语言的表现形式。法律文本是文本的一种,是法律规范的载体。与其他文本不同的是,法律文本是国家立法制度的产物而非个人的自由创作,公布之后则作为国家公权力机关和社会都应当严格遵守的行为规则。因此,法律文本要比其他文本更加正式和庄严,尤其是要求逻辑的严谨性和语言的准确性。逻辑的严谨性是指法律文本各部分之间、各法条之间有符合客观实际的、内在的关联,并遵守基本的逻辑规律;语言的准确性是指法律文本要使用规范的普通话词语和专门词语,准确简洁,避免各种语言疏漏。

我国《立法法》和相关行政法规对法律文本的逻辑、语言、结构等规定了明确的要求。《立法法》第 6 条规定:"法律规范应当明确、具体。"《行政法规制定程序条例》第 6 条规定:"行政法规应当备而不繁,逻辑严密,条文明确、具体,用语准确、简洁,根据内容需要,行政法规可以分章、节、条、款、项、目。章、节、条的序号用中文数字依次表述,款不编序号,项的序号用中文数字加括号依次表述,目的序号用阿拉伯数字依次表述。"《规章制定程序条例》第 8 条规定:"规章用语应当准确、简洁,条文内容应当明确、具体,除内容复杂的外,规章一般不分章、节。"从实际情况看,行政法规、规章法律文本不规范的问题比较普遍,例如逻辑不严谨,语言不准确、不明确、不简洁,以及其他不符合立法技术规范的问题,例如法律结构、条文表述、常用词语等方面的不规范。鉴于法律文本的重要性,法律文本的各种不规范影响了立法的科学性、规范性、统一性,实施后可能导致执法障碍和引发法律纠纷,因而应当引起立法者的高度重视。

(二) 重复规定

重复规定是指下位法照抄照搬上位法的内容和结构,包括完全重复、部分重复和法条归并、法条拆分等形式上的调整。重复规定的本质是立法怠惰,是立法不作为行为。我国《立法法》和相关行政法规确立了"不重复规定原则"。《立法法》第 73 条第 4 款规定:"制定地方性法规,对上位法已经明确规定的内容,一般不作重复性规定";《规章制定程序条例》第 8 条也明确规定:"法律法规已经明确规定的内容,规章原则上不作重复规定。"从下位法和上位法的关系看,下位法重复上位法的某些规定是正常的和必要的,例如对立法目的、法律原则等的重复规定,这种重复规定某种程度上也是一种强调,使立法目的、法律原则更明确。但是,超出必要范围的重复规定十分有害。重复规定浪费立法资源,耗费立法成本,更主要的是不利于上位法的执行。重复规定一般出现在执行性立法中,重复规定不能根据本行政机关的职能和本地方的实际规定执行上位法的具体措施,不能体现立法的针对性和适应性,不能解决管理实践中发生的具体问题和特殊问题,使下位法的制定失去了正当性或必要性。

(三)可操作性不强

可操作性不强是指法律规定不明确、不具体,不好适用,不便于执行。对于法律规定的可操作性,《立法法》和相关行政法规有明确的规定。《立法法》第 6 条第 2 款规定,"法律规范应当明确、具体,具有针对性和可执行性";《行政法规制定程序条例》第 6 条规定,"行政法规应当备而不繁,逻辑严密,条文明确、具体,用语准确、简洁,具有可操作性";《规章制定程序条例》第 8 条规定,"规章条文内容应当明确、具体,具有可操作性"。可见,法律规定的可操作性是立法原则之一。法律规定不明确、不具体,有时是立法者有意为之,或是为因地制宜制定下位法预留空间,或是为法律执行中灵活处理个案和运用自由裁量权预留空间。但是,如果法律规定过于笼统抽象,可能导致法律适用障碍,例如引发对法律规定理解的歧义或是法律纠纷,也可能导致执法不公和滥用自由裁量权。

(四)立法后评估制度化、规范化不足

行政立法后评估是指行政法规、规章实施一段时间后由有关部门组织的对行政法规、规章实施效果进行的评价与估量。行政立法后评估可以及时了解法律实施效果,发现法律规定科学性、可操作性等方面的问题,为修改、废止法律或制定配套制度提供依据。立法后评估在我国法律中有明确规定。《立法法》第63条规定:"全国人民代表大会有关的专门委员会、常务委员会工作机构可以组织对有关法律或者法律中有关规定进行立法后评估。评估情况应当向常务委员会报告。"《行政法规制定程序条例》第37条规定:"国务院法制机构或者国务院有关部门可以组织对有关行政法规或者行政法规中的有关规定进行立法后评估,并把评估结果作为修改、废止有关行政法规的重要参考。"《规章制定程序条例》第38条规定:"国务院部门,省、自治区、直辖市和设区的市、自治州的人民政府,可以组织对有关规章或者规章中的有关规定进行立法后评估,并把评估结果作为修改、废止有关规章的重要参考。"行政立法后评估是提高立法质量和实施效果的必要措施,涉及评估机关、评估范围与标准、评估方法与程序、评估结果与应用等多个工作环节。实践中,行政立法后评估在评估对象选择、评估主体的专业化、评估方法的科学性和标准化、评估成果转化路径等方面都有必要进一步规范化和制度化。

(五)清理滞后

行政法规、规章的清理是指由有关部门组织实施的对现行行政法规、规章的整理或处理活动。通过清理,发现行政法规、规章与经济社会发展不适应之处,新法与旧法不一致或不衔接之处,同等效力法律规范对同一事项的规定不一致或不协调之处以及法律操作性不强之处等。法律既要有稳定性,又要随经济社会的发展而发展,法律清理即是法律发展的必要条件。在法律清理的基础上做好法律"立改废"工作,这对于建立科学、统一、协调的法律体系,完善法律制度,使法律更好地适应经济社会发展需要,对于推进依法行政、建设法治政府等都有重要意义。对于行政法规、规章的清理,《行政法规制定程序条例》第36条规定:"国务院法制机构或者国务院有关部门应当根据全面深化改革、经济社会发展需要以及上位法规定,及时组织开展行政法规清理工作。对不适应全面深化改革和经济社会发展要求、不符合上位法规定的行政法规,应当及时修改或者废止。"《规章制定程序条例》第37条规定:"国务院部门,省、自治区、直辖市和设区的市、自治州的人民政府,应当根据全面深化改革、经济社会发展需要以及上位法规定,及时组织开展规章清理工作。对不适应全面深化改革和经济社会发展要求、不符合上位法规定的规章,应当及时修改或者废止。"行政法规、规章的清理是行政立法活动的后续工作,为规范此项工作,需要建立特定的工作方式和程序,包括领导与组织、清理方案,清理标准、清理程序、方法步骤、时间安排、组织保障、结果公布等。实践中,行政立法清理的主要问题是清理滞后、频率低,缺乏常态的、定期的清理机制,以致法律长期滞后于体制改革和社会变迁,或长期以政策替代法律的现象比较普遍,这对于法律功能的发挥和法治政府建设都是不利的。

二、解决行政立法问题的途径

行政立法的上述问题,产生原因不同,解决路径也不同。有的问题与立法者的态度有关,如立法者是否对立法有高度负责的、认真的态度,是否有深入细致研究问题的过程;有的问题则是立法基础制度建设和执行问题,如立法工作是否有规范的并严格执行的制度。从深层看,解决行政立法问题的根本路径是坚持不懈地推进立法的民主化和科学化。

(一)以高度负责的态度立法

立法是一项事关国家治理和公民权利、义务的重要工作,需要立法者有高度负责的、认真的态度。有了这种态度,法律文本不规范的问题是可以减少或避免的。从法律的整体结构到法律的条款项,甚至标点符号的使用[1],立法者都要仔细推敲,务求科学严谨、准确、无差错。为使法律文本更加规范,在立法技术层面还可以采取两项措施:一是在起草、听取意见等阶段请语言专家参与[2],使法律文本用

---

[1] 标点符号使用案例:第十届全国人大第二次会议有宪法修改议程,提交大会讨论的宪法修正案草案有一条规定,原文是:"国家为了公共利益的需要,可以依照法律规定对土地实行征收或者征用,并给予补偿。"审议时有代表提出,由于句子中的第二个逗号,"依照法律规定"容易被理解为只针对土地征收征用而不针对补偿,但补偿同样要"依照法律规定",建议删除第二个逗号。此后,这条规定改为:"国家为了公共利益的需要,可以依照法律规定对公民的私有财产实行征收或者征用并给予补偿。"(见《宪法》第 13 条)

[2] 语言学家参与立法案例:1954 年宪法起草过程中,核心专家小组成员中有叶圣陶、吕叔湘两位语言顾问,从语言文字角度对宪法草案进行研究推敲。

语规范统一,更好地体现其应有的文体特征;二是了解、熟悉并运用好立法技术规范。针对立法工作中经常遇到的、普遍性的有关法律结构、文字等立法技术层面的问题,全国人大常委会法制工作委员会制定了统一的《立法技术规范(试行)(一)(二)》,规定了法律结构、条文表述、常用词语、修改和废止方法等方面的规则,为起草、修改法律提供了具体操作标准,对保证立法工作的科学性、规范性、统一性,提高立法质量有重要作用。各行政立法主体在立法工作中要熟知并遵循这些规则,使法律文本结构合理,条文科学严谨,用语规范统一。

(二)加强立法中的研究工作

立法的过程同时也是研究问题的过程,对问题作深入细致的研究,有助于制定科学合理的法律规范。立法中出现的各种问题,究其原因,大多与立法者未能深入细致地研究问题有关。例如,下位法重复上位法的问题,一定程度上是对下位法的立法空间研究发掘不够。实际上,根据部门职责和地方实际,下位法有较大的立法空间,下位法可以对上位法的规定作出必要补充规定,可以将上位法的规定具体化,可以对上位法的规定作一定的诠释,可以对上位法的规定作出量化规定等。为有效避免下位法重复上位法的规定,立法者要深入细致地研究问题,用心发掘下位法的立法空间。再如,法律可操作性不强的问题,既与长期以来"宜粗不宜细"的立法习惯有关,也与立法过程中对问题的研究不足有关。如果研究充分,就会对法律如何规定、条文如何表述有较清楚的认识,就会对哪些规定可以粗,哪些规定可以细,哪些规定可以通过制定配套的实施细则使之更利于执行等问题作出较合理的判断。

(三)提高立法后续工作制度化、规范化程度

立法过程是一个连续的、完整的发展过程,既包括立法工作,也包括立法后续工作,立法后续工作涉及法律后续评估和法律清理工作。立法工作和立法后续工作都要求制度化、规范化。从行政立法过程看,《立法法》《行政法规制定程序条例》《规章制定程序条例》的公布和施行,使行政立法工作有法可依,逐渐步入了制度化、规范化轨道,但行政立法后续工作离制度化、规范化还有不小的差距。目

前,一些地方政府制定了地方政府规章立法后评估办法或清理办法,但无论制度本身还是制度执行都还存在不少问题。因此,有必要提高行政立法后续工作制度化、规范化程度,以此提高行政立法质量,充分发挥行政立法功能,促进依法行政和法治政府建设。

(四)坚持不懈地推进立法的民主化和科学化

行政立法民主化是指公民、法人和其他组织依法采用多种途径参与立法、发表意见的过程,使行政立法成为看得见、可参与的开放互动过程。立法参与是民主国家公民受宪法和法律保护的政治权利,《宪法》第 35 条规定:"中华人民共和国公民有言论、出版、集会、结社、游行、示威的自由";《立法法》第 5 条规定:"立法应当体现人民的意志,发扬社会主义民主,坚持立法公开,保障人民通过多种途径参与立法活动。"公民参与立法的方式多种多样,包括书信、走访、电子邮件、登录有关网站发表意见、参加座谈会(论证会、听证会)等。立法参与不仅可以使法律规定更加全面与合理,更重要的,伴随社会利益多元化趋势,立法牵涉或触动的社会关系和社会利益会愈加复杂,立法参与可以使利益各方充分表达诉求,并通过意见交换和权衡的过程使各方利益得到关照和平衡,这也为法律的接受度和发布后的顺利实施打下民意基础。

行政立法科学化是指将科学分析和科学方法运用于立法,并使法律规定科学合理或符合常识的过程。"科学立法,严格执法,公正司法,全民守法"是依法治国的基本要求,在程序上,科学立法位于依法治国之首,是依法治国的基础,对依法治国有引领和推动作用。《立法法》有多条规定涉及科学立法,例如第 6 条规定:立法应当科学合理地规定公民、法人和其他组织的权利与义务、国家机关的权力与责任;第 52 条规定:编制立法规划和年度立法计划,应当广泛征集意见,科学论证评估。科学立法的主要方式是加大立法所需的科学分析的投入,尤其是专业的分析投入。不可否认,立法中的科学分析也会面临主观、客观等多种条件的限制,这就要求立法分析人员超越个人或团体利益,关怀人类总体发展和公共利益,以科学求实的态度提出理性公正的意见。对此,系统科学家 R. M. 克朗谈到:"系统分析人员应该投身到那些有高度的可能性对全体人民的生活质量做出改进的研究机构和政府里去工作,而不要为那些把暗杀、延长人的痛苦、残酷地利用无辜的人质或者大屠杀作为达到目的的手段的价值系统服务。"①科学立法可以使立法过程更多地被人类理智和科学常识所统辖,这对于提高制定法的品质,使制定法的内容科学合理、较少法律漏洞极为重要。

立法民主化和科学化的关系可以从两个方面认识:首先,民主化和科学化是密切关联、相互交织的,一方面,民主化是科学化的基础,科学化是民主化的目的,科学化一定程度上有赖于民主化,有广泛的立法参与,才可能聚集与平衡各种利益,才可能使法律规定更加科学合理;另一方面,民主化中有科学化,在立法参与的过程中不排除有专业人员的参与或专业意见的提出。其次,科学化有独立价值,立法中的专业分析,大数据、云技术、人工智能等技术的运用,一定范围的实验等都是提高立法质量的工具。

行政立法中的许多问题源于立法民主化和科学化不足,因此,解决这些问题的根本路径是坚持不懈地推进立法的民主化和科学化。例如,法律文本不规范、重复规定等问题,如果能在立法程序中充分听取或征求意见是可以有效避免的;再如清理滞后问题,我国已有单行法规定了法律清理,《行政许可法》第 20 条规定:"行政许可的设定机关应当定期对其设定的行政许可进行评价;对已设定的行政许可,认为通过本法第十三条所列方式能够解决的,应当对设定该行政许可的规定及时予以修改或者废止。行政许可的实施机关可以对已设定的行政许可的实施情况及存在的必要性适时进行评价,并将意见报告该行政许可的设定机关。公民、法人或者其他组织可以向行政许可的设定机关和实施机关就行政许可的设定和实施提出意见和建议。"本规定赋予公民、法人和其他组织参与行政许可动态评价的权利,这有利于提高行政许可设定的科学性,也有利于公民、法人和其他组织合法权益的保护。

---

① 〔美〕R. M. 克朗著:《系统分析和政策科学》,陈东威译,商务印书馆 1985 年版,第 209 页。

[案例]

广东省人大常委会对某市《机动车道路临时停放管理办法》移送审查案①

2017年2月,广东省人大常委会收到公民对某市政府制定的《机动车道路临时停放管理办法》(以下简称《办法》)审查建议。审查建议认为,《办法》中规定"未按照规定启动缴费程序的"属于违反道路停车管理的行为,由公安交通部门给予行政处罚,"超过缴费确定的停放时间且未按照规定补缴路边临时停车位使用费的,应该缴纳两倍的路边临时停车使用费",没有法律依据,与《道路交通安全法》关于机动车可以在政府有关部门施划的停车泊位停放的规定不一致。

收到审查建议后,广东省人大常委会法制工作委员会对该《办法》进行了审查,认为《办法》的有关规定与上位法规定不一致,后向某市人大常委会法制工作委员会发函,要求对《办法》有关规定存在的问题予以审查并督促纠正。2018年3月,某市政府根据市人大常委会的审查研究意见对《办法》进行了修改。

[案例]

×省人大常委会撤销×省人民政府规章案②

1991年8月31日,×省人民政府发布《×省征收排污费办法》。

该办法第七条规定了各种情况下超标准排污费的征收,其中第三项规定:"在风景名胜区、自然保护区、水源保护区、海上特殊功能保护区、居民文教区、疗养区和其他具有特殊经济文化价值的保护区域内排放污染物的,超过排放标准的,征收三倍的超标准排污费。"

---

① 案例选自全国人大常委会法制工作委员会法规备案审查室著:《规范性文件备案审查理论与实务》,中国民主法制出版社2020年版,第73—74页。
② 案例选自关保英编著:《行政法案例教程》,中国政法大学出版社1999年版,选用时作了改写。

该办法第五条规定了排污费和超标准排污费征收的标准:"排污费和超标准排污费按照所排放污染物的数量和浓度分类计算。同一排污口含有两种以上超标准污染物的,按照各污染物的收费标准分别计算,但收费种类不得超过三种,在实际收费时取收费标准高的种类。排污者有两个以上排污口的,分别计算。"

该办法第十五条规定了征收的排污费和超标准排污费的使用:"市、县、自治县环境保护部门应当按季度统计排污费和超标准排污费的使用情况,并上报省环境资源厅。征收的排污费和超标准排污费的50%作为排污者治理污染的补助资金,16%作为市、县、自治县治理污染的贷款基金,10%作为省治理污染的贷款基金,20%作为市、县、自治县环境保护部门业务活动的补助基金,4%作为省环境资源厅业务活动的补助资金。"

1989年公布实施的《环境保护法》第二十八条规定:"排放污染物超过国家或者地方规定的污染物排放标准的企业事业单位,依照国家规定缴纳超标准排污费,并负责治理。水污染防治法另有规定的,依照水污染防治法的规定执行。征收的超标准排污费必须用于污染的防治,不得挪作他用,具体使用办法由国务院规定。"

×省人民政府制定的《×省征收排污费办法》,有若干规定违反了《环境保护法》的规定。例如,该办法第七条和第五条属于越权规定,因为,按照《环境保护法》,省级人民政府无权以规章形式确定排污费的征收及其标准。再如,该办法第十五条将征收的超标准排污费的使用一分为几,违反了《环境保护法》有关超标准排污费专款专用的规定。

据此,×省人大常委会撤销了某省人民政府这一规章。

思考题

1. 什么是行政立法?如何认识行政立法行为的性质?
2. 行政立法对于行政管理有什么作用?

3. 行政立法有哪几种主要分类？
4. 行政立法权限是如何划分的？
5. 行政法规的制定需要经过哪些程序？
6. 如何认识行政法规、规章的法律效力？
7. 如何对行政立法实施监督？

第七章 行政许可

内容概要 许可即准许、容许,指一方允许另一方从事某种活动,非经允许而为之,即属违法的法律行为。行政许可制度是政府规制的重要手段之一,其作用既在于保护公民、法人和其他组织的权益免受侵害,也有利于国家对重要经济事务的宏观调控,保持经济持续发展、保护自然环境等。行政许可涉及公众生活方方面面,应合法、合理设定。不必要的许可增加市场进入门槛,限制竞争,影响营商环境。本章主要探讨了行政许可的概念、范围与设定,行政许可的实施机关、行政许可的程序以及监督检查和法律责任等。

学习重点 行政许可的概念 行政许可的范围与设定 行政许可的实施机关 行政许可的程序

第一节 行政许可概述

一、行政许可的概念

所谓行政许可,是指行政机关根据公民、法人或者其他组织的申请,经依法审查,准予其从事特定活动的行政行为。据此,行政许可具有如下特点:第一,实施行政许可行为的主体是行政机关,而不是其他公民、法人或组织。一般的社会团体、自治协会向其成员颁发资格证书及许可性文件的行为不是行政许可行为。公民、法人之间允许对方从事某种活动的行为也不能称为行政许可。第二,行政许可是为实施行政管理目的而为的。如政府批准集会示威游行申请是为了保障公民的民主权利、维护社会公共秩序而实施的行政许可行为,其目的与行政机关作为民事主体实施的许可行为有严格的区分。第三,行政许可是行政机关准予公民、法人或者其他组织从事特定活动的行为。应经行政许可的事项,未经行政许可,公民、法人或者其他组织不得从事该项活动;经行政许可后,公民、法人或者其他组织即可从事有关活动,并受法律保护。第四,行政许可是依据公民、法人或者其他组织的申请而作出的行政行为。第五,行政许可法所称的行政许可,是行政机关对外实施行政管理权的行为,其申请人只能是公民、法人或者其他组织。行政机关对其他机关或者对其直接管理的事业单位的人事、财务、外事等事项的审批,因其行使的是对内的管理权,故不受行政许可法的调整。第六,行政许可事项必须有明确的法律规定。行政许可直接涉及公民、法人或者其他组织的权利义务,按照依法行政原则的要求,必须依法进行,于法有据。

行政许可制度是指行政许可的申请、核发、监督管理的一系列规则的总和。包括以下内容:规定行政许可的机关,行政许可的范围,申请、审查与作出决定的程序以及监督检查,撤销、废止、中止、变更行政许可的方式、条件、期限,行政许可的费用等。

二、行政许可与其他类似概念的区别

根据《行政许可法》,行政许可仅指"行政机关根据公民、法人或者其他组织的申请,经依法审查,准予其从事特定活动的行为",因此,行政许可与行政审批、行政证明等有一定的差别。

(一)行政许可与行政审批

就性质而言,行政许可与行政审批属于同类概念,二者都有允许、同意、批准他人从事某种活动的含义。传统观点认为,二者的主要区别在于行政审批的范围比行政许可广泛。行政审批除了包含行政许可外,还包括以下几种情况:一是上级行政机关基于行政隶属关系对下级行政机关有关请示报告事项的审批,如机关领导签署意见,加盖公章,下达配额,同意放行,允许开展某一活动等,它体现上下级之间的领导关系,是一种内部行政法律关系。二是有关行政机关对其他机关或者对其直接管理的事业单位的人事、财务、外事等事项的审批,这种情况下行政机关行使的不是一般性社会管理职能,其对象是特定的行政机关或特定的直属事业单位如学校、医院、科研单位及文艺团体等,而不是非特定的公民、法人或者组织,这种审批不属于行政许可。此外,根据《行政许可法》的规定,行政许可机关作出的许可决定应当是书面形式;而行政审批可以是书面的,也可以是口头的。

由于行政审批的概念游离在行政许可外,《行政许可法》的出台曾试图将行政审批和行政许可的概念统一,将两者作为同一行政行为的不同表述,但2004年8月2日国务院办公厅发布的《关于保留部分非行政许可审批项目的通知》将行政审批作为了行政许可的上位概念,即行政审批划分为行政许可审批与非行政许可审批两种类型。① 在实践中,大量已经被清理的行政许可项目重新以非行政许可审批项目或其他权力清单的面目进入行政审批权力清单,导致行政许可制度改革的效果大打折扣。清理行政许可项目本是为了实现简政放权、便民高效的目的,但是重新以非行政许可项目或其他权力清单形式进入权力清单后,不但原有的预设目的难以实现,还有损行政机关的权威性与公信力。2015年,国务院作出《关于取消非行政许可审批事项的决定》,将非行政许可行政审批转为政府内部审批。

(二)行政许可与行政证明

行政许可主要是限制特定活动的进行,或给予特定人特定权利。而证明与许可不同,它不是用来限制未经证明的相对人从事某种活动的权利,而只是对特定事实予以证明。这种证明不直接产生对当事人权利义务的处分效果,如果利害关系人不同意该证明的内容,原则上可以在相关诉讼中直接质疑这种证明的真实性、关联性和合法性,并要求法院不予接受该证明作为证据。当然,许可在某种程度上也包含了证明因素,如汽车司机的驾驶执照、律师执照除了允许某人从事某一特定职业外,还有证明某人具有某种资格、能力的作用。

三、行政许可的性质

关于行政许可的性质,学术界一直有分歧。一种观点认为,许可是行政机关允许相对人从事某种活动,授予其某种权利的行为,即许可是赋权行为。相对人本没有这项权利,只是因为行政许可机关的

---

① 王克稳:《行政审批(许可)权力清单建构中的法律问题》,载《中国法学》2017年第1期。

允诺和赋予,才获得该项一般人不能享有的特权。① 另一种观点认为,"应受许可的事项,在没有这种限制以前,是任何人都可以作为的行为,因为法令规定的结果,其自由受到限制,所以许可是自由的恢复,即不作为义务的解除,并非权利的设定"②。第三种观点认为,"如果政府给予个人某种东西,而在此之前他对此物并无'权利',他只是得到了一特权,特许权可以任意收回,它不受正当程序的保护。因为接受施舍时,上诉人已经接受了给予施舍所依据的法律规定"③。

我们认为,以上关于许可性质的观点并不是截然对立的,区别只在于认识角度不同。第一种观点即"赋权说"强调许可行为中国家的地位和作用。从表面上看,许可的确表现为政府赋予相对人某种权利,称之为赋权行为未尝不可。但此处所说"权利",是从事某种行为的权利也即行为能力而非权利能力。同时许可不仅是国家处分权力的形式,而且是对原属于公民、法人某种权利自由的恢复,是对特定人解除普遍限制和禁止的行为。第二种观点强调许可行为中相对人的权利。行政机关一旦允许相对人享有从事某活动的权利和自由,就不能随意撤销。因为许可只是对受限制的某种自由予以恢复的过程,不能只看作是赋予权利的行为。第三种观点反映了许可制度早期的某些特性,随着制度不断发展,许可乃国家赋予相对人特权的主张受到攻击,许多所谓特权已转化为权利而不再显得那么重要了。

其实,行政许可只是一种控制的手段,相对人申请许可所获得的权利,无论是一般权利还是特许权,对一般人都是普遍限制或禁止的,非经允许从事这种活动、行使这种权利是违法或受限制的。这种普遍限制或禁止的根源在于:该行为具有潜在的危险性,可能会对社会或个人的人身或财产造成损害,因此必须加以限制或禁止。但这种被限制或禁止的行为又会给社会或个人带来好处。因此,这种限

---

① 〔美〕伯纳德·施瓦茨著:《行政法》,徐炳译,群众出版社 1986 年版,第 7 页。
② 林纪东:《云五社会科学大辞典》(第 7 册),台湾商务印书馆 1976 年版。转引自江必新:《论行政许可的性质》,载《行政法学研究》2004 年第 2 期。
③ 〔美〕伯纳德·施瓦茨著:《行政法》,徐炳译,群众出版社 1986 年版,第 194、197 页。

制或禁止应该在一定的条件下解除,这就是许可制度。开汽车本应是汽车所有者的权利,但由于开汽车有造成人身或财产损害的可能性,因此必须禁止;但开汽车又能大大提高效率,为人们所必需,这就需要设立许可制度,在普遍禁止的情况下,对符合条件者开放。许可制度的本质就在于此。

四、行政许可的表现形式

行政许可的表现形式繁多,有证照式的,也有非证照式的。在我国现行法律中,证照式的行政许可主要有:许可证、执照、注册登记证、准购证、准生证、准印证、取水证、运输证、适航证、认可证、通行证、携运证、驾驶证、特许证、凭照、护照、意见书、合格证及其他证件等。其中最为常用的有许可证、执照、准许证、特许证、证照。非证照式的行政许可则有:准许、许可、批准、核准、指定、登记、特许、注册、审核、审验、查验、备案、检定、检验等,不一而足。

行政许可证是行政许可行为的主要表现形式,即由行政许可的实施机关向被许可人发放的一种证明性文书。在英文中,许可和许可证通常是一个词(license)。但是,行政许可与行政许可证件并不是同一概念,不是所有的行政许可都要颁发行政许可证件。

从是否颁发证照看,行政许可可以分为两种:

一是不颁发行政许可证件的行政许可。如在行政许可申请书上加注文字,说明准予行政许可的时间、机关及内容,并加盖行政机关印章;行政机关批准企业使用国有土地的,可以与之签订国有土地使用权出让合同;行政机关的不作为依法视为准予行政许可。如我国《集会游行示威法》第9条第1款规定:"主管机关接到集会、游行、示威申请书后,应当在申请举行日期的2日前,将许可或者不许可的决定书面通知其负责人。不许可的,应当说明理由。逾期不通知的,视为许可。"

二是颁发行政许可证件的行政许可。对需要颁发行政许可证件的,行政机关可以根据不同情况,颁发相应的行政许可证件。行政许可证件可以分为以下几类:(1)许可证、执照或者其他许可证书。如我国《营业性演出条例》规定,申请设立营业性文艺表演团体、营业性演出场所,应当按照国家规定的审批权限向县级以上人民政府文化行政部门提出申请,经审核批准,取得营业性演出许可证。(2)资格证、资质证或者其他合格证书。如我国《建筑法》规定,施工企业、勘察单位、设计单位、监理单位,经资质审查合格,取得相应等级的资质证书后,方可在其资质等级许可的范围内从事建筑活动。(3)行政机关的批准文件或者证明文件。如我国《外资企业法》规定,设立外资企业,应当取得国务院对外经济贸易主管部门或者国务院授权的机关的批准证书。(4)法律、法规规定的其他行政许可证件。如我国《野生动物保护法》规定,捕猎野生动物必须申请特许猎捕证。行政许可证件一般应当载明证件名称、发证机关名称、持证人名称、行政许可事项名称、行政许可证件的有效期,有的行政许可证件还有编号。行政机关应当在行政许可证件上加盖本行政机关印章,标明发证日期。行政机关实施检验、检测、检疫的,有的颁发检疫合格证件,有的也可以在检验、检测、检疫合格的设备、设施、产品、物品上加贴标签或者加盖检验、检测、检疫印章,不必颁发行政许可证件。如我国《进出口商品检验法》规定,商检机构根据工作需要对检验合格的进出口商品可以加施商检标志或者封识;我国《动物防疫法》规定,动物防疫监督机构对屠宰场(点)屠宰的动物实行检疫并加盖动物防疫机构统一使用的验讫印章。

五、行政许可的分类

为了全面了解我国许可制度的现状及存在的合理性,从理论上对行政许可制度进行总体的概括和研究,有必要对行政许可的种类划分进行研究。根据不同标准,可以对许可进行不同的分类,下面介绍行政许可最常见的几种分类。

(一)行政许可的一般分类

根据我国《行政许可法》的规定,行政许可分为五类:普通许可、特许、认可、核准和登记。

普通许可是指许可机关不需要特殊条件的一般许可。它是运用最广泛的一种行政许可,适用于直接涉及国家安全、公共安全、经济宏观调控、生态环境保护以及直接关系人身健康、生命财产安全等特定活动,需要按照法定条件予以批准的事项。普通许可的功能主要是防止危险、保障安全,一般没有数量限制。

特许是指许可机关在特别情况下向申请人发放的含有特别内容的许可。这类许可的申请条件比普通许可严格,适用范围更窄。特许适用的范围主要包括:有限自然资源的开发利用、公共资源配置以及直接关系公共利益的特定行业的市场准入等需要赋予特定权利的事项。对特许事项,除法律、行政法规另有规定外,行政机关原则上应当通过招标、拍卖等公开、公平的方式作出许可决定。

认可是行政机关对申请人是否具备特定技能的认定,主要适用于提供公众服务并且直接关系公共利益的职业、行业,需要确定具备特殊信誉、特殊条件或者特殊技能等资格、资质的事项。常见的需要认可的资格、资质有:律师资格、会计师资格、医师资格、建筑企业经营资质等。认可主要是通过考试的方式进行。

核准是由行政机关对申请人是否达到规定的技术标准、技术规范等进行核对,申请人符合要求,即允许其从事某项活动。适用核准的事项主要是直接关系公共安全、人身健康、生命财产安全的重要设备、设施、产品、物品,需要按照技术标准、技术规范,通过检验、检测、检疫等方式进行审定的事项。例如,根据我国《消防法》的规定,建筑工程竣工时,必须经消防机构进行消防验收,未经验收或验收不合格的,不得投入使用。

登记是指行政机关通过形式审查确定个人、企业或者其他组织符合规定的条件。实践中由于行政登记非常混乱,关于行政登记的性质、归类等也有多种说法。我国《行政许可法》中规定的登记,主要针对企业或者其他组织的设立等需要确定主体资格的事项。所谓确定主体资格,主要是指市场组织、事业组织、社会团体等企业或者其他组织设立时所需要的主体资格。相应地,诸如婚姻登记之类的登记行为则被排除在《行政许可法》调整的范围之外。

(二)行为许可与资格许可

行为许可是行政机关根据相对人的申请,允许其从事某种活动的许可形式。这类许可的目的是允许符合条件的相对人从事某种活动。只要相对人取得行政机关某项许可,就可以从事某种活动,如开业、生产、经营。行为许可具有以下特点：第一，行政机关发放的许可证是从事某种活动的证明，非有该许可公民、法人不得进行某种行为。第二，许可仅限于某种行为活动，不含有资格权能的特别证明。第三，申请该类许可不必经过严格的考试程序。如生产管理部门发放的产品生产许可证、林业部门核发的采伐许可证、环保部门发放的排污许可证都是行政机关对相对人某种行为的允许证明。行为许可是相对于资格许可而言的，其主要目的是限制普通人在规定领域的行为自由，保护公共安全和国有资源等。

资格许可是指行政机关根据相对人的申请，通过考核程序核发一定的证明文书，允许持有人从事某一职业或进行某种活动。这种许可的特点是：第一，许可证是个人某种资格的证明，如律师证、建筑师证首先是持证人资格水平的证明。第二，资格许可的有效期限较稳定，在相对较长时间内能起到资格证明作用，持证人超过一定期限不行使某权能或采取某种行为则可能导致许可证失效。资格许可的目的是通过制定最低限度标准限制某一行业的从业人员，以避免不合格人员从事该行业可能造成的损失。在我国，资格许可主要存在于专业性、技术性较强的行业和领域。资格许可与行为许可相比，有以下特征：一是获得资格许可一般要经过专门训练和考核，并非所有人都能够获得此类许可。二是并非所有取得资格许可的人都有从事某活动的行为自由，如果要从事某一行为，还必须在获得资格许可的基础上再次申领行为许可证。如获得律师资格的人要从事律师职业，还必须以律师资格为条件向司法行政机关申请律师执照。从国外的情况看，这种资格许可大都由行业公会等社会中介组织负责。我国《行政许可法》也规定，公民特定资格的考试由行政机关或行业组织实施。

（三）有数额限制的许可与无数额限制的许可

诸如电台许可证、出境证、排污证等均因客观条件的影响有一定数额限制，如果许可证申请人取得该项许可后限额即满，那么其他申请人就不能再申请此项许可，这类许可称为有数额限制的许可。例如，我国每年的出口产品有配额限制，出口企业除取得出口产品许可证外，还需获得商务部确定的出口配额。

所谓无数额限制的行政许可是指,只要申请人提出许可申请并符合一定条件,许可机关就有义务向申请人发放许可证,不受任何数额限制。这类许可多适用于资格性许可。由于资格许可多属不直接产生行为效果的许可,所以不必对其加以数额限制。无数额限制的许可除集中于资格领域外,还集中于登记类许可,如公司、企业登记,税务登记,都无数额限制,只要符合条件即予以登记,对于符合条件的申请人许可机关无权拒绝、拖延。

六、行政许可的基本原则

行政许可的基本原则是行政许可机关履行行政许可职能必须遵循的准则,它贯穿于行政许可的全过程,对于行政机关设定行政许可、受理行政许可申请、作出行政许可决定等行政许可活动提出了总体和普遍性要求。根据我国《行政许可法》的规定,行政许可应当遵循以下四项基本原则:

(一)行政许可法定原则

行政许可法定原则是指有权机关履行行政许可职责应当遵循合法性原则,必须严格按照宪法和法律、法规、规章规定的职责权限、范围、条件和程序设定行政许可,规范行使许可设定权,并以法律、法规、规章所确定的内容和程序,实施行政许可。同时,行政相对人也必须遵守行政法律规范,服从行政机关的管理。无论是行政许可机关还是行政相对人,只要存在违法行为,一律都要受到法律制裁。具体而言,这一原则包括以下内容:

第一,许可权限法定。行政许可的设定和实施必须依照法定的权限进行。这又包括两个方面:其一,行政许可设定权限法定。行政许可不能由行政机关擅自设定,更不能凭长官意志,而是必须在法定范围内进行。其二,行政许可实施机关法定。行政许可由具有许可权的行政机关在法定职权范围内实施。法律、法规授权的具有管理公共事务职能的组织可以在法定授权范围内以自己的名义实施行政许可。行政机关依照法律、法规或者规章的规定,可以将其许可权力委托符合条件的其他组织行使。

第二,行政许可范围法定。从实质意义上说,行政许可的范围涉及公权力与私权利、国家权力与社会权力之间的界限。行政许可范围的确定,应当考虑既能最大限度地履行保护职能,又要最低限度地减少对相对人权益的侵犯。一方面,行政许可只能由法律、法规来规定;另一方面,当法律、法规明确了具体的范围之后,这一范围便不得随意被破坏。根据《行政许可法》的规定,行政许可的范围包括以下几项:直接涉及国家安全、公共安全、经济宏观调控、生态环境保护以及直接关系人身健康、生命财产安全等特定活动,需要按照法定条件予以批准的事项;有限自然资源开发利用、公共资源配置以及直接关系公共利益的特定行业的市场准入等,需要赋予特定权利的事项;提供公众服务并且直接关系公共利益的职业、行业,需要确定具备特殊信誉、特殊条件或者特殊技能等资格、资质的事项;直接关系公共安全、人身健康、生命财产安全的重要设备、设施、产品、物品,需要按照技术标准、技术规范,通过检验、检测、检疫等方式进行审定的事项;企业或者其他组织的设立等,需要确定主体资格的事项;法律、行政法规规定可以设定行政许可的其他事项。

第三,行政许可条件法定。当事人提出行政许可申请,只是行政许可的启动程序,其最终能否获得行政许可,还取决于一定的条件。这些条件应当是由法律、法规预先设定的,不能由行政机关随意设定。行政许可的条件是行政机关在审查相对人能否取得行政许可时的法定要求。无论行政机关还是行政相对人,均不能突破法定条件批准或取得许可。

第四,行政许可程序法定。重实体轻程序是我国行政机关长期以来形成的传统,大量的行政行为都存在违反法定程序的问题,行政许可也不例外。我国的行政许可程序非常混乱,不仅降低行政效率,还容易滋生腐败,损害相对人权益。因此,《行政许可法》明确规定,设定和实施行政许可,必须遵守法定的程序。行政机关在接到相对人的申请之后,应当按照法定的程序对申请材料进行审查,并应在法定时限之内作出决定并按照要求送达。

(二)行政许可公开、公平、公正和非歧视原则

这一原则包括四方面内容:

第一,设定和实施行政许可必须公开。行政公开是公民宪法上

知情权在行政中的具体体现。这一原则要求行政主体向社会公开行政权力行使的法律依据、程序和结果。在行政许可领域,行政公开的内容主要表现为:行政许可依据公开,也即有关行政许可的规定应当公布,未经公布的一律不得作为实施行政许可的依据,行政机关应当将行政许可的事项、依据、条件、数量、程序、期限以及需要提交的全部材料和申请书示范文本在办公场所公示或者在其网站、公报上公布;行政许可的实施与许可结果也应当公开。

当然,公开原则是为了保护公众的知情、监督的需要,这些法律保护的价值也需要和其他价值如国家秘密、商业秘密或者个人隐私等进行平衡。特别是,未经申请人同意,行政机关及其工作人员、参与专家评审等的人员不得披露申请人提交的商业秘密、未披露信息或者保密商务信息,法律另有规定或者涉及国家安全、重大社会公共利益的除外。这些规定在新药审评审批等行政许可事项中对于保护申请人的知识产权或者财产性利益具有非常重要的意义。

第二,设定和实施行政许可必须公平。行政许可的公平原则包括设定和实施许可两个方面。就行政许可的设定而言,公平原则要求法律赋予行政相对人在申请和获得许可上同等的权利和义务,在设定行政许可时,不能因为相对人的地位、规模大小、地域等存在差异而规定不同的条件。例如《行政许可法》第15条第2款规定,地方性法规和省、自治区、直辖市人民政府规章设定的行政许可,不得限制其他地区的个人或者企业到本地区从事生产经营和提供服务,不得限制其他地区的商品进入本地区市场。在行政许可的实施方面,公平原则要求行政机关在实施行政许可时应当平等地对待行政相对人,尽量做到同等情形同等对待,不同情形不同对待。

第三,设定和实施行政许可必须公正。根据公正原则的要求,在设定行政许可时,应当公正地分配行政机关与行政相对人的权利与义务。考虑到行政机关相对于相对人而言处于强势地位,《行政许可法》为行政许可实施机关设定了诸多义务,同时规定了相对人的许多权利。在行政许可的实施过程中,申请人符合法定条件时,行政机关就应当准予其申请;在作出行政许可决定时,应当符合法律的目的和要求,应当基于正当的动机考虑相关的因素。另外,为了保证行政许可的公正,《行政许可法》还规定行政机关实施行政许可,不得向申请人提出购买指定商品、接受有偿服务等不正当要求;机关工作人员不得与申请人进行私下接触,不得接受申请人的宴请、财物或者获取其他利益。

第四,设定和实施行政许可必须坚持非歧视。非歧视的要求是2019年《行政许可法》修正时增加的要求。这一要求是从营商环境法治化的角度,按照竞争中性原则,在行政许可设定和实施的过程中,对内资外资企业一视同仁地对待,对中国国内各类所有制企业一视同仁地对待,从而为国有企业、外资企业、民营企业构建一个公平的竞争环境。这意味着,符合法定条件、标准的,前述不同的申请人有依法取得行政许可的平等权利,行政机关不得歧视任何人。实际上,这一要求的提出,也已经在一些单行立法中得到了体现,例如,《外商投资法》第30条规定,外国投资者在依法需要取得许可的行业、领域进行投资的,应当依法办理相关许可手续。有关主管部门应当按照与内资一致的条件和程序,审核外国投资者的许可申请,法律、行政法规另有规定的除外。

(三)便民和效率原则

便民原则要求行政机关为相对人提供便捷的服务,它揭示的是人民当家做主的宪法理念。《行政许可法》中有多处规定都是便民原则的体现。例如,在行政许可申请方面,申请人可以委托代理人提出行政许可申请,申请可以通过信函、电报、电传、传真、电子数据交换和电子邮件等方式提出;在申请受理方面,行政许可机关对符合条件的应当立即受理,对不符合条件的,应当告知其需要补正之处并允许当场更正,如果没有告知则视为已经受理,对不属于自己职责范围内的应当立即告知申请人相关情况;在行政许可决定程序上,对于需要确定有关主体资格的申请,如果申请材料齐全、符合法定形式的,许可机关应当当场予以登记,对于其他能够当场作出行政许可决定的申请也应当当场作出决定。

效率原则是行政机关从事行政活动应当遵循的准则之一。所谓行政许可效率原则,是指行政机关不仅应按照法定程序在规定的时限之内及时办理行政许可事项,不得无故拖延,而且必须以最小的许可管制成本来实现行政管理目标。《行政许可法》中诸多规定都体现了效率原则。如经国务院批准,省、自治区、直辖市人民政府根据精简、统一、效能的原则,可以决定一个行政机关行使有关行政机关的行政许可权;行政许可需要行政机关内设的多个机构办理的,该行政机关应当确定一个机构统一受理行政许可申请,统一送达行政许可决定;行政许可依法由地方人民政府两个以上部门分别实施的,本级人民政府可以确定一个部门受理行政许可申请并转告有关部门分别提出意见后统一办理,或者组织有关部门联合办理、集中办理。此外,有关行政许可期限的规定也集中体现了效率原则的要求。

(四)信赖利益保护原则

《行政许可法》首次肯定了行政许可领域的合法信赖利益保护原则。信赖保护原则是指行政机关应当确保其管理活动的明确性、稳定性和连贯性,从而树立和保护相对人对行政机关及其管理活动真诚信赖的原则。它主要适用于对授益行政行为的撤销或废止。因为相对人基于此类行政行为而获得利益,一经撤销或废止将会受到损害,故行政机关不得随意撤销或者废止该行为,否则必须合理补偿相对人因信赖该行为而获得的利益。行政许可作为一种授益行政行为,同样要遵循这一原则。行政许可领域的信赖利益保护原则的基本含义是政府实施行政许可行为必须诚实信用。行政机关作出许可行为后,不得擅自改变已经依法生效的行政许可。如果相关的法律、法规、规章修改、废止或者准予行政许可所依据的客观情况发生重大变化,为了公共利益的需要,行政机关可以依法变更或者撤回已经生效的行政许可,由此给公民、法人或者其他组织造成财产损失的,行政机关应当依法给予补偿。

七、行政许可制度的作用

一项制度存在的意义或作用往往是两面的,既有积极有益的一面,又有消极不利的一面。就行政许可制度而言,由于它能够有效地限制特殊行业和特殊行为,将其纳入国家监控范围,因而在规范、制约公民、法人行为等方面发挥了重要作用。许可制度的作用还表现在为其他管理手段提供有效协助。当然,许可制度也存在消极的一面,它可能限制公民、法人的公平竞争权,导致和保护垄断行为。如果无视行政许可制度的负面影响,而一味扩大其适用范围,必然会不适当地剥夺一些原本无任何限制的公民行为自由。具体而言,行政许可制度的作用体现在以下几个方面:

(一)行政许可制度有利于维持经济秩序,保护国家资源和生态环境

行政许可制度最主要的作用体现在维护经济秩序方面。它能够有效地管理社会的生产和经营,使生产、经营符合国家的规制,制止盲目超计划、超规划的生产建设,制止不法活动,防止不正当竞争,从而维持国家经济秩序。行政许可制度还能够起到有效利用有限资源,优化资源配置,避免资源、人力的浪费的作用。如现行法律规定的矿山开采、水资源利用、土地使用、森林砍伐、渔业捕捞、草原使用方面的许可制度可以促使合理、经济地利用重要资源,优化资源配置。特别是产品质量方面的许可制度,既有保障产品质量的意义,也有保护消费者利益或公共利益的作用。行政许可制度还能够控制环境污染,避免因环境污染造成的资源浪费和生态环境破坏。此外,行政许可制度还能够有效地维护国际上经济贸易、文化交往的正常秩序,保障国家主权和经济利益。

(二)行政许可制度有利于维护社会秩序和公共安全,保障公民人身、财产权利不受侵犯

行政许可制度是防范不法行为,保障公共安全的重要手段。例如,国家对枪支、爆炸物品、食品、药品、机动车实行的许可制度,均有利于维护社会秩序和公共安全,防止对公民人身、财产权利的侵犯。此外,行政机关还可以通过职业许可、资格许可等制度,限制某种特殊活动的从业人数和从业条件,保证某种特殊活动本着促进公益和维护公众健康、安全的原则以合理方式进行,向社会提供符合质量要求、数量和比例结构合理的服务。

此外,行政许可制度还可以起到保护公民、法人和其他组织人身权、财产权,抵御各类非法侵害的作用。许可证在本质上是国家法律确认的一种证书,取得许可证,就意味着得到了国家法律上的承认,

取得了法律保障,任何人都无权侵犯许可证合法持有人的合法权益。例如,个人或法人取得了商标许可,享有该商标的使用权,法律将保护其由此而获得的利益,任何人不得侵犯。有时,许可证可能是公民、法人赖以生存的重要经济来源,或者可能给公民、法人带来巨大利益,成为保障公民、法人或其他组织合法权益的重要法律形式。一方面,它可以使许可证持有人的所有合法活动和权益受到法律严格保护,另一方面,又可以防止出现不受许可制度管理约束的任意行为侵犯公民、法人的合法权益。

(三) 行政许可制度对于促进社会经济发展具有重要意义

随着行政许可应用领域的扩展,社会事务的不断变化,许可制度的作用已不仅仅是消极地保护公益免受侵害,它还可以积极地干预社会经济生活,保证国家经济健康发展,促进社会公益事业,为经济上的弱者提供救济。如我国近年来已陆续在进出口贸易、生产质量、资源利用、个体医师从业、文艺演出、广播电视广告业务等方面实行了许可制度,有效地促进了国际经济交流和国内生产发展,提高了社会服务水平,繁荣了文化事业。

第二节 行政许可的范围与设定

一、行政许可的范围

行政许可范围是指可以对哪些事项设定行政许可。由于许可是以禁止为前提,因此许可制度的范围大小直接影响到相对人的行为自由。如果不通过法律明确实行许可制度的范围,那就意味着赋予各级行政机关自行规定许可制度的权力,这无疑是法治原则所不允许的。国外对行政许可制度的适用范围有严格限制,一般仅限于严重影响公民人身、财产权利和社会公共利益的行业及活动,如售酒许可、食品药品生产销售许可、土地规划建筑许可、博彩业许可、色情行业许可、佩戴枪支许可、出口文物许可等。

针对哪些事项可以设定行政许可是由行政许可的功能决定的。行政许可属于事前控制手段,其适用范围是有限制的,而且其成本很

高。要有效发挥行政许可的作用,必须正确认识、准确把握行政许可的功能。一般认为,行政许可的功能主要表现在三个方面:

第一,控制危险。控制危险是政府实施行政管理的重要目标。但控制危险既可以事前控制,也可以事后控制。从管理的有效性和成本看,一般只有对通过事后控制将造成无法恢复的损失或者需要付出更大代价的事项,才宜采取事前监督管理,而对可能发生随机性、偶然性危险的事项,采取事后监督管理即可。因此,作为事前的监督管理方式,行政许可主要适用于涉及公共安全、人身健康、生命财产安全等方面的事项。

第二,配置资源。在市场经济条件下,市场在资源配置方面发挥基础作用。但是,经济学的研究同样表明,在特定情况下,市场配置资源会失灵,如自然垄断行业、产品,精神产品,限量资源的开发利用等。在这种情况下,完全靠市场自发调节来配置资源,不仅会导致资源配置的低效率,而且还会导致资源配置的严重不公。因此,由政府通过行政许可的方式配置有限资源,成为一项替代方案。

第三,提供社会公信。大多数情况下,消费者可以通过个人经验或者他人经验的转述获得市场中商品、服务以及市场环境的信息。但在有些情况下,即使人们愿意付出必要的对价,也难以实现信息的自愿交换;甚至在有些情况下,因为信息流通的成本过高、人们不愿支付获取信息的费用而无法取得有效的信息。解决这个问题的办法之一是由政府出具证明,通过其权威性来减少信息壁垒,提高市场交易速度、矫正市场交易失真状态。行政许可就具有向社会公众提供信息的功能。如政府规定从事特定事项或者活动的人应当进行登记,对登记的信息人们可以查阅,知道取得行政许可的人在某些方面的能力、条件已经达到一定的标准,就可以降低人们在经济活动和社会交往中搜寻、印证信息及其真伪的成本。

需要强调的是,即使行政许可具有上述功能,其适用还受到效益原则的限制,即如果实施行政许可造成的社会成本过大而社会收益过小,即使能够实现行政许可的功能,也是不宜设定的。正因为实施行政许可会产生社会成本,如果通过其他方式也能够实现上述行政许可的功能甚至实现得更好,则行政许可宜慎用。

根据我国《行政许可法》的规定,可以设定行政许可的限于下列事项:

(1) 直接涉及国家安全、公共安全、经济宏观调控、生态环境保护以及直接关系人身健康、生命财产安全等特定活动,需要按照法定条件予以批准的事项。

(2) 有限自然资源开发利用、公共资源配置以及直接关系公共利益的特定行业的市场准入等,需要赋予特定权利的事项。

(3) 提供公众服务并且直接关系公共利益的职业、行业,需要确定具备特殊信誉、特殊条件或者特殊技能等资格、资质的事项。

(4) 直接关系公共安全、人身健康、生命财产安全的重要设备、设施、产品、物品,需要按照技术标准、技术规范,通过检验、检测、检疫等方式进行审定的事项。

(5) 企业或者其他组织的设立等,需要确定主体资格的事项。

(6) 法律、行政法规规定可以设定行政许可的其他事项。

其中,第一项与第四项是涉及危险控制的,第二项则是配置资源的,第三项与第五项是提供社会公信的。对前述事项,通过下列方式能够予以规范的,可以不设行政许可:公民、法人或者其他组织能够自主决定的;市场竞争机制能够有效调节的;行业组织或者中介机构能够自律管理的;行政机关采用事后监督等其他行政管理方式能够解决的。

二、行政许可的设定

行政许可的设定是指有权机关以某种法律规范创设行政许可。为了解决行政许可的"源头乱"问题,我国《行政许可法》确定了行政许可设定的规则,包括行政许可的设定标准、设定的权限划分和设定的程序控制机制等方面。

(一) 行政许可的设定标准

行政许可的设定标准,是指设定行政许可时须遵循的尺度、依据,据此哪些事项可以设定行政许可,哪些事项不可以设定行政许可,它解决的是行政许可能否设定的问题。行政许可涉及公民、法人和社会重大利益,设置不当,既有可能侵犯公民、法人的合法权益,又有可能破坏国家法制的统一,降低行政效率,导致社会失控或失去活力。为此,设定行政许可制度必须兼顾公共利益和个人利益,根据需要和可能依法设定。根据我国《行政许可法》的规定,行政许可的设定应遵循以下标准:

1. 公民、法人或者其他组织自主优先

行政许可的本质是政府决定,即公民能否从事某种活动由政府决定。因为只有经政府批准公民才获得从事该项活动的权利,否则法律对此是禁止的。长期以来,计划经济时期政府垄断一切,公民、法人或者其他组织的一切活动都处于政府的掌控之下,凡事都要政府准许。这严重影响了公民、法人或者其他组织从事社会活动的积极性。但现在我们所实行的是市场经济,市场经济的本质在于经济主体自主决定。因为市场经济是自由经济,公民、法人和其他组织享有各种各样的权利,这些权利包括独立的人格,自由的意志,自主的决定等。因而,公民、法人或其他组织作为市场经济的主体,只要其权利的行使不会干扰他人利益、集体利益、国家利益,一般均可由公民、法人或其他组织自由行使、自主决定,而不需要政府以行政许可等行政手段进行干涉。在行政许可的设立上要在公民自主和政府决定之间进行权衡,应当实行的原则是公民、法人或其他组织自主优先,凡是公民、法人或其他组织能够自主决定的,就不应当由政府决定,即不需要设立行政许可。

2. 市场竞争机制优先

对市场经济的调节有两种方式:一种是市场经济自身的调节。早在几百年前,亚当·斯密就发现市场经济存在一只"看不见的手",价值规律、供求关系、竞争机制等都是市场经济的内在规律,它们可以将经济活动调节好,而不需要政府的行政干预。另一种是政府以行政手段调节。市场机制并非万能,有其所不能调节的领域,也存在失灵的时候,需要借助政府的干预这只"看得见的手"。行政许可即属于政府干预的一只"看得见的手"。在一般情况下,只要市场经济能够有效调节的,政府调节应该退出,就不需要这只"看得见的手"。例如在市场经济下,对于某种商品,其价格完全可以由生产者和销售者决定,因为该商品的价格是由供求关系及其价值决定,而不是任由生产者和销售者规定价格,并且价格的浮动完全取决于市场,质优价廉的商品比质次价高的商品销售力强,因为消费者只会去购买质优价廉的商品,质次价高的商品可能会无人问津,这时根本就不需要政府这只"看得见的手"的干预,只有在市场调节失灵时才需要借助政府干预。因此,在是否设定行政许可上,应当优先考虑的是市场的自我调节,凡是市场竞争机制能够有效调节的,就不需要设定行政许可。

3. 行业组织自律优先

所谓行业组织是指由公民、法人或其他组织在自愿的基础上组成的一种自我管理、自我服务的民间非营利性社会组织。在市场经济条件下,大量的行业组织应运而生、蓬勃发展,它们具有自我管理、自我服务功能,承担着某些行业、领域的社会管理职能,从而减少了政府的管理压力。行业组织好比联系公民、法人或其他组织和政府的一座桥梁,对于维持社会秩序起着重要作用。行业组织具有其相关行业、领域的专业技术、专业水准,由其承担相关专业、相关领域的社会管理职能,可以做到省时、省力,节省很多政府资源,而且也可以做到便于管理、合理管理,例如对某类产品质量的认证,完全可以由该类行业组织进行,因为其最清楚该领域的情况、技术,这样既减少了政府的管理压力,又节省了政府资源。中国改革的一个重要取向就是从过去的大政府、小社会,转变为小政府、大社会。这就需要借助行业组织的作用。凡是能够借助行业组织自律管理的,就不需要政府直接管理,不需要设定行政许可。

4. 事后监督优先

政府对社会事务的管理有两种基本方式,一种是事前控制,一种是事后监督。对于需要管理的事项,有的需要事前控制,有的则需要事后监督。行政许可属于事前控制。事前控制可以起到防止危险情况的发生,保障安全,维护社会秩序,保护公民、法人或其他组织的合法权益的作用。但事前控制是以牺牲自由为代价的,而事后监督则意味着给予自由。其实,对于一些不需要设定行政许可的事项设定行政许可,不但不利于行政管理,反而会增加政府的管理成本,扰乱社会秩序。事后监督与事前控制相比较而言,事后监督可以降低政府的管理成本。因此,对于自由竞争的市场经济来说,如果能够通过事后监督等其他行政管理方式解决,并且可以达到与行政许可相同的作用和效果的,不需要设定行政许可。

实际上,上述原则也是近年来我国推进的"放管服"改革的理论依据。"放管服"改革旨在推动政府职能深刻转变,使市场在资源配置中起决定性作用,更好地发挥政府作用。2013年,国务院提出把简政放权、放管结合作为"当头炮"和"先手棋",承诺五年内国务院部门行政审批事项压减三分之一。2014年在继续实施简政放权的前提下,强化放管结合,2015年又将优化服务纳入其中,形成了"放管服"三管齐下、全面推进的格局。这一改革方案的核心便是对于公民、法人或者其他组织能够自主决定的,或者是市场竞争机制能够有效调节的,或者是行业组织或者中介机构能够自律管理的事项,都不得设立行政许可。从而通过简政与放权的有机结合,放权于市场、放权于社会,既释放市场经济的活力,也确保政府聚焦于核心的职责。从近年来的实践可以看出,"放管服"改革的不断推进,激发了市场活力,对稳增长、保就业发挥了关键支撑作用;带动了创业创新热潮,加快了新旧动能接续转换和经济结构优化升级;也有力促进了法治化、国际化、便利化的营商环境的建设。

(二)行政许可设定的权限划分

行政许可的设定权是创设行政许可的权力,它是指有权机关依法定权限和法定程序在某个领域设定行政许可的权力。设定行政许可是一项重要的权力,因为它关系到公民的自由和权利、社会的安全等重大社会利益。因此,并不是任何国家机关都有权设定行政许可。为了防止行政许可的设定不当,对社会造成消极影响,我国《行政许可法》从权限上对设定行政许可的行为进行了限制。

1. 行政许可设定主体有限

所谓行政许可设定权有限,主要是指设定主体有限,即并不是所有的国家机关都有权设定行政许可,只有法定的主体才享有设定行政许可的权力。根据《行政许可法》的规定,原则上,只有下列国家机关有权设定行政许可:(1)只有全国人大及其常委会可以通过制定法律设定行政许可;(2)国务院可以通过制定行政法规设定行政许可;(3)有权制定地方性法规的地方权力机关可以通过制定地方性法规设定行政许可。其他规范性文件一律不得设定行政许可。

除上所述,国务院还可以通过决定的方式设定行政许可,省级人民政府的规章依据法定条件可以设定临时性行政许可。之所以国务院除了行政法规外还可以通过决定设定行政许可,省级人民政府也可以通过制定规章设定行政许可,主要是为了解决一些暂时性或临时性的需要。如中国加入世贸组织后,某个国家对中国进出口产品进行限制,出于对等原则,此时并不需要对此制定行政法规,而可以通过国务院的决定对该国进出口产品实行许可限制,以解决这种暂时性的需要。另外,由于我国的省级行政区划比较大,各省、自治区、直辖市的经济、社会发展很不平衡,省级政府在全面负责本行政区域内经济、社会管理工作中,当出现地方性的特殊问题时,需要立即采取行政许可措施进行管理,而法律、行政法规未作规定,又来不及或者不需要制定地方性法规,就可以由省级政府规章设定许可。其中,国务院部门规章是否能够设定行政许可曾经存在争议。《行政许可法》起草过程中,国务院经过认真研究,决定取消部门规章的行政许可设定权,主要的考虑是各部门不宜自我授权,为本部门或者本系统设定和扩大权力。至于各部门已经发布、确实需继续实施的行政许可,在《行政许可法》施行后,可以由国务院制定行政法规予以确认。

2. 行政许可设定权力有限

行政许可设定主体规则明确了哪些国家机关有权设定行政许可,但享有行政许可设定权的机关在行使设定权时,并非可以为所欲为,其权力仍然存在着限制。行政许可设定权的限制有以下几条规则:

(1)上位法对下位法的限制。法律、行政法规和地方性法规之间存在着效力层级,相对于法律,行政法规是其下位法;相对于地方性法规,法律和行政法规又是其上位法。根据效力层级规则,下位法不得与上位法抵触,这一规则同样体现在行政许可的设定上,下位法只有在尚未制定上位法时才能设定行政许可。法律可以设定任何形式的许可;尚未制定法律的,行政法规可以设定行政许可;尚未制定法律、行政法规的,地方性法规可以设定行政许可。

（2）全国性立法对地方性立法的限制。法律是由全国人大及其常委会制定，行政法规是由国务院制定，都属于全国性立法；地方性法规是由地方权力机关制定，属于地方性立法。在全国性立法与地方性立法之间，地方性法规和省、自治区、直辖市人民政府规章不得设定应当由国家统一确定的公民、法人或其他组织的资格、资质的行政许可。同时，其设定的行政许可，不得限制其他地区的个人或企业到本地区从事生产经营和提供服务，不得限制其他地区的商品进入本地区市场。

（3）设定权对规定权的限制。设定权的行使是创设行政许可，规定权则是在创设行政许可的基础上进一步细化规定。根据《行政许可法》，在上位法已经制定的情况下，下位法享有规定权；规章虽然不具有行政许可的设定权，但其享有行政许可的规定权。行政许可的设定权有限还表现在规定权方面，在行使行政许可的规定权时，不得增设行政许可，也不得增设条件。

（三）行政许可设定的程序控制机制

对行政许可设定行为的控制，不仅需要明确可以设定行政许可事项的范围、不得设定行政许可事项的范围，界定有权设定行政许可的主体及相应法律形式，更重要的是要从程序上对行政许可设定行为进行控制。我国《行政许可法》较有特色的是，在对行政许可立法的程序控制机制方面，除了《立法法》规定的听取意见制度外，第一次在立法中引入了说明理由与定期评价制度。

听取意见制度是指行政许可设定过程中，起草单位应当采取听证会、论证会、公开草案等各种方式，听取各方面对是否应当设定行政许可以及具体内容等的意见。听取意见既是为了便于起草单位掌握更多的信息，以使制定的法律规范科学、可行；也是为了扩大公众参与，减少立法中的"闭门造车"与"本位主义"。

说明理由制度指是行政许可立法过程中起草机关向公众说明设定行政许可的必要性、可行性，以取得社会共识，求得行政许可设定正当化。根据我国《行政许可法》的规定，在行政许可设定过程中，起草单位应当向制定机关说明设定该行政许可的必要性、对经济和社会可能产生的影响以及听取和采纳意见的情况。在设定行政许可的过程中,说明理由制度不仅可以确保草案能够反映广大人民群众的意志和利益,而且可以通过社会监督预防滥设许可现象的发生。在内容上,说明理由制度主要包括两个方面的内容:一是说明有必要设定行政许可。即对社会中存在的问题,现有的市场机制、中介机构的力量已经无法解决,必须由政府予以干预,并且其他行政管理手段已经用尽仍不能解决问题。二是说明设定行政许可制度的正当性。为解决问题而设定的行政许可制度在对经济和社会产生的影响上,应当收益大、成本低。当前西方规制改革中,许多国家要求有关规制的立法要进行成本效益分析,我国在立法中也应当进行成本效益分析,以提高法律实施的社会效益。

定期评价制度是使法律规定跟上社会现实,实现立改废相统一的重要制度。设定行政许可的必要性、范围大小、方式选择应当随着经济、社会环境的变化而变更。对某一行政许可事项存在的必要性的认识不是静态的,需要随着经济、社会环境的变迁而不断调整。许多国家立法中都规定了立法后的评估制度。我国仍处于向市场经济过渡的时期,许多行政许可事项的设定呈现阶段合理性的特点。因此,对已经设定的行政许可事项应当定期清理,在此基础上对行政许可事项作出评价,再决定是否予以保留、取消或者修改。对已经设定的行政许可进行评价,既可以由设定机关定期主动开展,也可以应行政许可的实施机关或者公民、法人或者其他组织的请求进行。对已经设定的行政许可进行定期评价,其审查要点是:(1)必要性。研讨设定行政许可的目的是否因实际情况的变化而过时。(2)有效性。实施行政许可的手段是否达到了预期的管理目标,有关行政许可的制度是否需要重新设计。(3)效益性。投入的行政管理经费等有限的资源能否产出最佳的社会效果。(4)公平性。政策效果的收益和成本负担能否对各类社会主体大体公平。(5)优先性。由于行政资源有限,即便符合上述四项指标,也很难同时实施计划时,要清楚政府管理事项的优先性,将有限的行政管理资源配置到最有利于社会管理的领域。

第三节 行政许可的实施机关

行政许可实施机关是指依法实施行政许可的行政机关和法律法规授权组织。我国在行政许可的实施机关方面,多年来存在以下突出问题:一是行政机关权限横向分工过细,部门职责交叉严重,多头审批现象突出;二是行政机关纵向无事项分权,行政许可权只有大小之分,没有性质上的区别,多层审批问题严重;三是委托组织行使行政许可权的行为不规范,既不便民、又易导致腐败;四是行政机关实施行政许可"内部程序外部化"倾向比较严重,行政机关的内设机构各自直接对外行使权力,内部程序转化为外部程序,一个行政许可演变为多个行政许可;五是行政机关利用行政许可权搞权钱交易、以权谋私现象比较突出。根据我国《行政许可法》的规定,行政许可由具有行政许可权的行政机关在其法定权限内行使,这一规定确定了行政许可由行政机关行使的原则。但是,法律法规授权的具有管理公共事务职能的组织,在法定授权范围内,可以自己的名义实施行政许可。行政机关在其法定职权范围内,依照法律、法规、规章的规定,还可以委托其他行政机关实施行政许可。

(一)行政机关

行政许可权是行政权力的重要组成部分,原则上应当由行政机关实施。但并不是一切行政机关均有权实施行政许可,行政机关实施行政许可必须具备三个条件:一是必须是履行外部行政管理职能的行政机关。二是以具有行政许可权为前提,行政机关的行政许可权来源于法律的授予,未经法律授权,任何机关不得实施行政许可。三是具有行政许可权的行政机关实施行政许可不得超越法定职权范围。

(二)法律法规授权的组织

行政许可权是一种公权力,转移这种权力必须符合一定的条件。授权必须符合法定条件才具有法律效力。一项合法、有效的行政许可授权,必须具备以下条件:第一,授权必须有明确的法律、法规依据。具有管理公共事务职能的组织实施行政许可,必须有法律、法规的明确授权。国务院部委制定的行政规章以及地方政府制定的规章无权授予某社会组织实施行政许可的权力。第二,行政许可权只能授予法律、法规授权的具有管理公共事务职能的组织行使。具有管理公共事务职能的组织一般包括社会团体、行业自律性组织以及某些事业组织等,只要其具有管理公共事务的职能,就可以被授予行政许可权。

(三) 受委托行政机关

行政机关在其法定职权范围内,依照法律、法规、规章的规定,可以委托其他行政机关实施行政许可。行政许可的受委托行政机关是指经行政委托之后,按照委托范围,以委托行政机关名义行使被委托行政许可权的行政机关。委托行政机关对受委托行政机关实施行政许可的行为应当负责监督,并对该行为的后果承担法律责任。行政许可机关委托其他行政机关实施行政许可,应当遵守以下规则:第一,行政机关委托其他行政机关实施行政许可,必须在其法定职权范围之内,同时还必须依照法律、法规和规章的规定。第二,行政机关委托行政许可权的对象只能是行政机关,行政机关不能将行政许可权委托给其他社会组织或公民个人。第三,委托行政机关应当将受委托行政机关和受委托实施行政许可的内容予以公告。

需要注意的是,我国《行政许可法》对于许可实施机关的规定,有以下几个方面的创新:

(一) 不得对外委托行使行政许可权

《行政许可法》规定行政机关可以委托另一行政机关行使行政许可权,未规定可以委托其他组织行使行政许可权。因为,从我国行政许可现状看,行政许可过多、过滥,公民办成一件事要跑无数的行政机关、办若干道手续。限制行政机关委托其他组织实施行政许可、引导其委托其他行政机关实施行政许可,可以促成实施行政许可的行政机关相对集中,以尽可能地便民。实践中,受委托实施行政许可的事业组织多是由行政机关分离出去,既不受行政机关权责一致原则的约束,又利用其获得的行政许可权"设租",很多收费不受约束,权力极大,监督不够,责任较少,人民群众反映强烈。因此,对经济、社会、文化事务能够不设定行政许可的,就应交由市场、社会,由竞争机制、社会自律机制去解决;需要设定行政许可,就交给相应的行政机关,在配置相应的行政权力的同时,规定严格的条件、程序与责任,对其进行严格约束。与不宜倡导行政机关委托事业单位实施行政许可相反,对于行政机关委托其他行政机关办理行政许可的,应予鼓励。这种委托有利于提高行政效率,方便公民办理行政许可,符合行政管理体制改革方向。

(二)一个行政机关实施行政许可,实行"一个窗口对外"

从行政权的配置看,行政管理权是分配到每一个行政机关的,因此,行政管理权应当由行政机关行使。对个人、组织而言,只需与行政机关打交道。至于行政机关内部如何分配作业流程、划分岗位职责,是行政机关的内部事务,个人、组织不宜介入。为了防止行政机关实施行政许可时将其内部程序外部化,《行政许可法》明确规定,行政许可需要行政机关内设的多个机构办理的,该行政机关应当确定一个机构统一受理行政许可申请,统一送达行政许可决定。这可以有效防止行政机关将实施行政许可的内部多道环节发展为多道行政许可的问题。

(三)多个机关实施行政许可实行"一站式"办理

减少多头实施行政许可,需要调整行政许可权在部门之间的分配,做到一件事情由一个部门管,减少部门齐抓共管带来的权限交叉、权限冲突、执法扰民等现象。但是,完全实现一件事项由一个部门管,实际上很难。为此,《行政许可法》规定,经国务院批准,省级政府根据精简、统一、效能的原则,可以决定一个行政机关行使有关的行政许可权。相对集中行政许可权,可以有效地解决申请人往返多个行政机关的现状。同时,行政许可权集中后,原先行使相应权限的行政机关因无事可做,多余的人员、机构在机构改革中可以取消,以更有效地推进政府机构改革。一般来说,相对集中许可权应当把握几项原则:首先,特定的专属管辖不宜集中,对于法律、法规明确规定由某个机构专属管辖的职能不应当集中;其次,集中的权力之间应具有关联性;再次,权限集中不应影响权限制衡;复次,注重专业行政和综合行政之间的划分;最后,注重权限集中模式与权限层级的关系。①

在多头审批中,便民的另一个可行措施是,将办理与某一事项有关的行政许可实施机关集中到一起办公。行政许可一般是由单行法律法规设定、从单个行政机关的角度考虑程序架构,各个行政机关的行政许可之间的关系是串联式的:老百姓办一件事,涉及多个行政管理部门的,每个行政部门是作为一个单元进行考虑的,申请人只有申请并取得某个行政机关的行政许可后,才可以进入下一个单元,向另外的行政机关申请行政许可。各个行政部门的行政许可尽管从其部门角度看是规范的、高效的,但由于每个环节之间不能有机地结合,因而从全过程看是累赘的、低效率的。据报道,在西部地区某市,一个建设项目的审批,从头到尾,曾经要经过"7个部门8个审批关口",盖58个公章,经169人签字,正常速度需要2年。② 这种状况在其他经济、社会事务的行政许可方面也比较普遍,已经到了非改变不可的地步。在行政审批制度改革中,一些地方探索将行使行政许可权的有关部门集中到一个办事大厅,实行一站式办公,并将过去办成一件事需要逐个部门跑的"串联审批"改为同时向若干部门提出申请的"并联审批",大大提高了工作效率,方便了相对人。《行政许可法》对此予以肯定,该法第26条第2款规定:"行政许可依法由地方人民政府两个以上部门分别实施的,本级人民政府可以确定一个部门受理行政许可申请并转告有关部门分别提出意见后统一办理,或者组织有关部门联合办理、集中办理。"这既不涉及行政管理权的调整,实施的阻力较相对集中行政许可权要小;又方便民众。当然,行政机关依据行政许可法规定统一办理行政许可的,当事人如果对行政许可行为不服提起诉讼,要区分作出实质决定的行政主体是谁,以对当事人作出具有实质影响的不利行为的机关为被告。

---

① 参见王敬波:《相对集中行政许可权:行政权力横向配置的试验场》,载《政法论坛》2013年第1期。

② 参见《58个章169人签字,如此审批急煞人》,载《人民日报》2002年12月20日,第2版。

（四）对实施行政许可的机关及其工作人员提出廉洁自律的要求

《行政许可法》规定，行政机关实施行政许可，不得向申请人提出购买指定商品、接受有偿服务等不正当要求。行政机关工作人员办理行政许可，不得索取或者收受申请人的财物，不得谋取其他利益。

第四节 行政许可的程序

行政许可程序是指有关许可证的申请、审查、核发、拒绝、修改、更换、中止、废止、撤销、转让、收费等一系列步骤、过程及规则的总称。长期以来，我国法律法规在设定行政许可制度时忽视对程序的规定，造成了许可程序不健全、官僚主义现象严重的后果，降低了行政效率，损害了国家及公民个人的利益。针对这一问题，《行政许可法》中专门用一章对行政许可程序进行规范。

一、申请与受理

（一）申请程序

行政许可程序因行政相对人向行政许可机关提出申请而开始。公民、法人或者其他组织向行政机关提出许可申请，必须履行法定的申请程序。具体而言，申请程序应当包括以下要素：(1) 申请人有明确的意思表示。许可申请人就某一事项提出申请可以采用各种方式，但最常用的是许可申请书。申请人向许可机关主动递交申请书，表明其申请许可的意思表示，许可机关应当接受申请，予以审查。申请书应当明列申请人的姓名、名称，申请许可的要求、理由、内容，从事该项许可活动的能力证明，包括场地、设备和卫生环境的说明或证明等。除了涉及需要核实个人相貌等必须由申请人亲自到行政机关提出申请的事项外，申请行政许可可由申请人通过书面方式提出，也可以委托代理人提出。(2) 申请应当在一定期限内提出。我国法律规定，有些行政许可申请，必须在一定期限内提出。这是保障行政效率，督促许可申请人及时行使申请权的重要手段。

我国《行政许可法》对行政许可申请人也提出了相应的要求:申请人申请行政许可,应当如实向行政机关提交有关材料和反映真实情况,并对其申请材料实质内容的真实性负责。行政机关不得要求申请人提交与其申请的行政许可事项无关的技术资料和其他材料。如果申请人提出行政许可申请时提供虚假材料,应当承担相应的法律责任。

(二)受理程序

收到申请人提出的行政许可申请后,行政机关应对其形式要件进行审查,以决定是否受理。行政机关审查的对象是申请人是否提交了符合规定数量、种类、形式的申请材料,一般不对其实体内容进行审查。但基于便民原则,一些简单事项,行政机关可以当场决定的,也可以进行实体审查,并当场作出决定。

行政机关收到行政许可申请后,区别不同情况决定是否予以受理:(1)对申请事项依法不需要取得许可的,应当即时告知申请人不受理;(2)对申请事项依法不属于本机关职权范围的,应当即时作出不予受理的决定,并告知申请人向有权机关申请;(3)对申请材料存在可以当场更正的错误的,应当允许其当场更正;(4)对申请材料不齐全或者不符合法定形式的,应当当场或者在5日内一次告知申请人需要补正的全部内容,逾期不告知的,自收到申请材料之日起即为受理;(5)对申请事项属于本机关职权范围,申请材料齐全、符合法定形式,或者申请人按照本行政机关的要求提交全部补正申请材料的,应当受理行政许可申请。行政机关受理或者不予受理许可申请,均应当出具加盖本机关专用印章和注明日期的书面凭证。

此外,根据我国《行政许可法》的规定,行政机关应当建立和完善有关制度,推行电子政务,在行政机关的网站上公布行政许可事项,方便申请人采取数据电文等方式提出行政许可申请;应当与其他行政机关共享有关行政许可信息,提高办事效率。

二、审查与决定

(一)审查程序

行政机关受理行政许可申请之后,即进入行政许可的审查阶段。

行政机关应当依照法定条件和标准对申请人是否具备取得行政许可的要件进行审查,审查申请人提供的材料所反映的事实是否与设定行政许可的法律、法规的要求相一致。

行政许可的审查一般是书面审查,即审查被许可人的书面材料。但是,各种行政许可千差万别,需要根据其内在性质规定相应的特别审查程序。主要有以下几种情况:(1)现场核查。对一些涉物的行政许可,行政机关在审查过程中还应该实地核查申请材料反映的事实与实际情况是否一致。(2)检验、检疫、检测、专家评审。对一些专业性强的行政许可,行政机关还应当指定工作人员或者邀请专家依据技术标准、技术规范对申请人是否具备法定条件进行审查。对直接关系公共安全、人身健康、生命财产安全的设备、设施、产品、物品的检验、检测、检疫,除法律、行政法规规定由行政机关实施的外,应当逐步由符合法定条件的专业技术组织实施。

根据我国《行政许可法》的规定,行政机关对行政许可申请进行审查时,发现行政许可事项直接关系他人重大利益的,应当告知该利害关系人,申请人、利害关系人有权进行陈述和申辩。行政机关应当听取申请人、利害关系人的意见。例如,某房地产开发公司申请建楼,附近居民认为如果建楼将影响其采光,在此情况下批准建楼的行政机关应当告知附近居民有权进行陈述和申辩,行政机关应当听取居民的意见。

(二)决定程序

根据我国《行政许可法》的规定,行政机关对申请人提交的申请材料进行审查,如果申请人提交的申请材料齐全、符合法定形式,行政机关能够当场作出决定的,应当场作出书面的行政许可决定。

行政机关对行政许可申请进行审查后,除当场作出行政许可决定的外,应当在法定期限内按照规定程序作出行政许可决定。行政许可机关对申请人提出的申请审查之后,一般可能作出两种决定:一是不予批准,拒绝核发许可证及其他证照;二是予以批准,决定发放许可证或其他证照。行政机关作出准予行政许可的决定,需要颁发行政许可证件的,应当向申请人颁发加盖本行政机关印章的下列行政许可证件:许可证、执照或者其他许可证书;资格证、资质证或者其他合格证书;行政机关的批准文件或者证明文件;法律、法规规定的其他行政许可证件。行政机关实施检验、检测、检疫的,可以在检验、检测、检疫合格的设备、设施、产品、物品上加贴标签或者加盖检验、检测、检疫印章。我国《行政许可法》还规定,行政机关作出准予行政许可决定的,应当予以公开,公众有权查阅。

三、行政许可的审查期限

审查阶段是行政许可程序的重要环节,因此有关审查的期限是至关重要的,只有在规定期限内决定是否发放许可证,才能确保行政效率和相对人利益。为规范行政机关实施行政许可的行为,促进行政行为高效、便民,我国《行政许可法》规定,除可以当场作出行政许可决定的外,行政机关应当自受理之日起20日内作出决定。20日内不能作出决定的,经本行政机关负责人批准,可以延长10日。但是,法律、法规另有规定的除外。我国现行法中规定行政许可审查期限的并不多。如《海洋倾倒管理条例》规定批准期限为接到申请书后两个月内。《森林法实施细则》规定为1个月。《民用机场管理暂行规定》规定了民航局在3个月内审批决定是否发放机场使用证。《公民出入境管理法》规定公安机关在30日内审批公民申请。

行政许可采取统一办理或者联合办理、集中办理的,办理的时间不得超过45日;45日内不能办结的,经本级政府负责人批准,可以延长15日,并应当将延长期限的理由告知申请人。行政机关作出准予行政许可的决定,应当自作出决定之日起10日内向申请人颁发、送达行政许可证件,或者加贴标签、加盖检验、检测、检疫印章。依法应当先经下级行政机关审查后报上级行政机关决定的行政许可,下级行政机关应当自其受理行政许可申请之日起20日内审查完毕。但是,法律、法规另有规定的,依照其规定。

需要注意的是,行政机关作出行政许可决定,依法需要听证、招标、拍卖、检验、检测、检疫、鉴定和专家评审的,所需时间不计算在上述规定的期限内。行政机关应当将所需时间书面告知申请人。

四、行政许可听证

行政许可听证是指行政机关作出影响行政相对人权益的决定前,有义务告知相对人决定的理由和获得听证的权利,行政相对人有权就事实和适用法律表达意见、提供证据,行政机关有义务听取和接纳,通过公开、民主的方式从而确保行政决定的合法性和妥当性,保障行政相对人平等有效地参与行政决定。行政许可程序中引入听证程序,有助于查明行政许可事项的事实真相,保证行政许可裁决的中立、正当,实现行政许可决定的民主化。

1. 行政许可听证程序的适用范围

行政许可听证主要适用于两种情况:一是主动举行听证。根据我国《行政许可法》的规定,对于法律、法规、规章规定实施行政许可应当听证的事项,或者行政机关认为需要听证的其他涉及公共利益的重大行政许可事项,行政机关应当向社会公告,并举行听证。二是依申请举行听证。根据我国《行政许可法》的规定,行政许可直接涉及申请人与他人之间重大利益关系的,行政机关在作出行政许可决定前,告知申请人、利害关系人享有要求听证的权利,其在被告知听证权利之日起5日内提出听证申请的,行政机关应当在20日内组织听证。

2. 行政许可听证程序规则

根据我国《行政许可法》的规定,行政许可听证按照下列程序进行:(1)行政机关应当于举行听证的7日前将举行听证的时间、地点通知申请人、利害关系人,必要时予以公告;(2)听证应当公开举行;(3)行政机关应当指定审查该行政许可申请的工作人员以外的人员为听证主持人,申请人、利害关系人认为主持人与该行政许可事项有直接利害关系的,有权申请回避;(4)举行听证时,审查该行政许可申请的工作人员应当提供审查意见的证据、理由,申请人、利害关系人可以提出证据,并进行申辩和质证;(5)听证应当制作笔录,听证笔录应当交听证参加人确认无误后签字或者盖章。

行政机关应当根据听证笔录,作出行政许可决定。

五、行政许可的变更、延续、注销与吊销

1. 行政许可的变更

取得许可的相对人,其活动超出范围的,应向行政许可的实施机关申请变更许可内容。行政机关在监督检查过程中发现相对人活动明显超越许可范围的,亦可主动变更。这种变更实质上是对原许可证的修改,一般需行政许可机关审查后重新核发许可证。

2. 行政许可的有效期及延展

许可证的有效期,是指被许可人从事许可事项的合法期限。超过许可期限如果继续从事许可活动即为非法。我国目前法律法规规定的许可期限并不一致,如出口机电产品质量许可证有效期为5年;卫生许可证的有效期为2年;有的许可证有效期很短,可能是一次性的,如特区通行证;个体工商户的营业执照的有效期为5年。

许可证有效期届满之后,许可证自行失效,如果持证人希望继续从事许可活动,则必须在届满30日前或者法律、法规、规章规定的期限内提出延展行政许可的申请。行政机关经审查认为符合法定条件的,必须在法定期限内负责更换许可证或同意延展许可有效期。

3. 行政许可的注销

被许可人因特定事实的出现不再具备取得行政许可的条件时,行政许可应予注销。注销行政许可主要适用于以下情形:(1)行政许可有效期届满未延续的;(2)赋予公民特定资格的行政许可,该公民死亡或者丧失行为能力的;(3)法人或者其他组织依法终止的;(4)行政许可依法被撤销、撤回,或者行政许可证件依法被吊销的;(5)因不可抗力导致行政许可事项无法实施的;(6)法律、法规规定的应当注销行政许可的其他情形。

出现依法应当注销行政许可情形的,行政机关应当依法办理有关许可的注销手续,如收回颁发的行政许可证件,或者在行政许可证件上加注发还;对找不到被许可人的或者注销行政许可事项需要周知的,行政许可还应当公告注销行政许可。为保护被许可人的合法权益,行政机关注销行政许可,应当作出书面决定,告知申请人注销理由、依据。

4. 行政许可的吊销

吊销许可证一般被视为行政处罚的一种形式,指持证人违反许可证规定的内容,从事违法活动,行政机关撤销其许可证以示惩戒,如对违法经营的商店,工商机关可吊销其营业执照。吊销许可证是一种严厉的处罚手段,是终止公民、法人某项行为能力的重要措施,应该辅之以严格的实质和程序要件。如行政机关在决定吊销许可证前应经过公告、调查等程序,只有当违法行为达到一定程度时,始得吊销许可证。

六、行政许可的特别程序

前述是行政许可实施的一般性程序。实践中,由于所涉内容不同,不同的行政许可条件、标准、对公共利益的影响大小也就不同。为保障行政许可的公正和效率,有必要对某些特殊类型的行政许可规定不同的实施程序。根据我国《行政许可法》的规定,实施行政许可的程序有特别规定的,适用特别规定,没有特别规定的,适用一般的规定。

我国《行政许可法》中规定了以下几种实施行政许可的特别程序:

1. 通过招标、拍卖等方式作出行政许可决定的程序

根据《行政许可法》的规定,实施有限自然资源开发利用、公共资源配置以及直接关系公共利益的特定行业的市场准入等,需要赋予特定权利的事项的行政许可的,行政机关应当通过招标、拍卖等公平竞争的方式作出决定,除非法律、行政法规另有规定。行政机关按照招标、拍卖程序确定中标人、买受人后,应当作出准予行政许可的决定,并依法向中标人、买受人颁发行政许可证件。

2. 通过考试、考核等方式作出行政许可决定的程序

实施提供公众服务并且直接关系公共利益的职业、行业,需要确定具备特殊信誉、特殊条件或者特殊技能等资格、资质的事项的行政许可,赋予公民特定资格,依法应当举行国家考试的,行政机关根据考试成绩和其他法定条件作出行政许可决定;赋予法人或者其他组织特定的资格、资质的,行政机关根据申请人的专业人员构成、技术条件、经营业绩和管理水平等的考核结果作出行政许可决定。但法律、行政法规另有规定的,依照其规定。

公民特定资格的考试依法由行政机关或者行业组织实施,公开举行。行政机关或者行业组织应当事先公布资格考试的报名条件、报考办法、考试科目以及考试大纲。但是,不得组织强制性的资格考试的考前培训,不得指定教材或者其他助考材料。

3. 通过检验、检测、检疫作出行政许可决定的程序

实施直接关系公共安全、人身健康、生命财产安全的重要设备、设施、产品、物品,需要按照技术标准、技术规范,通过检验、检测、检疫等方式进行审定的事项的行政许可时,应当按照技术标准、技术规范依法进行检验、检测、检疫,行政机关根据检验、检测、检疫的结果作出行政许可决定。

行政机关实施检验、检测、检疫,应当自受理申请之日起 5 日内指派两名以上工作人员按照技术标准、技术规范进行检验、检测、检疫。不需要对检验、检测、检疫结果作进一步技术分析即可认定设备、设施、产品、物品是否符合技术标准、技术规范的,行政机关应当当场作出行政许可决定。

行政机关根据检验、检测、检疫结果,作出不予行政许可决定的,应当书面说明不予行政许可所依据的技术标准、技术规范。

4. 企业或者其他组织的设立过程中需要确定主体资格的行政许可程序

关于企业或者其他组织的设立等,需要确定主体资格的许可事项,申请人提交的申请材料齐全、符合法定形式的,行政机关应当当场予以登记。需要对申请材料的实质内容进行核实的,行政机关应当指派两名以上工作人员进行核查。

七、行政许可与收费

行政机关利用许可乱收费曾经是我国许可领域存在的主要问题之一,历史上,由于法律没有明确限制,因此,利用许可乱收费的现象非常严重,而且成为不适当扩大许可适用范围的利益诱因。当然,也需要意识到,在一些行政许可领域,如新药的审评审批,需要支付大量的行政成本去验证当事人的申请是否符合许可条件,而且,在这些领域,申请人的申请一旦获批,往往能够获得巨大的经济利益。在这

些领域,如果完全免费,将意味着纳税人来支付相应的行政成本,未必公平。而且,没有价格机制的调节,也会出现大量无效的申请,进一步加大行政成本。因此,在特定领域,建立行政许可的收费制度仍然有其必要性。

关于行政许可的收费问题,我国《行政许可法》作了以下规定:(1)行政机关实施行政许可或者对行政许可进行监督检查,原则上不得收费。(2)行政机关实施行政许可确需收费的,必须有法律、行政法规依据,并且要按照规定的项目、标准收费。收取的所有费用都应上缴国库,不得截留、私分。(3)遇有多个竞争申请,且许可具有经济利益或数量有限时,行政机关可以采取招标、拍卖方式核发许可证照,招标、拍卖所得全部上缴国库。

第五节 行政许可的监督检查

行政许可在本质上是对自然人、法人或者其他组织是否符合法律、法规规定的条件的审查核实。对行政机关来说,依法实施行政许可,既是享有的权力,更是一种责任。对已经批准发给许可证的,行政机关即应承担保证被许可人合法行使权利并对其进行监督的责任。对被许可人来说,这既是一种权利,也是一种义务。被许可人在取得行政许可后即负有始终保持法律规定的取得行政许可的条件的义务。在我国的行政许可领域,监督不力的现象非常严重。一方面,对行政机关违法设定和实施行政许可缺乏监督;另一方面,在实施行政许可之后对被许可人疏于监督,许可证持有人非法转让、倒卖、出租、出借许可证现象严重。因此,我国《行政许可法》既规定了对行政机关设定和实施许可的监督,也规定了行政许可机关对被许可人的监督。

一、对行政许可的监督

（一）对行政许可设定的监督

根据我国《行政许可法》的规定,除法律、行政法规、地方性法规和省级人民政府规章可以设定行政许可外,其他规范性文件一律不得设定行政许可。如果违反该规定设定行政许可,有关机关应当责令改正,或者依法予以撤销。这里的"有关机关"是指根据《立法法》的规定,有权撤销违法设定行政许可的规范性文件的机关。

（二）对行政许可实施的监督

为了有效地监督行政许可权的合法行使,我国《行政许可法》明确规定:上级行政机关应当加强对下级行政机关实施行政许可的监督检查,及时纠正行政许可实施中的违法行为。也就是说,上级行政机关有义务对行政许可机关实施行政许可的活动进行事前、事中和事后的监督。除上级机关主动对行政许可机关实施层级监督外,行政监察机关、行政复议机关、人民法院等有权对行政许可机关实施行政许可的情况进行监督。

在对行政许可的监督中,监督机关对违法的行政许可可以采取以下责任追究措施:

（1）撤销违法的行政许可。根据《行政许可法》的规定,有下列情形之一的,作出行政许可决定的行政机关或者其上级行政机关,根据利害关系人的请求或者依据职权,可以撤销行政许可:行政机关工作人员滥用职权、玩忽职守作出准予行政许可决定的;超越法定职权作出准予行政许可决定的;违反法定程序作出准予行政许可决定的;对不具备申请资格或者不符合法定条件的申请人准予行政许可的;依法可以撤销行政许可的其他情形。此外,被许可人以欺骗、贿赂等不正当手段取得行政许可的,应当予以撤销。

（2）责令行政许可机关赔偿被许可人的信赖利益损失。根据《行政许可法》的规定,因行政许可被撤销而致被许可人因信赖行政许可的合法性和有效性所遭受的合法权益损害,应由行政机关依法给予赔偿。行政许可机关拒绝赔偿的,有权的监督机关应责令其赔偿。

（3）追究直接责任人员的法律责任。行政许可机关及其工作人员违法实施行政许可,应当承担相应的法律责任。承担法律责任的自然人主要限于直接责任人员,包括直接负责的主管人员和其他直接责任人员,其承担的法律责任主要是行政责任与刑事责任。

二、对被许可人的监督

长期以来,行政许可机关重视的往往是许可证的审核与发放,忽视对申请人获得行政许可之后从事相关活动的监督管理。针对这种重许可、轻监督的现象,我国《行政许可法》对行政许可的监督检查作了如下规定:

(1)按照便民、高效的原则,完善监督检查的机制,提高监督检查效果。行政机关应当建立健全监督检查制度,履行监督检查职责。根据《行政许可法》第61条的规定,行政机关应当建立健全监督制度,通过核查反映被许可人从事行政许可活动情况的有关材料,履行监督职责。行政机关应当经常性地以不同方式对被许可人从事行政许可活动的情况进行调查、了解与核实。在此过程中形成的材料不仅是行政机关将来作出相关行政行为的重要依据,而且也是公众对行政机关活动的结果进行评价和监督所不可缺少的信息,公众有权查阅这些材料。根据《行政许可法》第61条第2款的规定:"行政机关依法对被许可人从事行政许可事项的活动进行监督检查时,应当将监督检查的情况和处理结果予以记录,由监督检查人员签字后归档。公众有权查阅行政机关监督检查记录。"这就意味着归档后的记录属于公共信息,公众对于这些信息的知悉与利用属于知情权的范围,对应的就是行政机关的保障义务。行政机关对被许可人的监督检查,主要通过书面审查材料的方式进行;必要时,可以进行实地检查、定期检验。当然,行政机关实施监督检查,不得妨碍被许可人正常的生产经营活动,不得索取或者收受被许可人的财物,不得谋取其他利益。被许可人在作出行政许可决定的行政机关管辖区域外从事违法活动的,查处违法行为的行政机关应当将被许可人违法从事行政许可事项活动的事实及处理结果抄告作出行政许可决定的机关。《行政许可法》鼓励个人和组织举报违法从事行政许可事项的活动,规定"个人和组织发现违法从事行政许可事项的活动,有权向行政机关举报,行政机关应当及时核实、处理"。

(2)行政机关监督检查时,被许可人应当如实提供有关情况和材料,接受行政机关依法开展的监督。行政机关可以核查被许可人的材料,依法实地检查、检验;发现违法行为,有权责令其停止违法行为,并依法作出处理。

(3)发现对不符合法定条件的个人、组织错误作出准予行政许可决定的,作出行政许可决定的行政机关及其上级行政机关依法可以撤销行政许可。但因行政机关的原因导致行政许可决定违法需要撤销的,如果损害被许可人的合法权益,行政机关要予以赔偿。

第六节 行政许可中的法律责任

规定行政许可中的法律责任,一方面有助于完善我国的法律责任体系,另一方面,也有利于对行政许可的设定和实施加强制约。行政许可中的法律责任,既包括行政机关及其工作人员的责任,也包括行政相对人的责任。此外,还包括行政许可机关承担的补偿责任。

一、违法设定与实施行政许可的法律责任

(一)违法设定行政许可的法律责任

在我国《行政许可法》出台之前,行政许可的设定机关在设定行政许可时不需要承担任何法律责任,直接导致了行政许可的泛滥。因此,我国《行政许可法》中规定了行政机关违法设定行政许可的法律责任。

根据我国《行政许可法》第 14 条和第 15 条的规定,我国有权设定行政许可的机关只有制定法律的全国人大及其常委会,制定行政法规的国务院,有地方性法规制定权的地方人大及其常委会,省、自治区、直辖市人民政府。而国务院各部、委与直属局,除省级人民政府以外的其他地方各级人民政府及其工作部门,以及没有地方性法规制定权的地方人大及其常委会,都无权通过规范性文件设定行政许可。无法定权限设定行政许可的行政机关及其他机关,其设定的行政许可属于违法行政许可,不具有法律效力。根据《行政许可法》第 71 条的规定,有关机关应当责令设定该行政许可的机关改正,或者依法予以撤销。

(二)违法实施行政许可的法律责任

行政许可的实施,由两部分组成:其一包括行政许可具体实施的事项、条件、依据等实体内容,其二是行政许可实施的程序。与此相

对应,行政许可的违法实施也表现为实体与程序两个方面的违法。

实施行政许可的实体违法,主要包括下列形式:(1)违反法定条件实施行政许可,主要包括以下几种情况:对不符合法定条件的申请人准予行政许可或者超越法定职权作出准予行政许可决定的;对符合法定条件的申请人不予行政许可或者不在法定期限内作出准予行政许可决定的;依法应当根据招标、拍卖结果或者考试成绩择优作出准予行政许可决定,未经招标、拍卖或者考试,或者不根据招标、拍卖结果或者考试成绩择优作出准予行政许可决定的。(2)违法收取费用。行政机关实施行政许可,除了法律、行政法规明文规定可以收费外,原则上不允许收取任何费用。可以收费的事项,也必须按照有关主管机关与财政部门制定公布的标准收费,并将所收取的费用全部上缴国库。行政机关擅自收费或者不按照法定项目和标准收费的,属于违法收取费用。(3)不履行法定职责。行政机关除了要依法实施行政许可外,还应当对被许可人进行监督检查。如果行政许可机关拒绝履行职责,应当承担法律责任。(4)牟取非法利益。行政许可机关工作人员在实施行政许可过程中,由于受到私利的驱动,往往会利用手中的行政许可权牟取非法利益,实践中主要表现为索取或者收受他人财物或者谋取其他利益。

根据我国《行政许可法》的规定,实施行政许可的程序违法主要包括以下形式:(1)对符合法定条件的行政许可申请不予受理的;(2)不在办公场所公示依法应当公示的材料的;(3)在受理、审查、决定行政许可过程中,未向申请人、利害关系人履行法定告知义务的;(4)申请人提交的申请材料不齐全、不符合法定形式,不一次告知申请人必须补正的全部内容的;(5)未依法说明不受理行政许可申请或者不予行政许可的理由的;(6)依法应当举行听证而不举行听证的;(7)行政机关超过法定期限实施行政许可或逾期不实施行政许可的。

由于实施行政许可违法情形的复杂性,我国《行政许可法》针对不同的情况分别规定了不同的法律责任形式,主要有以下几种:(1)行政赔偿。根据《行政许可法》的规定,行政机关违法实施行政许可,给当事人的合法权益造成损害的,应当依照《国家赔偿法》的规定给予赔偿。当然,某些情况下,这种赔偿责任可能出现与其他民事主体侵权责任竞合的问题。因此,行政机关在实施行政许可过程中,与他人恶意串通共同违法侵犯原告合法权益的,应当承担连带赔偿责任;行政机关与他人共同违法侵犯原告合法权益的,应当根据其违法行为在损害发生过程和结果中所起作用等因素,确定被告的行政赔偿责任;行政机关已经依照法定程序履行审慎合理的审查职责,因他人行为导致行政许可决定违法的,则不承担赔偿责任。(2)责令改正。例如,行政机关不依法履行监督职责或者监督不力,造成严重后果的,由其上级行政机关或者监察机关责令改正。(3)行政处分。行政机关及其工作人员违法实施行政许可,情节严重的,对直接负责的主管人员和其他直接责任人员依法给予行政处分。(4)刑事责任。行政机关工作人员违法实施行政许可情节严重,构成犯罪的,应当承担刑事责任。例如,行政机关工作人员办理行政许可、实施监督检查,索取或者收受他人财物或者谋取其他利益,构成犯罪的,依法追究刑事责任;截留、挪用、私分或者变相私分实施行政许可依法收取的费用构成犯罪的,依法追究刑事责任。

二、行政相对人的法律责任

(一)行政许可相对人的违法情形

行政许可中的行政相对人包括行政许可申请人以及被许可人,因而在行政许可中,行政相对人的违法就主要包括行政许可申请人的违法以及被许可人的违法。此外,还可能出现应予申请许可却未进入行政许可关系的人的违法情形,如依法应在获得许可后才能从事活动的人在未经许可的情况下从事相关活动。行政相对人在行政许可中的违法,主要表现为以下几种形式:(1)不实申报。行政许可是依申请的行政行为,这要求申请人所提供的材料必须全面、真实、有效、符合法定条件,否则即为违法申请。行政许可申请中的不实申报主要是指行政许可申请人隐瞒有关情况或者提供虚假材料申请行政许可。(2)违法取得行政许可。即被许可人以欺骗、贿赂等不正当手段取得行政许可。(3)非法转让行政许可。主要是指被许可人涂改、倒卖、出租、出借行政许可证件,或者以其他形式非法转让行政许可。(4)超越许可的范围进行活动。被许可人虽然取得行政许可,有权从事被许可的活动,但不能超越被许可活动的范围,如某公司的营业执照上写明业务范围是经营电脑耗材,它就不能维修电脑,否则就属于超越许可的范围。(5)未经行政许可而从事一定活动。这种情况下的行为人实际上并不是严格意义上的行政许可相对人。根据我国《行政许可法》的规定,公民、法人或者其他组织未经行政许可,擅自从事依法应当取得行政许可的活动的,应当承担相应的法律责任。

(二)行政相对人承担法律责任的形式

根据我国《行政许可法》的规定,行政相对人的责任是通过限制申请资格、行政处罚和刑事责任三种形式来承担的。(1)限制申请资格。根据《行政许可法》的规定,行政许可申请人申请属于直接关系公共安全、人身健康、生命财产安全事项时,隐瞒有关情况或者提供虚假材料的,在1年内不得再次申请该行政许可。被许可人以欺骗、贿赂等不正当手段取得行政许可,并且取得的行政许可属于直接关系公共安全、人身健康、生命财产安全事项的,申请人在3年内不得再次申请该行政许可。(2)行政处罚。根据《行政许可法》的规定,行政处罚主要适用于以下情形:申请人隐瞒有关情况或者提供虚假材料;被许可人以欺骗、贿赂等不正当手段取得行政许可;涂改、倒卖、出租、出借行政许可证件,或者以其他形式非法转让行政许可的;超越行政许可范围进行活动的;向负责监督检查的行政机关隐瞒有关情况、提供虚假材料或者拒绝提供反映其活动情况的真实材料的;未经行政许可,擅自从事依法应当取得行政许可的活动的;法律、法规、规章规定的其他违法行为。当然,行政处罚适用于违法程度较轻的情形。(3)刑事责任。如果被许可人和未经许可而从事许可活动的人,情节严重构成犯罪的,还要依法追究刑事责任。

三、行政许可补偿责任

行政许可补偿责任,是指因行政许可机关及其工作人员合法实施行政许可行为损害了行政相对人的合法权益,行政机关依法承担的一种法律责任。我国《行政许可法》首次肯定了行政许可领域的补偿责任。行政许可补偿责任的确立,是行政补偿在行政立法领域越来越受关注的表现,其不仅对于行政许可,甚至对于整个行政法领域都有重要意义。

根据我国《行政许可法》的规定,行政许可中应予补偿的情形有两种:一是行政许可所依据的法律、法规、规章修改或者废止,二是准予行政许可所依据的客观情况发生重大变化。在这两种情况下,基于公共利益的需要,行政机关可以依法变更或者撤回已经生效的行政许可,由此给公民、法人或其他组织造成损失的,行政机关应当予以补偿。当然,我国《行政许可法》对行政许可中补偿的标准和程序均没有作出具体规定,这有待相关法律的进一步完善。

对于补偿的标准,最高人民法院《关于审理行政许可案件若干问题的规定》也规定了基本的指导原则,即如果法律、法规、规章或者规范性文件对变更或者撤回行政许可的补偿标准有规定,依照其规定;如果没有规定的,一般在实际损失范围内确定补偿数额,但是,如果属于《行政许可法》第12条第2项规定情形的,即该许可属于有限自然资源开发利用、公共资源配置以及直接关系公共利益的特定行业的市场准入等领域的行政许可,一般按照实际投入的损失确定补偿数额。

思考题

1. 什么是行政许可?它的特征是什么?
2. 行政许可存在的依据是什么?
3. 行政许可应遵循哪些原则?
4. 哪些机关可以设立行政许可?
5. 实施行政许可应经过什么程序?
6. 哪些事项可以设定行政许可?
7. 《行政许可法》出台在我国的实践意义是什么?

第八章 行政处罚

内容概要 行政处罚作为行政行为的一种重要方式,在行政管理活动中得到广泛适用。行政处罚是指行政机关依法对违反行政管理秩序的公民、法人或者其他组织,以减损权益或者增加义务的方式予以惩戒的行为。鉴于行政处罚的侵益性,行政处罚的设定和实施都应该受到法律的严格规范。有关行政处罚设定的立法权限、实施处罚的主体、处罚种类、适用条件以及处罚的程序,都必须严格遵守相关法律规范。因此,本章的主要内容包括行政处罚的基本原则,行政处罚的种类与设定,处罚的管辖与适用以及处罚的程序。

学习重点 行政处罚的原则 行政处罚的设定 行政处罚的决定程序

第一节 行政处罚概述

一、行政处罚的含义与特征

行政处罚是指享有行政处罚权的行政机关或法律、法规授权的组织,依法对违反行政管理秩序的公民、法人或者其他组织,以减损权益或者增加义务的方式予以惩戒的行为。对于实施处罚的主体来说,行政处罚是制裁性的行政行为,是实施行政管理职能的一种重要手段;对于受到制裁的相对人来说,则是其承担行政法律责任的一个重要方式。

行政处罚的突出特征表现为:

(1) 实施行政处罚的主体是依法享有行政处罚权的行政主体。

行政处罚作为一种行政行为,由行政主体实施。但并非所有具有行政主体资格的组织都享有处罚权,一个行政主体是否享有行政处罚权以及享有何种处罚权,应由法律明确加以规定,不同职能的行政主体应在其职能范围内行使处罚权,如市场监管部门不得行使税务部门的处罚权,行政拘留权只能由公安机关和法律规定的其他机关行使;不同层级的行政机关不得逾越职权行使其他层级行政机关的处罚权;法律、法规授权的组织应当在明确的授权范围内行使处罚权;接受行政委托的组织,应当是符合法定委托条件的组织,且必须在委托的权限范围内以委托机关的名义行使处罚权。总之,实施处罚的主体必须在法定的权限范围内行使处罚权,否则其行为构成违法。

(2) 行政处罚的对象是实施了违反行政管理秩序的行为、应当受到处罚的行政相对人。

首先,行政处罚是针对作为被管理者的相对人作出的,处罚的对象具有一般性,凡是违反行政法律规范的公民、法人或其他组织,都属于处罚的对象。这一点不同于行政机关针对公务员违法违纪行为所作的行政处分。其次,受到行政处罚的行政相对人必须是实施了违反行政管理秩序但尚未构成犯罪的行为。这是区分行政处罚与刑事制裁的重要标志。

(3) 行政处罚的直接目的在于惩戒违法。

行政处罚是国家矫正违法行为的一种法律制度,其直接目的是通过对违法者人身自由、经济利益等施加不利,给予惩罚,从而促进和保证行政法律规范的实施和行政法上义务的实现。行政处罚行为的惩戒性质是区分行政处罚与其他有关行政行为的主要标准之一,也是确定有关处罚基本规则的重要根据。

在我国,行政处罚是实施行政管理的重要手段,应用十分广泛。1996年3月17日第八届全国人大第四次会议通过了《行政处罚法》,该法是我国行政法制的一部基本法律,它就行政处罚的基本原则、种类、设定和实施机关、处罚程序等作了较全面的规定。2017年9月1日第十二届全国人大常委会第二十九次会议对该法进行了部分修正;2021年1月22日第十三届全国人大常委会第二十五次会议对《行政处罚法》作出了首次大的修订,明确了行政处罚的定义,增加了行政处罚的种类,扩大了地方性法规的行政处罚设定权限,完善了行政处罚程序等相关内容。

二、行政处罚与相关概念的区别

对违法行为的法律制裁有多种形式，行政处罚作为其中之一，必然与有关的制度存在一定的联系与区别。正确地区分行政处罚与相关制度，可以更准确地把握行政处罚的特性。

（一）行政处罚与刑罚

行政处罚与刑罚的共同之处是对违法行为进行制裁，但违法行为有着罪与非罪的界线，凡是违反法律严重到一定程度，立法将其视为犯罪行为的，则纳入刑事制裁的范围；而对于没有构成犯罪的行政违法行为，属于行政处罚的范畴。两者之间的具体区别是：

（1）实施的机关不同。行政处罚由行政机关或法律、法规授权组织作出；刑罚则是由人民法院判处。

（2）适用的条件不同。行政处罚是对违反行政管理秩序，构成行政违法的行为所进行的制裁；刑罚则是针对违反刑事法律规范，构成了犯罪的行为而进行的制裁。

（3）制裁的方式不同。行政处罚与刑罚相比较是针对较轻微的违法行为，它主要侧重于给违法行为人在财产或能力上以处罚，包括罚款，没收违法所得、非法财物，暂扣或吊销许可证件，降低资质等级，限制开展生产经营活动，责令停产停业，责令关闭，限制从业等主要制裁方式；而刑罚所针对违法行为恶性程度高，其惩罚的程度一般也比行政处罚重，主要侧重于人身罚，以管制、拘役、有期徒刑、无期徒刑、死刑为主刑。

（4）作出制裁决定的程序不同。行政处罚决定程序相对于作出刑罚决定的程序一般比较简便，在我国行政处罚程序是行政程序，而刑罚则必须适用刑事诉讼程序由人民法院判处，两种程序的严格程度不同。

基于行政处罚与刑罚的不同性质，一般来说，行政处罚与刑罚不能混同，接受行政处罚不能免除相应的刑事责任。但如果当事人的违法行为已经构成犯罪，但行政机关在前阶段尚未对其予以罚款，之后法院判处其罚金的，行政机关不得再给予当事人罚款；当事人被行政拘留之后，又被法院判处拘役或有期徒刑的，行政拘留的期限可以折抵相应刑期。

(二) 行政处罚与行政处分

行政处分是指行政机关对其公务员违法违纪行为加以惩处的行为,其与行政处罚有许多共同之处,都属于由行政机关实施的、对违反行政法律规范行为的制裁。但两者也存在着一定的差异,主要表现在:

(1) 针对的对象不同。行政处罚针对的对象具有一般性,只要是违反行政管理秩序,依法应给予处罚的个人或组织,都可能成为行政处罚的对象;而行政处分对象是特定的,即是与行政机关有着特定身份关系的公务员,公务员与行政机关所代表的国家之间基于职务上而形成的权利义务关系,不同于普通公民与国家之间的权利义务关系,因而在追究责任上也必然有所区别。

(2) 制裁的方式不同。行政处分是以特定职务关系为基础的,因此其制裁直接涉及公务员职务上的权利,主要方式包括警告、记过、记大过、降级、撤职、开除。而行政处罚则是针对被处罚人的财产、行为或人身方面的权利,有人身罚、财产罚、行为罚、声誉罚等多种方式。

此外,二者在所依据的法律规范、处理程序以及救济方式等方面也存在不同。

(三) 行政处罚与执行罚

执行罚是指对拒不履行行政法义务的相对人,为促使其履行义务,而按日对其进行罚款的行为,是行政强制执行的一种方式。它与行政处罚的罚款在表现形式上是一样的,但两者还是有着不同的特性,主要是:

(1) 实施的目的不同。行政处罚的目的在于制裁相对人已经实施了的违法行为,而执行罚的目的在于督促相对人履行其尚未履行的义务。

(2) 适用规则不同。行政处罚由于惩戒目的决定其对一个违法行为不能反复予以处罚,只能适用一次,即实行一事不再罚的原则;而执行罚则适用目的实现原则,只要相对人不履行义务,就可以反复、多次适用,直至义务实现为止。

三、行政处罚的原则

行政处罚的原则,是指对行政处罚的设定和实施具有普遍指导意义的行为准则。它是设定与实施行政处罚的原则性要求,具有普遍指导意义。我国《行政处罚法》对行政处罚的原则作了明确规定,这些法定的处罚原则具有法律效力,在行政处罚的适用上具有普遍约束力。

(一)处罚法定原则

处罚法定原则是指行政处罚必须严格依据法律规定进行,凡无法律依据任何人不能对他人实施处罚。它是行政活动合法性要求的具体体现。处罚法定原则包括以下基本要求:

(1)处罚的设定是法定的。处罚的设定即是指关于行政处罚的立法活动,任何一个合法的行政处罚必须是严格依据法律规范作出的,因此,要保证所实施的处罚行为合法,首先要保证作为处罚依据的法律规范是合法的。关于处罚的设定权,我国《行政处罚法》作了具体的规定,有关国家机关必须依据这些规定,在法定的权限内并按照法定的形式设定有关处罚。违背了法定的设定权,有关行政处罚的规范本身就是违法的,不能作为实施处罚的依据。

(2)实施处罚的主体是法定的。行政处罚必须由具有法定处罚权的行政机关、法律、法规授权组织或者行政机关依法委托的组织实施。只有法律、法规明确规定了某种违法行为的行政处罚权由某个机关或组织行使,这个机关或组织才能实施处罚,其他任何个人或组织均不得作出处罚行为。我国《行政处罚法》第38条第1款明确规定,实施主体不具有行政主体资格的,行政处罚无效。

(3)实施处罚的依据是法定的。按照法治的原则,对于相对人而言"法无明文规定不为过",因而没有法律的明确规定,不能对相对人追究任何法律责任。所以,实施处罚的主体在确定相对人是否构成违反行政法律规范的行为,决定是否给予处罚、给予何种处罚时,必须要有法定的依据。这与刑法中的罪刑法定原则的要求是一致的,当无法判断一个人的行为是否构成行政违法时,则不能对其加以处罚。实施行政处罚,原则上适用违法行为发生时的法律、法规、规章的规定,但是作出行政处罚决定时,法律、法规、规章已被修改或者废止,且新的规定处罚较轻或者不认为是违法的,适用新的规定。我国《行政处罚法》第 38 条第 1 款明确规定,行政处罚没有依据的,行政处罚无效。

(4) 实施处罚的程序是法定的。作出处罚行为必须遵循法定的程序,这是防止行政主体在实施处罚过程中滥用权力,实现实体结论合法的一个根本保证,也有利于相对人在处罚实施过程中程序上所应享有的权益得到充分的保障。我国《行政处罚法》第 38 条第 2 款明确规定,违反法定程序构成重大且明显违法的,行政处罚无效。

(二) 处罚公正、公开原则

处罚公正原则,是指行政处罚的设定与实施要公平正直,没有偏私。这是处罚法定原则的进一步延伸和补充,处罚不仅要合法,而且要公正、恰当。处罚公正原则体现在行政处罚的实体公正与程序公正两方面。实体上的公正,要求行政处罚无论是设定还是实施都要过罚相当,即处罚要与违法行为的事实、性质、情节以及社会危害程度相当,这也是行政法的比例原则在处罚上的具体体现。程序上的公正,要求实施处罚的过程中,处罚主体要给予被处罚人公正的待遇,充分尊重相对人程序上所拥有的独立人格与尊严,避免处罚权的行使武断专横而侵犯相对人的权益。

处罚公开原则,是指行政处罚的设定与实施要向社会和当事人公开,它是公正原则的保障。行政活动的公开主要包括信息公开与程序公开,处罚公开也同样如此,具体表现在以下六个方面:一是对违法行为给予处罚所依据的法律规范要公开,有关行政处罚的依据必须已向社会公布,未经公布、不被相对人所知悉的,不能作为处罚的依据。二是行政机关依法制定的行政处罚裁量基准应当向社会公布。三是行政处罚的实施机关、立案依据、实施程序和救济渠道等信息应当向社会公布。四是行政机关依照法律、行政法规规定利用电子技术监控设备收集、固定违法事实的,电子技术监控设备的设置地点应当向社会公布。五是对违法行为实施处罚的程序必须公开,行政主体在作出处罚决定之前,应当告知相对人作出处罚决定的事实、理由、法律依据以及其依法享有的权利,要充分听取当事人的意见,不能拒绝当事人的陈述与申辩;在符合法定条件下,还要举行听证会,听证会一般应公开进行。六是具有一定社会影响的行政处罚决定应当依法公开,公开的行政处罚决定被依法变更、撤销、确认违法或者确认无效的,行政机关应当在三日内撤回行政处罚决定信息并公开说明理由。

(三)处罚与教育相结合原则

行政主体在实施行政处罚时,要注意说服教育,纠正违法,实现制裁与教育双重功能。《行政处罚法》第6条规定:实施行政处罚,纠正违法行为,应当坚持处罚与教育相结合,教育公民、法人或者其他组织自觉守法。行政处罚虽然是对违法行为的制裁,但行政主体不能只强调制裁,为处罚而处罚,而应加强对当事人的教育,使其真正认识自己行为的违法性、危害性,从而自觉守法,防止违法行为的再次发生。根据这一原则,实施处罚时,对有关相对人主动消除或者减轻违法行为危害后果的、受他人胁迫或者诱骗实施违法行为的、主动供述行政机关尚未掌握的违法行为的、配合行政机关查处违法行为有立功表现的等,应从轻或者减轻行政处罚;对违法行为轻微并及时纠正,没有造成危害后果的,或者当事人有证据足以证明没有主观过错的,不予行政处罚。对初次违法且危害后果轻微并及时改正的,可以不予行政处罚。对当事人的违法行为依法不予行政处罚的,行政机关应当对当事人进行教育。

(四)保障权利原则

保障权利原则是指在行政处罚中要充分保障行政相对人的合法权益。这一原则的基本要求是:不能让无辜的人遭受处罚,要使违法的人得到公正的处罚,使受到违法处罚的人得到补偿救济。《行政处罚法》第7条规定:公民、法人或者其他组织对行政机关所给予的行政处罚,享有陈述权、申辩权;对行政处罚不服的,有权依法申请行政复议或者提起行政诉讼。公民、法人或者其他组织因行政机关违法给予行政处罚受到损害的,有权依法提出赔偿要求。这些权利对于实施处罚的行政主体来说是一种义务,处罚主体在实施处罚的过程中,应当积极地为相对人行使这些权利提供便利,而不能随意加以剥夺或限制。保障权利原则更突出地体现在行政处罚程序中,其目的是对处罚行为在不同的阶段加以必要的制约,以保证处罚合法、公正地作出,同时,也是对相对人程序上的合法权益予以尊重,保证程序上的公正性。

第二节 行政处罚的种类与设定

一、行政处罚的种类

行政处罚的种类,是行政处罚外在的具体表现形式,根据不同的标准可以对行政处罚进行不同的分类。以对违法行为人的何种权利采取制裁措施为标准,可将行政处罚分为人身自由罚、财产罚、资格罚、行为罚和声誉罚。

(一)人身自由罚

人身自由罚是指在一定期限内对违法的公民人身自由权利进行限制或剥夺的行政处罚措施,它只能适用于自然人,其主要形式是行政拘留。

行政拘留与刑事拘留、司法拘留不同,必须注意区分。刑事拘留虽然也主要是由公安机关作出的,但它是对应该逮捕的现行犯或重大犯罪嫌疑人所实施的刑事强制措施,其目的是防止应该逮捕的现行犯或者重大嫌疑人逃避侦查、审判或者继续进行犯罪活动;而行政拘留是对已查明确有行政违法事实的行为人给予法律制裁;司法拘留是由人民法院在诉讼程序中对妨害诉讼活动的人所实施的强制措施,其目的是保证诉讼程序的顺利进行。这三种拘留分别适用于不同场合,由不同的机关进行,其性质也不相同,刑事拘留与司法拘留都属于司法性质的活动,而行政拘留是行政性质的活动。

按照法律的规定,行政拘留的设定权只属于全国人民代表大会及其常务委员会,实施权仅限于公安机关和法律规定的其他机关,且此权力不能授予或者委托其他机关或组织。

（二）财产罚

财产罚是指强迫违法行为人交纳一定数额金钱和物品，以使其财产上的权益受到损害的处罚措施。财产罚一般适用于以营利为目的或者给公共利益造成损害等种类的行政违法活动，其主要形式有罚款、没收财物。

罚款是为违法行为人设定金钱给付义务，即在一定期限内交纳一定数额钱款。罚款与刑罚上的罚金、司法上排除妨碍诉讼行为的强制措施的罚款不同。三者虽然都是以惩戒违法行为为目的，但后两者是由人民法院适用，属司法性质的行为，罚金适用于犯罪行为，是刑罚中的一种附加刑；排除妨碍诉讼行为的强制措施的罚款是针对在诉讼程序中实施了妨碍诉讼活动的违法行为人适用的。

没收财物是指没收违法所得和非法财物，即将违法行为人的违法所得或非法财物收归国有的处分。违法所得是指违法行为人因其违法行为所获得的金钱或其他财物，如销售违禁品、销售伪劣产品而获得的钱款。非法财物是违法行为人所占有的违禁品或者实施违法行为所使用的工具和物品，如淫秽书刊、走私物品、用于非法印刷的印刷工具等。

（三）资格罚

资格罚是指对违法行为人从事特定活动的资质予以剥夺或限制的一种制裁措施。《行政处罚法》第 9 条第 3 项所列举的处罚形式，就是资格罚的主要表现，包括：暂扣许可证件、降低资质等级、吊销许可证件。在《行政处罚法》修改之前，理论上和实践中对行为罚与资格罚未作明显区分。但随着行政处罚实践的日益精细化，资格罚与行为罚的差异逐渐凸显，二者的作用对象、运行机理、惩罚力度之间的差异越来越明显，资格罚从行为罚中独立出来的呼声越来越高。2021 年《行政处罚法》修改，回应了此种呼声，在列举行政处罚的具体类型时，将行为罚和资格罚作为两种不同的处罚类型予以并列。

暂扣或者吊销许可证件是暂时扣留或者撤销违法行为人从事某种活动的凭证或者资格证明的处罚措施。如吊销卫生许可证、生产许可证、营业执照，暂扣驾驶证等。暂扣与吊销的区别就在于，暂扣是暂时中止相对人从事某种活动或享有某种资格的能力,待一定期限后再发还许可证或执照,使其可以继续从事该项活动或享有该项资格。而吊销是永远终止相对人从事某种活动或享有某种资格。

降低资质等级是降低违法行为者的资质等级,如降低驾驶许可证、施工许可证的资质等级等。以施工许可领域的降低资质等级为例,从事建筑活动的建筑施工企业、勘察单位、设计单位和工程监理单位,按照其拥有的注册资本、专业技术人员、技术装备和已完成的建筑工程业绩等资质条件,被划分为不同的资质等级,其只能在资质等级许可的范围内从事建筑活动,若降低其资质等级,即意味着建筑施工企业、勘察单位、设计单位和工程监理单位可从事建筑活动的范围被缩小。

(四)行为罚

行为罚是对违法行为人从事特定活动的资格予以剥夺或限制的处罚种类。《行政处罚法》第9条第4项规定的处罚类型,就是行为罚,包括:限制开展生产经营活动、责令停产停业、责令关闭、限制从业。此类制裁措施的内容,主要是限制或者剥夺违法者实施特定行为的能力,要求违法者作出某种行为或者不得作出某种行为,如责令停产停业、关闭等,因而属于行为罚的范畴。

限制开展生产经营活动、责令停产停业、责令关闭、限制从业是直接对违法行为者的行为能力加以剥夺或限制。限制开展生产经营活动、责令停产停业、责令关闭针对的对象是企业,限制从业针对的对象是人员。责令停产停业的后果严重于限制开展生产经营活动,责令停产停业不仅是限制开展生产经营活动,还限制开展其他业务活动;责令关闭的后果严重于限制开展生产经营活动和责令停产停业,前者是永久性地剥夺企业的行为能力,后者是暂时性地限制或剥夺企业的行为能力,待期限届满后即可恢复行为能力。限制从业指禁止行为人在一定时期内从事特定业务或活动。

(五)声誉罚

声誉罚是指对违法行为人予以谴责和告诫,使其名誉、荣誉、信誉或其他精神上的利益受到一定损害的处罚措施,它是一种较轻微的行政处罚,一般适用于情节轻微或者实际危害程度不大的违法行为,既可以单处,也可以与其他处罚种类并处。声誉罚的主要形式是警告、通报批评。

行政处罚的种类由法律明确规定,实施处罚的主体不能任意设定。我国《行政处罚法》对行政处罚的种类作了统一的规定,即警告、通报批评,罚款、没收违法所得、没收非法财物,暂扣许可证件、降低资质等级、吊销许可证件,限制开展生产经营活动、责令停产停业、责令关闭、限制从业,行政拘留五种,此外还有"法律、行政法规规定的其他行政处罚",这表明,除以上五种处罚外,处罚的种类还包括我国现行法律、行政法规中规定的其他处罚方式,如《出入境管理法》规定的"驱逐出境"。同时也明确了只有全国人大及其常委会制定的法律和国务院制定的行政法规才可以设定新的处罚种类。

二、行政处罚的设定

(一)行政处罚设定的含义与原则

行政处罚的设定,是指国家机关在法律规范中规定行政处罚的活动。实质上就是行政处罚立法的问题,即谁可以通过何种法律形式规定行政处罚。

行政处罚作为一种负担性的行政行为,具有剥夺、限制公民、法人或其他组织权益的功能,因此世界各国无不对行政处罚的设定作比较严格的法律限制。在大多数国家,行政处罚的设定权一般掌握在议会手中,其他组织不享有行政处罚的设定权,以防止宪法规定的公民的人身权、财产权被侵害。

行政处罚设定权的配置是我国《行政处罚法》的核心问题,《行政处罚法》在规定设定权时所本着的原则是:一是从我国实际情况出发,以我国的立法体制为依据。根据宪法,我国法制体系是统一的,又是分层的,因此处罚设定权涉及中央和地方、权力机关和行政机关之间权限的划分,《行政处罚法》不仅规定了法律的设定权,同时也赋予了行政法规、地方性法规以及行政规章一定的设定权。二是区别各类行政处罚的不同情况,进行权限的划分。由于不同的行政处罚方式对相对人的权益影响大小不同,因此,设定权的分工又以行政处罚的种类为根据,凡是对相对人权益影响大的处罚,一般由权力机关或中央设定;而对相对人权益影响较小的处罚,则可由地方或行政规章设定。三是地方治理的实际需要。2021年修改前的《行政处罚法》第11条对于地方性法规设定行政处罚的权限作出了严格限定。多年来,不少地方一直呼吁,行政处罚法中有关地方性法规设定行政处罚的规定限制过严,地方保障法律法规实施的手段受限,建议扩大地方性法规的行政处罚设定权限。2021年修法回应了地方性法规在地方治理中的功能需要,赋予了地方性法规对于行政处罚的补充设定权。

(二)行政处罚设定权的划分

我国《行政处罚法》所规定的行政处罚设定权包括创设权与规定权两个方面,创设权是指在没有上位的法律规范对处罚加以规定的情况下,自行规范处罚的权力;规定权是指在上位法律规范已对处罚作出规定的前提下,进一步具体规范的权力。规定权受到已有法律规范的限制,不能超出其所确定的处罚行为、种类和幅度等。设定权具体可分为以下四个层次:

(1)法律的设定权。全国人大及其常委会制定的法律可以创设各种行政处罚,并对限制人身自由的行政处罚的创设拥有专属权。人身自由权是公民的一项最基本的权利,限制人身自由是最严厉的处罚,只能由法律创设,其他任何规范性文件都不得加以创设。

(2)行政法规的设定权。行政法规设定行政处罚包括两个方面:一是创设权,可以创设除限制人身自由以外的各种行政处罚。行政法规拟补充设定行政处罚的,应当通过听证会、论证会等形式广泛听取意见,并向制定机关作出书面说明。行政法规报送备案时,应当说明补充设定行政处罚的情况。二是规定权,法律对违法行为已经作出行政处罚规定,行政法规需要作出具体规定的,必须在法律规定的给予行政处罚的行为、种类和幅度的范围内规定,即行政法规有关处罚的规定不能与法律相抵触。

(3)地方性法规的设定权。地方性法规的设定权也包括两种情况:在创设权方面,可以创设除限制人身自由、吊销营业执照以外的行政处罚。地方性法规拟补充设定行政处罚的,应当通过听证会、论证会等形式广泛听取意见,并向制定机关作出书面说明。地方性法规报送备案时,应当说明补充设定行政处罚的情况。在规定权方面,法律、行政法规对违法行为已作出行政处罚规定,地方性法规需要作出具体规定的,必须在法律、行政法规规定的给予行政处罚的行为、种类和幅度的范围内规定。

(4)规章的设定权。规章属于效力等级较低的法律规范,其创设权是有限的。《行政处罚法》对行政法规与地方性法规的处罚创设权均采用排除式的规定,而对于规章则采取列举式的规定,目的就在于限制规章在创设行政处罚方面的权限,规章只能设定警告、通报批评或者一定数额的罚款,罚款限额还要由国务院或是省级人大常委会规定。规章主要拥有的是行政处罚的规定权,国务院部门规章可以在法律、行政法规规定的给予行政处罚的行为、种类和幅度的范围内作出具体规定;地方政府规章可以在法律、法规规定的给予行政处罚的行为、种类和幅度的范围内作出具体规定。

除上述法律、法规、规章以外的其他规范性文件都不得对行政处罚加以创设,也不能作为行政处罚的依据。

第三节　行政处罚的管辖与适用

一、行政处罚的实施主体

行政处罚的实施主体是指享有行政处罚权,能够进行行政处罚行为的组织。行政处罚作为对违法行为人的惩罚手段,直接关系公民、法人和其他组织的合法权益,因此,首先应对拥有处罚权的组织加以严格规范。世界各国有关行政处罚的主体模式不尽相同,许多国家实施处罚的主体除行政机关外,还有法院。如日本,行政处罚分为两种,行政刑罚由法院决定,全面适用刑事诉讼法,秩序处罚则根据非诉讼事件程序法由法院科处;英、美等国家法院也是主要的处罚及执行机关。在我国,实施行政处罚的主体是行政机关或法律、法规授权组织,即由行政主体拥有行政处罚权,而法院不行使此权力。

(一) 享有行政处罚权的行政机关

1. 行政机关实施处罚的条件

在我国,行政处罚权作为行政管理的一项重要手段,主要由行政机关行使。行政机关是实施行政处罚最主要的主体。但并不是任何一个行政机关都可以行使处罚权,行政机关实施处罚一般应具备以下条件:

(1) 具有管理公共事务的职能。行政处罚是针对公民、法人或其他组织的违法行为实施的制裁,属外部的行政行为,必须由具有管理公共事务职能的机关来行使。而以内部管理为主要职责的行政机关或机构,如政府人事部门等,一般不能行使处罚权。

(2) 必须依法取得特定的行政处罚权。对外具有管理公共事务职能的行政机关并不当然具有行政处罚权,只有法律、法规规定某一行政处罚权由某类行政机关行使,即有法律、法规明确授权,这一行政机关才取得了特定的处罚权,成为该行政处罚的实施主体。

2. 综合执法机关

除了由单一的行政机关实施处罚外,我国《行政处罚法》还规定了有关综合执法机关实施处罚的问题。综合执法是将原来由几个行政机关分别行使管理权的管理领域统一由一个行政机关合并进行管理,其目的是为了精简机构、提高效率、减少职权纠纷。行政处罚中的综合执法是将原来由不同的几个行政机关所拥有的行政处罚权合并由一个机关行使。

行政处罚权的合并是对法律已经规定了的行政职能进行重新配置,而根据职权法定原则,行政职权不能随意转移,因此对实施合并必须予以严格的限制。《行政处罚法》第 18 条规定,国家在城市管理、市场监管、生态环境、文化市场、交通运输、应急管理、农业等领域推行建立综合行政执法制度,相对集中行政处罚权。国务院或者经国务院授权的省、自治区、直辖市人民政府有权决定由一个行政机关行使其他行政机关的处罚权。此外,处罚权的合并一般只在综合管理领域实行,即存在合并的必要性;处罚权合并也不能违背专属处罚的规定,如按照法律规定,限制人身自由的行政处罚权只能由公安机关和法律规定的其他机关行使,任何人不能决定将这一处罚权转移给其他机关行使。

（二）法律、法规授权的组织

经法律、法规授权的组织也可以行使行政处罚权。《行政处罚法》第19条规定，法律、法规授权的具有管理公共事务职能的组织可以在法定授权范围内实施行政处罚。当然，这些组织要成为实施行政处罚的主体，必须具备一定条件。首先，必须是以法律、法规的形式明确授权，规章不能授权；其次，被授权的组织必须是具有管理公共事务职能的组织，即它所具有的职能是社会公共性职能，如邮电局、公交公司等。法律、法规授权的组织可以在法律、法规授权范围内以自己的名义实施行政处罚并独立承担其行为的后果，具有行政主体的地位。

（三）受行政机关委托的组织

基于公共管理的需要，行政机关还可以依法将自己拥有的行政处罚权委托给非行政机关的组织行使。为保证处罚权合法地行使，行政处罚权的委托不能任意进行，受到各种法定条件的限制。首先，行政机关将行政处罚权委托其他组织行使必须依照法律、法规、规章的规定进行，即具有相应的法律依据。其次，行政机关只能将处罚权委托给符合法定条件的组织。按照我国《行政处罚法》第21条的规定，接受委托的组织必须具备以下条件：（1）该组织应属依法成立并具有管理公共事务职能的组织；（2）具有熟悉有关法律、法规、规章和业务并取得行政执法资格的工作人员；（3）需要进行技术检查或者技术鉴定的，应当有条件组织进行相应的技术检查或者技术鉴定。再次，行政处罚权的委托只能通过书面委托的形式进行，而且委托书必须载明委托的具体事项、权限、期限等内容，并对外公开。最后，接受委托的组织必须在委托范围内实施处罚，而且不得再委托其他任何组织或者个人实施行政处罚。

与法律、法规授权的组织不同，受行政机关委托的组织不具有行政主体的地位，它要以委托行政机关的名义实施行政处罚，其实施行政处罚的行为受到委托机关的监督，并由委托机关对其行为的后果承担法律责任。

二、行政处罚的管辖

行政处罚的实施主体解决行政处罚权由谁行使的问题,但具体的处罚应由谁作出,是行政处罚管辖所要解决的问题。行政处罚的管辖是确定对某个行政违法行为由哪一个享有处罚权的主体实施处罚,它解决的是处罚实施主体间的权限分工问题。

(一) 职能管辖

以依法管理的事项为标准划分的管辖为职能管辖,职能管辖解决的是同一行政区划内不同行政机关实施处罚的权限分工。我国《行政处罚法》所规定的行政处罚由"有行政处罚权的行政机关管辖",就是关于职能管辖的具体规定。行政机关实施处罚必须在自己所管理事项的领域内,如税务行政管理机关只能就有关税务违法行为实施处罚。职能管辖的确立有赖于单项法律、法规的具体规定。

(二) 地域管辖

以行政管理的地域范围为标准划分的管辖是地域管辖,地域管辖解决同级人民政府之间及其所属部门在各自管辖区内实施处罚的权限分工。我国《行政处罚法》第 22 条规定:行政处罚由违法行为发生地的行政机关管辖。法律、行政法规、部门规章另有规定的,从其规定。本条规定确立了我国行政处罚的地域管辖以由违法行为发生地的行政机关管辖为一般原则,即违法行为发生在何处,就由当地有行政处罚权的行政机关管辖。由违法行为发生地的行政机关管辖与我国按行政区划实施行政管理的原则一致,并且有利于对案件及时调查、处理。违法行为地一般包括违法行为的实施地、发现地和结果发生地。如果一个行为处于持续状态,且在多个地方进行,这些地方的具有处罚权的行政机关均有权管辖。其例外是法律、行政法规和部门规章另有规定。

(三) 级别管辖

级别管辖是以行政机关的级别为标准来确定的管辖,级别管辖解决上下级行政机关之间实施处罚的权限分工。《行政处罚法》第 23 条规定:行政处罚由县级以上地方人民政府具有行政处罚权的行政机关管辖。法律、行政法规另有规定的,从其规定。这表明,在我国,行政处罚的级别管辖实行由县级以上地方人民政府具有行政处罚权的行政机关管辖,县级以下的行政机关原则上无权实施行政处罚。我国行政机关的各职能部门的设置大多在县一级,县一级又是我国按区域实行管理的基层单位,这些都为行政处罚的实施提供了保障。这也意味着乡、镇人民政府以及街道办事处原则上无行政处罚权,除非法律、行政法规另有规定。但《行政处罚法》第24条增加了处罚权下放的规定,例外允许处罚权可由乡镇人民政府和街道办事处行使。省、自治区、直辖市根据当地实际情况,可以决定将基层管理迫切需要的县级人民政府部门的行政处罚权交由能够有效承接的乡镇人民政府、街道办事处行使,并定期组织评估。承接行政处罚权的乡镇人民政府、街道办事处应当加强执法能力建设,按照规定范围、依照法定程序实施行政处罚。据此,乡镇和街道要行使行政处罚权,必须符合以下条件:第一,下放决定由省级人民政府作出;第二,省级人民政府应当组织定期评估;第三,下放决定应当对外公布。

(四)指定管辖

指定管辖是由于共同管辖的存在而产生的,两个或两个以上行政机关对同一违法行为均享有行政处罚权时,为共同管辖。两个以上行政机关都有管辖权的,由最先立案的行政机关管辖。对管辖发生争议的,应当协商解决,协商不成的,报请共同的上一级行政机关指定管辖;也可以直接由共同的上一级行政机关指定管辖。

三、行政处罚的适用

行政处罚的适用,是指实施处罚的主体具体运用法律规范,作出具体处罚的活动,是行政处罚的具体运用问题。

(一)行政处罚适用的条件

行政处罚的特点决定,作出行政处罚必须以行政违法行为的存在为前提,或者说是以被处罚对象具备了应受处罚的条件为前提。只有达到了应受处罚的条件,才能给予处罚。应受处罚的具体条件是:

(1) 行为人必须已经实施了违法行为。违法事实已经客观存在,不能将行为人的主观想象或者计划设想当做违法行为。

(2) 违法行为属于违反行政法规范的性质。行政处罚只能针对违反行政法规范的行为,对于违反其他性质的法律规范的行为,应当追究其他法律责任。

(3) 行为人是具有责任能力的行政相对人。受到行政处罚的相对人是公民、法人和其他组织,其中法人和其他组织都是具有责任能力的责任主体,可以适用行政处罚,而对于公民则必须是达到责任年龄、具备责任能力的,才能实施处罚。因此,我国《行政处罚法》第30条规定:不满14周岁的未成年人有违法行为,不予行政处罚;已满14周岁不满18周岁的未成年人有违法行为的,应当从轻或者减轻行政处罚。《行政处罚法》第31条规定:精神病人、智力残疾人在不能辨认或者不能控制自己行为时有违法行为的,不予行政处罚;但应当责令其监护人严加看管和治疗。间歇性精神病人在精神正常时有违法行为的,应当给予行政处罚。尚未完全丧失辨认或者控制自己行为能力的精神病人、智力残疾人有违法行为的,可以从轻或者减轻行政处罚。

(4) 行为人依法应当受到处罚。相对人有违法行为存在,但因违法行为尚未达到应受处罚的程度,或者因法律有特别规定而不应给予处罚的,行政机关不能对其实施行政处罚。只有法律明确规定的给予处罚的违法行为,才能适用行政处罚。

(二) 行政处罚适用的规则

行政处罚主体在实施处罚时,除要遵循处罚原则外,还要遵守以下具体规则:

1. 纠正违法行为和没收违法所得

行政机关在处理行政违法案件时,不论对违法行为人是否给予行政处罚或是处以何种行政处罚,都应首先要求违法行为人及时纠正违法行为。

对于业已存在的行政违法行为,不仅要作出处罚处理,更主要的是使违法行为不再继续存在,消除违法行为的危害,使受到违法行为侵害的社会秩序恢复到原来的状态,所以责令相对人纠正违法行为,是处理违法行为的一项重要方式,行政机关必须履行,不能以罚代改。纠正违法行为一般包括停止违法行为、限期治理或消除违法行为所造成的危害后果、恢复合法状态等形式。

应当注意,责令纠正违法行为不属于行政处罚的种类,两者之间是有差异的,突出表现在各自的目的上,责令相对人纠正违法行为的目的是为纠正错误,以恢复被侵害的某种状态;而处罚的直接目的在于惩戒违法。

此外,当事人有违法所得,除依法应当退赔的外,应当予以没收。违法所得是指实施违法行为所取得的款项。法律、行政法规、部门规章对违法所得的计算另有规定的,从其规定。

2. 一事不再罚

一事不再罚是指针对行政相对人的一个违法行为,不能给予多次处罚。行政处罚以惩戒为目的,针对一个违法行为实施了处罚,就已达到了惩戒的目的,如果再对其进行处罚,就是重复处罚,有失公正。一事不再罚的目的是禁止国家对相对人重复处罚,许多国家将其作为重要的法律原则,如德国,一事不二罚的原则被承认为具有宪法位阶的原则。我国《行政处罚法》所确定的一事不再罚原则,应从以下方面理解与适用:

(1) 一个违法行为的确定。对一事不再罚中"一事"的理解是适用这一规则的关键。一般而言,行为人实施了一个行为,违反了一个法律、法规的规定,则构成一个违法行为。但行为人实施违法行为又存在各种各样复杂的情况,如实施一个行为,同时违反几个不同的法律规范,或者实施一个行为构成一种行政违法,而作为这一行为的结果或方法的行为又构成了另一种行政违法,等等,这时应当参照刑法中的竞合犯、牵连犯等的处理方式进行处罚,采取从一重处罚原则,而不能按照多个违法行为,分别处罚。

(2) 针对一个违法行为,不能给予两次或两次以上罚款的行政处罚。这是关于"再罚"的理解。首先,一个处罚主体或者多个处罚主体不能根据同一个法律规范再次作出同样的处罚;其次,针对一个违法行为,一个处罚主体或者多个处罚主体不能根据不同的法律规范作出同一种类的处罚。如针对某企业的一个违法行为,市场监管机关按本部门规章作出罚款决定后,技术监督部门则不能再根据其他规范作出罚款的决定。《行政处罚法》规定,对当事人的同一个违法行为,不得给予两次以上罚款的行政处罚。同一个违法行为违反多个法律规范应当给予罚款处罚的,按照罚款数额高的规定处罚。由于行政处罚的各种方式所要达到的制裁目的不同,所以,对于一个违法行为同时进行不同种类的处罚,不属重复性处理,不能认为是违反了一事不再罚原则。但对当事人的同一违法行为给予多次处罚确实有违公平公正原则,为此此次修法专门规定,对同一违法行为违反多个行政法律规范应当给予罚款处罚的,应当按照罚款数额高的规定处罚。

(3)行政处罚与刑罚的折抵。行政处罚与刑罚都是国家对违法行为的法律制裁,两者关系密切,界限有时很难划清,从而可能导致对一个违法行为既作出了行政处罚,也判处了刑罚,这时应采取折抵方法,否则将构成"再罚"。《行政处罚法》明确规定:违法行为构成犯罪的,人民法院判处拘役或者有期徒刑时,行政机关已实施了行政拘留的,应当依法折抵相应的刑期;人民法院判处罚金时,行政机关已实施了罚款的,应折抵相应罚金。行政机关尚未给予当事人罚款的,不再给予罚款。

3. 违法行为不同情节的处理

本着处罚公正、处罚与教育相结合等处罚原则,行政机关在实施处罚时,必须考虑到当事人违法行为的不同情节,针对不同的情节给予不予处罚、从轻、减轻、从重等不同的处理方式。

不予处罚是指行为人虽然实施了违法行为,但由于具有特定的情形,而不给予处罚。根据《行政处罚法》的规定,不予处罚的情形主要有如下几种情形:(1)不满14周岁的未成年人有违法行为的;(2)精神病人、智力残疾人在不能辨认或者不能控制自己行为时有违法行为的;(3)违法行为轻微并及时纠正,没有造成危害后果的;(4)当事人有证据足以证明没有主观过错的;(5)初次违法且危害后果轻微并及时改正的。需要注意的是,前四种情形属于法定的不予行政处罚情形;最后一种属于酌定不予处罚情形。

从轻处罚是指在行政处罚的法定种类和法定幅度内,适用较轻的种类或者处罚的下限给予处罚,但不能低于法定处罚幅度的最低限度。减轻处罚是指在法定处罚幅度的最低限以下给予处罚。根据我国《行政处罚法》第32条的规定,应当从轻或减轻处罚适用于以下情况:(1)主动消除或者减轻违法行为危害后果的;(2)受他人胁迫或者诱骗实施违法行为的;(3)主动供述行政机关尚未掌握的违法行为的;(4)配合行政机关查处违法行为有立功表现的;(5)法律、法规、规章规定其他应当从轻或者减轻行政处罚的。根据《行政处罚法》第30条的规定,已满14周岁不满18周岁的未成年人有违法行为的,应当从轻或者减轻行政处罚。可以从轻或减轻处罚的情形主要包括:尚未完全丧失辨认或者控制自己行为能力的精神病人、智力残疾人有违法行为的,可以从轻或者减轻行政处罚。

从重处罚是指在行政处罚的法定种类和法定幅度内,适用较重的种类或者处罚的上限给予处罚,但不能高于法定处罚幅度的最高限度。根据我国《行政处罚法》的规定,应当从重处罚的情形是:发生重大传染病疫情等突发事件,为了控制、减轻和消除突发事件引起的社会危害,行政机关对违反突发事件应对措施的行为,依法快速、从重处罚。

4. 制定裁量基准并向社会公开

行政裁量广泛存在于行政处罚中。而规范行政处罚裁量权行使的重要方式就是制定裁量基准。所谓裁量基准是指,行政执法者在行政法律规范并未提供规范的构成要件和法律效果的判断标准,或者虽然提供了一定的高标准,但据此不足以获得处理具体行政案件所需的完整的判断标准时,按照立法者意图、在行政法律规范所预定的范围内,以要件—效果规定的形式设定的判断标准。简言之,行政裁量基准就是要将行政法规范中的裁量予以具体化,以判断选择的标准化为个案的裁量决定提供更为明确具体的指引。《行政处罚法》第34条规定:行政机关可以依法制定行政处罚裁量基准,规范行使行政处罚裁量权。行政处罚裁量基准应当向社会公布。根据本条,行政机关可制定裁量基准以为具体执法提供指引,但裁量基准应向社会公开,由此接受相对人监督。

(三) 行政处罚的追诉时效

行政处罚的追诉时效,是指对违法行为人追究责任,给予行政处罚的有效期限,如果超出法定的有效期限,则不能对违法行为人施加处罚。追诉时效制度,一方面有利于促使行政机关及时行使处罚权,查处违法行为,对于怠于行使这一权力者,则通过剥夺其权力的方式进行惩罚。另一方面,也体现行政处罚通过惩罚违法,最终实现教育公民自觉遵守法律的目的,违法行为人在追诉时效内没有再实施违法行为,说明其已经改过自新,则不必对其再实施处罚。

按我国《行政处罚法》第36条的规定,行政处罚的追诉时效一般为2年,即在违法行为发生后2年内,未被行政机关发现,在2年后,无论何时发现这一违法行为,都不能给予行政处罚。但考虑到实践中某些特殊类型的违法行为,即便经过了2年仍有追诉必要,此次《行政处罚法》修改新增了一个补充规定:涉及公民生命健康安全、金融安全且有危害后果的,上述期限延长至5年。法律另有规定的除外。

时效的计算,是从违法行为发生之日起计算,如果违法行为有连续或者继续状态的,则从行为终了之日起计算。连续状态是指行为人连续实施数个同一种类的违法行为;继续状态是指一个违法行为在时间上的延续。2年的追诉时效为一般规定,如果法律有特别规定的,则依法律规定,如我国《治安管理处罚法》第22条第1款规定:"违反治安管理行为在六个月内没有被公安机关发现的,不再处罚。"其追诉时效为6个月。

第四节 行政处罚的程序

行政处罚的程序,是指行政处罚实施主体在作出处罚决定过程中所要遵循的步骤与方式。行政处罚程序在行政处罚中占有极重要的地位,它包括处罚决定程序和处罚执行程序。

一、行政处罚决定程序

任何行政程序设立的简繁,需要遵循一定的标准,其中对相对人权益所造成的影响,是设立程序时所要考虑的重要因素。行政处罚作为一种负担性的行政行为,在程序上的要求是十分严格的。当然,法律程序必须兼顾公正与效率,并不是所有的行政处罚都要有严格繁琐的程序。基于对相对人影响大小的不同,行政处罚决定程序分为简易程序、普通程序、听证程序。简易程序和普通程序是两个独立程序,行政处罚决定适用这样的程序即可完成,而听证程序则是普通程序中的特殊程序。

在处罚的各种程序中,下列程序内容必不可少:(1)必须查明违法事实,对于违法事实不清的,不得给予处罚;(2)在作出处罚决定前,应当告知当事人作出行政处罚决定的事实、理由及依据,并告知当事人依法享有的权利;(3)允许当事人进行陈述和申辩,充分听取当事人意见,对当事人提出的事实、理由或者证据成立的,应当采纳,不得因当事人申辩而加重处罚。

(一)简易程序

简易程序是指当场处罚程序,主要适用于事实清楚、情节简单、后果轻微的违法行为。简易程序简单、快捷,有利于提高行政处罚的效率。

1. 适用简易程序的条件

适用简易程序进行处罚,应具备以下三个条件:(1)违法事实确凿,即当场有充分证据确认违法事实,无需再进一步对违法事实进行调查取证。(2)有法定依据。对于该违法行为,法律、法规或者规章明确规定了有关处罚的内容,实施处罚的人员当场可以指出具体的法律、法规或者规章的依据。如果没有法定的依据,即使违法事实确凿,也不能当场处罚。(3)符合《行政处罚法》所规定的处罚种类和幅度。即对个人处以 200 元以下罚款、对法人或者其他组织处以 3000 元以下罚款或者警告的处罚。

2. 简易程序的步骤

简易程序虽然手续简单,但必要的程序步骤是不可缺少的:(1)表明身份。即作出处罚的人员应当向当事人出示执法证件,以证明自己拥有实施处罚的职权。(2)说明理由和告知权利。作出处罚的人员要当场指出违法行为的违法事实,说明给予行政处罚的理由及有关依据,并告知当事人有进行陈述和申辩的权利,同时还要听取当事人的陈述与申辩。(3) 制作处罚决定书以及备案、送达。行政处罚行为是要式行政行为。执法人员当场作出行政处罚决定的,应当向当事人出示执法证件,填写预定格式、编有号码的行政处罚决定书,并当场交付当事人。当事人拒绝签收的,应当在行政处罚决定书上注明。行政处罚决定书应当载明当事人的违法行为,行政处罚的种类和依据,罚款数额、时间、地点,申请行政复议、提起行政诉讼的途径和期限以及行政机关名称,并由执法人员签名或者盖章。(4) 报送所属行政机关备案。

(二) 普通程序

普通程序,是指除简易程序以外,作出处罚所适用的程序。这一程序适用处罚的范围十分广泛,比简易程序要复杂、严格,是处罚中的基本程序。普通程序包括以下几个具体步骤:

(1) 立案。处罚实施主体通过各种渠道知悉相对人违法行为后,首先予以立案,做好查处违法行为的准备工作。立案是普通程序的开始,其任务是对所获得的信息材料是否具有违法事实,是否属于自己管辖权范围内,是否可以实施处罚等进行初步审查。及时准确地立案是正确实施处罚,及时追究违法行为,减少错案的重要保证。

(2) 调查取证。调查取证的目的在于查明案件的真实情况,是取得违法事实证据的过程。处罚实施主体必须客观公正地调查收集有关证据,才能准确地认定违法事实。在实施调查或检查时,执法人员不得少于两人,并应当主动向当事人或者有关人员出示执法证件。当事人或者有关人员有权要求执法人员出示执法证件,执法人员不出示执法证件的,当事人或者有关人员有权拒绝接受调查或者检查。对于询问或者检查应当制作笔录。在收集证据时,可以采取抽样取证方法,在证据可能灭失或者以后难以取得的情况下,经行政机关负责人批准,可以先行登记保存,并在7日内作出处理决定。行政处罚的证据类型与行政诉讼一致,均包括书证、物证、视听资料、电子数据、证人证言、当事人的陈述、鉴定意见、勘验笔录、现场笔录。证据须经查证属实、方可作为认定案件事实的根据。以非法手段取得的证据,不得作为认定案件事实的根据。行政机关应当依法以文字、音像等形式,对行政处罚的启动、调查取证、审核、决定、送达、执行等进行全过程记录,归档保存。

(3) 说明理由、当事人陈述与申辩。向当事人说明将要处罚的理由,并采取一定的方式听取当事人的意见,允许其申辩与陈述,对于合理的意见应予采纳。

(4) 作出处罚决定。处罚决定应当采用书面形式,处罚决定书应当载明的事项包括:被处罚人的姓名或名称、地址;被处罚人的违法事实及有关证据;作出处罚的法定依据;给予处罚的种类和具体处罚的内容;当事人履行处罚所设定的义务的方式、期限等;当事人不服处罚所能适用的救济途径;作出处罚决定的日期、处罚主体的名称以及印章。行政机关应当自行政处罚案件立案之日起90日内作出行政处罚决定,法律、法规、规章另有规定的,从其规定。

(5) 送达。依照法定的程序与方式,将处罚决定书交付当事人。当事人在场的,应当在行政处罚决定书宣告后当场交付;当事人不在场的,应当在7日内依照民事诉讼法的有关规定送达;当事人同意并签订确认书的,可以采用传真、电子邮件等方式送达。

(6) 行政处罚决定的有限公开。具有一定社会影响的行政处罚决定应当依法公开。公开的行政处罚决定被依法变更、撤销、确认违法或者确认无效的,行政机关应当在3日内撤回行政处罚决定信息并公开说明理由。

(三) 听证程序

听证程序是指行政机关在作出处罚决定之前,公开举行由利害关系人参加的听证会,对事实进行质证、辩驳的程序。我国《行政处罚法》所规定的听证程序属于正式听证程序,通过召开听证会的方式进行。处罚的听证程序是特殊程序,需要听证的案件,除听证外的其他具体步骤按一般程序进行。

1. 听证程序适用的条件

听证程序适用的条件有两个:一是必须符合法定的处罚案件的种类。按《行政处罚法》第63条的规定,行政机关作出下列行政处罚,应当告知当事人有要求听证的权利,当事人要求听证的,行政机关应当组织听证:(1)较大数额罚款;(2)没收较大数额违法所得、没收较大价值非法财物;(3)降低资质等级、吊销许可证件;(4)责令停产停业、责令关闭、限制从业;(5)其他较重的行政处罚;(6)法律、法规、规章规定的其他情形。二是必须有当事人听证的请求。听证对当事人而言是一种权利,如果当事人不要求听证,行政机关并无法定的举行听证的义务。当事人要求听证的,当事人不承担行政机关组织听证的费用。

2. 听证程序的具体步骤

(1)告知听证权。如果属于听证适用范围的行政处罚,应当通过正式方式告知当事人有权要求听证。

(2)提出听证。当事人要求听证的,应当在行政机关告知后5日内提出。

(3)通知听证。行政机关应当在举行听证的7日前,通知当事人及有关人员举行听证的时间、地点,以便当事人及有关人员为听证作充分的准备。

(4)举行听证会。听证会由本案调查人以外的其他人员主持,由调查人员提出当事人的违法事实、证据和行政处罚建议,再由当事人进行质证与申辩,经过调查人员与当事人的相互辩论后,当事人可以作最后的陈述。听证会除涉及国家秘密、商业秘密或者个人隐私依法予以保密外,一律公开举行,接受社会的监督。听证会实行代理制度,当事人既可以亲自参加听证会,也可以委托一至二人代理。听证会的全部过程要制作听证笔录,笔录应当交当事人或者其代理人核对,无误后由当事人或者其代理人签字盖章。当事人或者其代理人拒绝签字或者盖章的,由听证主持人在笔录中注明。

听证结束后,听证主持人应将听证笔录交给行政机关,由行政机关依照一般程序的有关规定作出处罚决定。听证笔录是处罚决定的依据,行政机关的处罚决定应在笔录范围内作出。

二、行政处罚执行程序

行政处罚执行程序,是指确保行政处罚决定所确定的内容得以实现的程序。行政处罚决定一旦作出,就具有法律效力,对处罚决定中所确定的义务,必须履行。行政处罚的执行程序主要有以下内容:

(一)申诉不停止执行

行政处罚决定作出之后,即对相对人产生法律约束力,相对人应当履行处罚决定为其设定的义务。相对人如果对处罚决定不服,可以依法申请行政复议或提起行政诉讼,但处罚决定不因此而停止执行。复议或诉讼期间不停止处罚决定的执行是一般性原则,如出现法律规定可以停止执行的情形,则暂缓执行。当事人对限制人身自由的行政处罚决定不服,申请行政复议或者提起行政诉讼的,可以向作出决定的机关提出暂缓执行申请,符合法律规定情形的,应当暂缓执行。

(二)作出罚款决定的机关与收缴罚款的机构相分离

在执行程序上,我国《行政处罚法》改变了长期以来一直实行的罚款由作出罚款决定的机关直接收缴的做法,确立了罚款决定机关与收缴罚款机构相分离的制度,在行政处罚决定作出后,作出罚款决定的行政机关及其工作人员不能自行收缴罚款,而由当事人自收到处罚决定书之日起15日内到指定的银行或者通过电子支付系统缴纳罚款,银行将收缴的罚款,直接上缴国库。这一制度也有例外,在存在以下情况时可以当场收缴罚款:(1)依法给予100元以下的罚款的;(2)不当场收缴事后难以执行的;(3)在边远、水上、交通不便地区,当事人到指定的银行或者通过电子支付系统缴纳罚款确有困难,经当事人提出,行政机关及其执法人员可以当场收缴罚款。对于收缴的罚款必须全部上交财政,财政部门不得以任何形式向作出行政处罚的机关返还这些款项的全部或部分。

(三)行政处罚的强制执行

强制执行,是指行政机关对在法定的期限内无正当理由逾期不履行义务的相对人,通过采取强制的手段迫使其履行义务,以确保行政处罚决定的实现。

行政机关实行强制执行是有条件的:一是相对人无正当理由逾期不履行行政处罚为其设定的义务,如果相对人属于客观上不能履行,则不能予以强制执行,相对人确有经济困难,需要延期或者分期缴纳罚款的,经其申请和行政机关批准,可以暂缓或者分期缴纳。行政机关批准延期、分期缴纳罚款的,申请人民法院强制执行的期限,自暂缓或者分期缴纳罚款期限结束之日起计算。二是必须是具有强制执行权的机关实施强制执行,且执行机关必须依法定的执行措施实施执行。

强制执行的措施有四种:(1)到期不缴纳罚款的,每日按罚款数额的3%加处罚款,加处罚款的数额不得超出罚款的数额;(2)根据法律规定,将查封、扣押的财物拍卖、依法处理或者将冻结的存款、汇款划拨抵缴罚款;(3)根据法律规定,采取其他行政强制执行方式;(4)依照《行政强制法》的规定申请人民法院强制执行。

[案例]

方林富炒货店诉西湖区市场监督管理局广告行政处罚案[①]

杭州市西湖区方林富炒货店(以下简称"方林富炒货店")系个体工商户。2015年11月5日,杭州市西湖区市场监管局(以下简称"西湖区市场监管局")执法人员接到对方林富炒货店的举报,到其店址西湖区西溪路78号进行检查,发现其西侧的墙、柱子、产品展示柜及销售栗子所使用的纸质包装袋上印有"最好""最优""最香""最特色"等宣传用语。具体为:1.西侧墙上的两块广告牌印有"方林富炒货店杭州最优秀的炒货特色店铺""方林富杭州最优秀的炒货店";2.柱子上的一块广告牌印有"杭州最优炒货店";3.经营场所展示柜内的两块商品介绍板写有"中国最好最优品质荔枝干""2015年新鲜出炉的中国最好最香最优品质燕山栗子";4.展示柜外侧下部贴有一块广告写有"本店的栗子,不仅是中国最好吃的,也是世界上最高端的栗子";5.对外销售栗子所使用的包装袋上印有"杭州最好吃的栗子"和"杭州最特色炒货店铺"。

西湖区市场监管局于2016年2月1日举行听证,其后于2016年3月22日作出534号行政处罚决定,认定方林富炒货店在西湖区西溪路78号对外从事食品经营活动,并在其经营场所内外及包装袋

---

① 参见浙江省杭州市中级人民法院(2018)浙01行终511号行政判决。

上发布广告,广告使用了"最好""最优""最香""最特色""最高端"等顶级词汇的宣传用语,据此认为违反了《广告法》第九条第三项"广告不得有下列情形:……(三)使用'国家级'、'最高级'、'最佳'等用语……"的规定,并根据《广告法》第五十七条第一项的规定和《杭州市规范行政处罚自由裁量权的规定》第九条的规定,依法从轻处罚,决定责令停止发布使用顶级词汇的广告,并处罚款人民币20万元。

方林富对此处罚决定不符不服,向杭州市市监局申请行政复议。杭州市市监局于2016年8月10日作出(杭)市管复决字〔2016〕139号《行政复议决定书》(以下简称139号复议决定),维持534号处罚决定。方林富仍然不服,以西湖区市场监管局和杭州市市场监管局为共同被告,向西湖区法院提起了行政诉讼。

一审法院经审查后认为:根据《广告法》第五十七条第(一)项规定,发布有《广告法》第九条规定的禁止情形的广告的,由工商行政管理部门责令停止发布广告,对广告主处20万元以上100万元以下的罚款,情节严重的,并可以吊销营业执照。故被诉处罚决定责令原告停止发布使用绝对化用语的广告,有相应的事实和法律依据。关于罚款数额,原告主张被告对其处以20万元罚款畸重。本院认为,罚款是行政处罚的种类之一,对广告违法行为处以罚款,除了应适用《广告法》的规定,还应遵循《中华人民共和国行政处罚法》(以下简称《行政处罚法》)的规定。《行政处罚法》第四条第二款规定了过罚相当原则,即"设定和实施行政处罚必须以事实为依据,与违法行为的事实、性质、情节以及社会危害程度相当";第五条规定了处罚与教育相结合原则,即"实施行政处罚,纠正违法行为,应当坚持处罚与教育相结合,教育公民、法人或者其他组织自觉守法"。《行政处罚法》第二十七条第一款规定了从轻、减轻的情形:"当事人有下列情形之一的,应当依法从轻或者减轻行政处罚:(一)主动消除或者减轻违法行为危害后果的;(二)受他人胁迫有违法行为的;(三)配合行政机关查处违法行为有立功表现的;(四)其他依法从轻或者减轻行政处罚的。"第二款规定了不予处罚的情形:"违法行为轻微并及时纠正,没有造成危害后果的,不予行政处罚。"其中"从轻处罚"是指在最低限以上适用较低限的处罚,"减轻处罚"是指在最低限以下处罚。具体到本案,被告西湖区市监局适用了从轻处罚,将罚款数额裁量确定为《广告法》规定的最低限,即20万元。法院作为司法机关,对行政机关的裁量,一般予以认可,但是,根据《中华人民共和国行政诉讼法》第七十七条第一款规定,行政处罚明显不当的,人民法院可以判决变更。本案20万元罚款是否明显不当,应结合《广告法》禁止使用绝对化用语所需要保护的法益,以及案件的具体违法情形予以综合认定。

《广告法》是一部规范广告活动,保护消费者合法权益,促进广告业健康发展,维护社会经济秩序的法律。该法明确禁止使用"国家级""最高级""最佳"等绝对化用语。在广告中使用绝对化用语,不仅误导消费者,不当刺激消费心理,造成广告乱象,而且贬低同行,属于不正当的商业手段,扰乱市场秩序。原告的广告违法行为既要予以惩戒,同时也应过罚相当,以起到教育作用为度。

根据案涉违法行为的具体情况,来考量违法情节及危害后果。首先,原告系个体工商户,在自己店铺和包装袋上发布了相关违法广告,广告影响力和影响范围较小,客观上对市场秩序的扰乱程度较轻微,对同行业商品的危害较小。其次,广告针对的是大众比较熟悉的日常炒货,栗子等炒货的口感、功效为大众所熟悉,相较于不熟悉的商品,广告宣传虽会刺激消费心理,但不会对消费者产生太大误导,商品是否其如商家所宣称"最好",消费者自有判断。综合以上因素,本院认为原告的案涉违法行为情节较为轻微,社会危害性较小,对此处以20万元罚款,在处罚数额的裁量上存在明显不当。根据本案前述具体情况,本院将罚款数额变更为10万元。

原告对一审法院的判决仍然不服,向杭州市中级人民法院提起上诉。杭州市中级人民法院作出的二审判决,维持了一审法院的判决。

原告仍不服,向浙江省高级人民法院申请再审,浙江省高级人民裁定驳回了方林富炒货店的再审申请。

评析:本案主要涉及过罚相当原则、处罚与教育相结合以及行政管理实体法与行政处罚法之间的关系问题。过罚相当原则是处罚公正原则的内在要求。处罚公正,要求行政处罚无论是设定还是实施都要过罚相当,即处罚要与违法行为的事实、性质、情节以及社会危害程度相当,这也是行政法的比例原则在处罚上的具体体现。本案中,行政机关作出行政处罚时没有充分考虑本案当事人违法行为情节轻重与社会危害性,机械适用《广告法》之规定作出处罚决定,引发了相关争议。一审法院以该处罚决定构成行政裁量明显不当,作出了变更判决,较为公允,体现了过罚相当原则和权利保障原则的要求。

[案例]

黄泽富等诉四川省成都市金堂工商行政管理局工商行政处罚案[①]

2003年12月20日,四川省金堂县图书馆与原告何伯琼之夫黄泽富联办多媒体电子阅览室。经双方协商,由黄泽富出资金和场地,每年向金堂县图书馆缴管理费2400元。2004年4月2日,黄泽富以其子何熠的名义开通了ADSL84992722(期限到2005年6月30日),在金堂县赵镇桔园路一门面房挂牌开业。4月中旬,金堂县文体广电局市场科以整顿网吧为由要求其停办。经金堂县图书馆与黄泽富协商,金堂县图书馆于5月中旬退还黄泽富2400元管理费,摘除了"金堂县图书馆多媒体电子阅览室"的牌子。2005年6月2日,金堂县工商局会同金堂县文体广电局、金堂县公安局对原告金堂县赵镇桔园路门面房进行检查时发现,金堂实验中学初一学生叶某、杨某、郑某和数名成年人在上网游戏。原告未能出示《网络文化经营许可证》和营业执照。金堂县工商局按照《互联网上网服务营业场所管理条例》第二十七条"擅自设立互联网上网服务营业场所,或者擅自从事互联网上网服务经营活动的,由工商行政管理部门或者由工商行政管理部门会同公安机关依法予以取缔,查封其从事违法经营活动的场所,扣押从事违法经营活动的专用工具、设备"的规定,以成工商金堂扣字(2005)第02747号《扣留财物通知书》决定扣留原告的

---

① 参见四川省成都市中级人民法院(2006)成行终字第228号行政判决。

32台电脑主机。何伯琼对该扣押行为及扣押电脑主机数量有异议，遂诉至法院，认为实际扣押了其33台电脑主机，并请求撤销该《扣留财物通知书》。2005年10月8日金堂县人民法院作出（2005）金堂行初字第13号《行政判决书》，维持了成工商金堂扣字（2005）第02747号《扣留财物通知书》，但同时确认金堂县工商局扣押了何伯琼33台电脑主机。同年10月12日，金堂县工商局以原告的行为违反了《互联网上网服务营业场所管理条例》第七条、第二十七条的规定作出了成工商金堂处字（2005）第02026号《行政处罚决定书》，决定"没收在何伯琼商业楼扣留的从事违法经营活动的电脑主机32台"。

　　四川省金堂县人民法院于2006年5月25日作出（2006）金堂行初字第3号行政判决：一、撤销成工商金堂处字（2005）第02026号《行政处罚决定书》；二、金堂县工商局在判决生效之日起30日内重新作出具体行政行为；三、金堂县工商局在本判决生效之日起15日内履行超期扣留原告黄泽富、何伯琼、何熠的电脑主机33台所应履行的法定职责。宣判后，金堂县工商局向四川省成都市中级人民法院提起上诉。成都市中级人民法院于2006年9月28日以同样的事实作出（2006）成行终字第228号行政判决，撤销一审行政判决第三项，对其他判项予以维持。

　　评析：本案主要涉及听证程序的适用范围。1996年《行政处罚法》第42条规定："行政机关作出责令停产停业、吊销许可证或者执照、较大数额罚款等行政处罚决定之前，应当告知当事人有要求举行听证的权利"。虽然该条规定没有明确列举"没收财产"，但是该条中的"等"系不完全列举，应当包括与明文列举的"责令停产停业、吊销许可证或者执照、较大数额罚款"类似的其他对相对人权益产生较大影响的行政处罚。为了保证行政相对人充分行使陈述权和申辩权，保障行政处罚决定的合法性和合理性，对没收较大数额财产的行政处罚，也应当根据《行政处罚法》第42条的规定适用听证程序。2021年修订的《行政处罚法》第63条对于听证程序的适用范围进行了扩充，将没收较大数额的违法所得、没收较大价值的非法财物都纳入听证程序的适用范围。

> 思考题

1. 什么是行政处罚?行政处罚有什么特征?
2. 哪些法律规范可设定行政处罚?分别可设定何种行政处罚?
3. 行政处罚须遵循哪些原则?
4. 行政处罚的普通程序与简易程序有何区别?
5. 什么是听证程序?它的意义是什么?有哪些具体制度?

第九章 行政强制

内容概要 行政强制是行政活动的典型特征,作为维持秩序的行政活动,如果没有强制手段,无以有效履行职能。依现行立法体例,行政强制由行政强制措施和行政强制执行组成。这二者之间既有联系,又有区别。掌握行政强制措施和行政强制执行各自的特征以及具体规则是重点所在。

学习重点 行政强制的概念和分类 行政强制措施与行政强制执行的设定 行政强制措施与行政强制执行的实施 行政强制措施与行政强制执行的程序

第一节 行政强制概述

一、行政强制的概念

行政强制是指行政主体为达致行政目的,依据法定职权和程序作出的对相对人的财产、人身及行为产生强制力的单方行为的总称。一般来说,行政强制由行政强制措施和行政强制执行行为组成。因而,行政强制实际上是一个集合概念。全国人大常委会2011年通过了《行政强制法》,该法调整的范围也大致包含了这两种行为。本章对行政强制的一般原理进行分析后,将分别对行政强制措施和行政强制执行进行阐述。

行政法学理论及立法机关之所以创造或采纳了行政强制这一概念,立法机关之所以能够在一部法律中对行政强制措施与行政强制执行统一规范,是因为二者性质相同或相近。二者的共性表现为:第一,职权的法定性,行政强制职权必须来自法律、法规的明确授权;第二,目的的多重性以及由此决定的种类的多样性,行政强制的采取可以是为了预防、避免违法行为、不利后果和危险状态的发生,也可以是为了控制违法行为、不利后果和危险状态的蔓延与扩大,还可以是为了调查取证和执行的便利,当然最重要的是实现为其他具体行政行为所确定的权利义务状态;第三,所采取行为具有的强制性,这是将二者连接在一起的最重要的基础,行政强制行为以国家强制力为后盾保障实施;第四,针对对象的广泛性,行政强制既可以对相对人的财产(包括经营行为),也可以对相对人的人身及其行为产生影响。

二、行政强制的界定

行政强制包括行政强制措施和行政强制执行。二者虽同为强制,但还是存在着一定的区别。为了对行政强制的内涵有充分的了解,必须对行政强制措施与行政强制执行加以区分。

所谓行政强制措施是指特定的行政主体为预防、控制违法行为、危险状态或不利后果的发生或扩大以及调查取证和执行的便利而依法对相对人的人身或财产限制其保持一定状态的程序上的处置行为。行政强制执行则是指相对人不履行行政决定所确定的义务时,有权机关实施的强迫其履行该义务的行为,包括直接强制和间接强制(主要指执行罚和代履行)两种类型。从上述定义看,行政强制执行与行政强制措施两者极易混淆。在实现一定的义务状态这一点上,二者相近,但是它们实现的由行政行为所确立的义务的性质不同,前者往往是一个经过争讼的、作为实体结论的作为义务,往往还是行政处罚确立的义务;而后者则是一个仅具有程序法意义的义务,往往是"容忍、不作为"义务。[①] 行政强制措施都是暂时性的,而行政强制执行是终局性的。行政强制措施是在行政决定作出前行政机关所采取的强制手段,例如查封、扣押行为发生在行政机关作出处罚决定之前。而行政强制执行是在行政决定作出后,为了执行该决定的内容而采取的强制性手段。例如罚款决定确定的义务人逾期不缴纳罚款时,行政机关或法院可以依法从其账户上划拨相应款项。此外,两者在主体的范围、采取的法定理由、实施的程序以及方式、方法上

---

① 参见胡建淼:《"行政强制措施"与"行政强制执行"的分界》,载《中国法学》2012年第2期。

均存在重大差异。同时,行政强制措施作为一种强制手段,可以在行政机关的检查监督中采取,也可能在行政强制执行中运用。但由于二者都涉及行政的最本质特征——强制,晚近以来,行政法学界有将两者合称行政强制并一起研究的趋势,这也正是确立本章题目的理由。

需要指出的是,行政强制执行虽名为"行政",但其执行主体不仅包括行政机关,还包括人民法院。依据我国目前的行政强制执行体制,大部分行政机关没有强制执行权,而需通过申请人民法院予以强制执行。我国目前单行法律中主要赋予了涉及外部紧急公共利益的少数行政机关以执行权,如公安、市场监管、税务、审计、财政、外汇管理、海关、专利、《城乡规划法》下可以强制拆除违章建筑的县级人民政府以及《兵役法》下可以强制服兵役的县级人民政府等。

此外,学理上有即时强制的概念,指行政机关在遇到重大灾害或事故,以及其他严重影响国家、社会、集体或者公民利益的紧急情况下,依照法定职权直接采取的强制手段。即时强制既有可能发生在行政强制措施领域,也有可能发生在行政强制执行领域。由于我国对即时强制的争论较大,这一概念并未出现在《行政强制法》的法条中。《行政强制法》第19条规定的紧急强制措施和第52条规定的立即代履行制度体现了即时强制的内容。即时强制具有以下特点:

第一,采取即时强制的目的在于及时排除重大灾害或事故,预防、制止危害社会安全和公共秩序以及损害公民人身权和财产权的行为,其适用具有紧急性。在出现紧急情况时,需要行政机关立即作出处理,对当事人的人身和财产采取控制措施,使之保持特定状态。例如警察发现"武疯子"伤人在即,可以直接将其扑倒,控制其人身。

第二,由于即时强制是在情况紧急时采取的,它一般没有作出即时强制决定的程序,而是直接付诸行动,因此在相关程序上可以简化或事后补办。例如为防止火灾蔓延,在火灾现场将处于下风口的房屋立即强制拆除,或在当事人无法清除高速公路上的遗撒物时,立即实施代履行。此时行政决定和执行合二为一,无暇催告当事人自动履行。但需要注意的是,即时强制也有程序要求,情况紧急需要当场实施行政强制措施的,行政执法人员应当在24小时内向行政机关负责人报告,并补办批准手续,行政机关负责人认为不应当采取行政强制措施的,应当立即解除。在立即代履行的情形下,行政机关也应当在事后立即通知当事人,并依法作出处理。

三、行政强制的原则

(一)法定原则

行政强制作为一项重要的行政权力,其设定和实施都必须遵循合法性原则,具体指行政强制的设定和实施应当依照法定的权限、范围、条件和程序。首先,关于行政强制措施的设定,有权设定行政强制措施的只有法律、行政法规和地方性法规,规章和其他规范性文件都没有设定行政强制的权限。有权设定行政强制执行的只能是法律。设定行政强制需满足法定条件,例如设定行政强制措施一般应符合制止违法行为、防止证据毁损、避免危害发生、控制危险扩大的条件。设定行政强制还应遵循适当原则,采用非强制手段可以达到行政管理目的时,不得设定行政强制。设定行政强制是一种立法行为,应符合法定的起草程序。其次,行政强制的实施也必须严格依照法律的规定进行。依法具有行政强制权的行政机关只能在法定职权范围内实施行政强制,且必须严格遵守《行政强制法》和单行法中规定的程序。

(二)教育和强制相结合的原则

行政强制本身并不是目的,通过必要的行政强制纠正违法行为,教育违法者和其他公民自觉守法才是目的。因此,实施行政强制不能片面强调强制,而是应当坚持教育与强制相结合。在制作行政强制决定前,应当告诫当事人,通过说服教育工作,给予当事人自觉履行法定义务的机会。在说服教育后当事人仍不自觉履行法定义务时,方可实行强制执行。在催告或实施前,只要当事人愿意自动履行的,应当立即停止强制执行。

我国《治安管理处罚法》第 5 条、《监察法》第 5 条和《行政处罚法》第 5 条分别规定了教育和处罚(惩戒)相结合的原则,这也是我国政府长期以来坚持的原则。教育相对人自觉守法,自觉履行法定义务,为行政目的的实现提供便利。行政强制应该是在穷尽教育手段仍然不能实现行政目的时不得已而采取的手段。

(三) 适当原则

行政机关设定行政强制权必须是为了维护公共利益所必需,对公民设定行政强制义务应当适当。《行政强制法》第5条规定:"行政强制的设定和实施,应当适当;采用非强制手段可以达到行政管理目的的,不得设定和实施。"这是比例原则在行政强制中的体现,要求设定行政强制权必须为了维护公共利益所必需,对公民设定行政强制义务应当适当,不能超出需要的限度。例如,《行政强制法》第23条规定:"不得查封、扣押与违法行为无关的场所、设施或者财物";第45条第2款规定:"加处罚款或者滞纳金的数额不得超出金钱给付义务的数额",这些都是适当原则的体现。

(四) 保护当事人合法权益的原则

在查封、扣押财产时,或者在强制迁出房屋、强制拆除违章建筑、强制退出土地时,应当通知被执行人或者其成年家属(法人或其他组织的法定代表人或者主要负责人)到场。应该赋予被执行人陈述、申辩的权利,必要时,也应该组织一定范围内的听证。如果被查封、扣押的财产是国家禁止自由买卖的物品,应交有关单位按照国家规定的价格收购,不能贱价作卖。

保护当事人合法权益还包括法律救济原则。相对人如认为行政强制措施侵犯其合法权益,有权提出行政争讼,以使有权机关对违法的行政强制措施予以纠正,防止实际损害的发生,若已发生则可以通过行政赔偿予以补救。我国《行政诉讼法》第12条第1款第2项、《行政复议法》第6条第2项以及《国家赔偿法》第3条第1项和第4条第2项都规定了相对人有权对之提起诉讼、申请复议与请求赔偿。

(五) 不得谋利原则

行政机关不得以行政强制权的行使来谋求单位或者个人利益。《行政强制法》第7条规定:"行政机关及其工作人员不得利用行政强制权为单位或者个人谋取利益。"行政机关不能将查封扣押的财产为机关或个人使用,也不能随意处分该财产。《行政强制法》第64条规定:"行政机关及其工作人员利用行政强制权为单位或者个人谋取利益的,由上级行政机关或者有关部门责令改正,对直接负责的主管人员和其他直接责任人员依法给予处分。"

第二节 行政强制措施

一、行政强制措施的概念与特点

根据《行政强制法》第2条,所谓行政强制措施,是指行政机关在行政管理过程中,为制止违法行为、防止证据损毁、避免危害发生、控制危险扩大等情形,依法对公民的人身自由实施暂时性限制,或者对公民、法人或者其他组织的财物实施暂时性控制的行为。在行政管理过程中,经常会发生这样的情况,需要行政机关采取临时性或暂时性的强制措施,通过对公民、法人或其他组织的人身或财物予以控制或限制,以预防和控制违法行为、危险状态或不利后果的发生或扩大。例如为了防止证据损毁,环保机关强行进入某一涉嫌超标排污的企业检查并取样留存;食品卫生机关对某种含有有害人体健康成分的食品进行封存;医疗机构对疑似新冠肺炎感染者进行强制隔离,等等。这些都属于行政强制措施的范畴。由此,行政强制措施具有以下特点:

第一,目的的多重性。采取行政强制措施既可能是为了预防违法行为或防止已发生的违法行为蔓延、扩大,也可能是为了调查取证的便利,或决定后执行的便利。从行政强制措施的目的出发对行政强制措施进行分类并作出理论上的阐释是必要的。

第二,临时性与可解除性。与上一特性相联系,行政强制措施并非对相对人作出的实体的、最终的结论,而仅仅是一个过程和阶段,且这一过程和阶段应有明确的时间上的限制,如区县市场监管局对有非法经营嫌疑企业账号的冻结以一个月为限,一个月后要么续批,要么解冻,要么作出实体的处罚予以没收。

第三,程序性与非制裁性。行政强制措施往往仅存在于某一完整的行政程序的一个相对独立的阶段,是整个行政程序的一个独立环节。如在行政处罚的一般程序中,为了调查取证的便利或防止违法行为人转移非法所得而将其账号内存款予以冻结。行政强制措施的采取往往是作出行政处罚的前置程序,它只是将相对人的人身或财产限制在一定状态,是一种处置而非处罚。与此相比,行政处罚则具有实体性、最终结论性和制裁性、惩罚性的特点。

第四,针对权利的限制性。行政强制措施所指向的相对人的人身权或财产权只是受到某种程度上的限制,而非实质的、实体上的剥夺。如查封、扣押特定财产只是对财产所有人或使用人对该财产的使用权与处分权作了一定时间上的限制,使其处于一种不确定的状态;而行政处罚则是剥夺了相对人某项权利。

第五,强制性。行政强制措施以行政机关所具有的强制力作后盾,其设定的义务状态必须要得到满足与实现,它是以行政主体所拥有的物质力量作为保障的。相对人拒绝履行时,行政主体有权采取必要的执行措施予以实现。

二、行政强制措施的种类与形式

前面述及,行政强制措施采用的目的可能有多重,因此,行政强制措施具有多种类型与形式。根据行政强制措施所指向的相对人的权利属性的不同,通常把行政强制措施分为两大类:一是限制人身自由的行政强制措施,又可以有若干的形式与手段;二是限制财产流通的行政强制措施,主要表现为查封、扣押和冻结等形式与手段。

(一)限制人身自由的行政强制措施

前已述及,对人身自由权而言,行政强制措施在法律属性上是对权利的限制而非行政处罚中的剥夺,因为后者是对违法行为的实体的、最终的结论。当然,两者对相对人而言是没有差别的,我们只是从法律属性上作了上述区分。实践中,限制人身自由的行政强制措施包括以下几种形式:

(1)留置盘问,也称留置盘查。这是我国《人民警察法》第9条赋予人民警察的对嫌疑人将其带至一定场所进行盘问的权力。留置盘问最多不超过24小时,特殊情况下经县级以上公安机关批准可以延长至48小时,并应当留有盘问记录。应该指出的是,留置盘问后可能发现犯罪行为而引起刑事拘留或逮捕,启动刑事诉讼程序,也可能导致行政拘留等行政处罚程序。但宏观上说,留置盘问属于行政强制措施,正像我国1996年修订的《刑事诉讼法》废除的收容审查制度一样,当时的行政诉讼实践均把收容审查当作行政强制措施予以立案,因为其符合行政强制措施的所有特性。

(2)传唤。传唤是指行政主体以书面或口头方式通知相对人到达某一特定场所的强制措施,其目的是要对其进行讯问、调查取证。我国《治安管理处罚法》第82条规定,对无正当理由不接受传唤或逃避传唤的,公安机关可以强制传唤。

(3)管束或约束身体。根据我国《治安管理处罚法》第15条的规定,公安机关对醉酒的人必要时可以使用保护性措施将其约束至酒醒。

(4)扣留。根据我国《海关法》第6条第4项的规定,在海关监管区和海关附近沿海沿边规定地区,对走私嫌疑人经直属海关关长或者其授权的隶属海关关长批准可以对其扣留24小时,在特殊情况下,可以延长至48小时。如有证据认为其构成犯罪的,海关必须将其移送有管辖权的司法机关。

(5)强制戒毒。这里的强制戒毒并非指医疗上的吸毒者自愿或由家属送至戒毒所的戒毒,而是根据我国《禁毒法》第38条的规定,由县级以上人民政府公安机关决定的将吸毒者送至强制隔离戒毒场所进行强制戒毒的行为。强制隔离戒毒的期限为2年,最长可以延长1年。

(6)强制隔离和强制隔离治疗。根据《传染病防治法》第39条的规定,医疗机构对甲类传染病的病人和病原携带者应当予以隔离治疗,对疑似病人应当在指定场所单独隔离治疗,对密切接触者在指定场所进行医学观察和采取其他必要的预防措施。如果拒绝隔离治疗或者隔离期限未满擅自脱离隔离治疗的,可以由公安机关协助医疗机构采取强制隔离治疗措施。2003年的"非典"疫情和2020年初的新冠肺炎疫情都用到了这几种强制措施。这里的医疗机构属于行政法上的法律授权组织,具有行政主体资格,其实施的强制隔离与治疗措施属于《行政强制法》所指的行政强制措施。

上述有法律根据的行政强制措施在违法采取时即产生国家赔偿责任。在《国家赔偿法》中,某些无法律根据而事实上限制了人身自由的行为也属于应予赔偿的范畴,如"办学习班""谈话"与"隔离审查"等,这些行政机关的行为也属行政强制措施的范畴。

需要指出的是,实践中曾经广为适用的收容教育、收容遣送等也属于限制人身自由的行政强制措施。至于劳动教养属于行政强制措施还是行政处罚,理论上曾有分歧,有关解释曾将其诠释为行政强制措施。但本质上说,劳动教养应该是一种最严厉的行政处罚。随着法治的不断健全,无论是对卖淫嫖娼人员的收容教育、对城市乞讨者的收容遣送还是作为行政处罚的劳动教养都已被废止,从而退出历史舞台。

(二)限制财产流通的行政强制措施

对相对人的财产权采取的行政强制措施主要是指限制财产所有人或使用人对该财产的所有权或使用权,使其在一定期限内处于一种不确定的状态,权利人暂时无法行使该项权利。实践中的查封、扣押常常与行政处罚和行政强制执行措施相混淆,这是应该予以澄清的。对财产的强制措施主要有:

(1)查封。指行政主体对相对人的动产或不动产予以查实、封存,待实体结论作出后再加以处理的具体行政行为。查封是一种典型的行政强制措施。查封主要针对的是不动产,往往称为"就地"查封,并须贴上封条予以登记造册,其所有人或使用人在查封期间不得进入或使用被查封的标的。

(2)扣押。被扣押财物的所有权人或使用权人在扣押期间不能行使对财产的使用权和处分权,其主要是针对动产,如相对人实施违法行为的工具、违禁品或其他非法财物,同时,扣押往往是"异地"的,即将扣押的财物空间上移至行政机关的办公地或其他适宜存放的地点。我国《行政处罚法》第 56 条规定的行政机关对证据的先行登记保存,就属于行政强制措施。

(3)冻结。主要是针对相对人银行存款账号内的资金宣布未经批准不得支取,有"只进不出"和"不进不出"两种冻结。冻结具有一定范围的时间限制,而不能无限期地冻结下去。根据《证券法》第

170条的规定,国务院证券监督管理机构有证据证明已经或可能转移或者隐匿违法资金的,可以冻结或者查封,期限为6个月;因特殊原因需要延长的,每次延长期限不得超过3个月,冻结、查封期限最长不得超过2年。如果案件有了实体结论,例如行政主体作出没收的处罚决定,则被冻结账号的存款将可能被行政强制执行而划拨至行政机关的账户内。

(4)其他行政强制措施。除上述限制财产的行政强制措施外,可能还有其他的行政强制措施。例如《行政处罚法》第56条规定的在证据可能灭失或以后难以取得的情况下对证据的先行"登记保存",《价格法》第31条规定的当市场价格总水平出现剧烈波动等异常状态时,国务院可以在全国范围内或者部分区域内采取临时集中定价权限、部分或者全面冻结价格的紧急措施等。

三、行政强制措施的设定

正像我国《行政处罚法》《行政许可法》对行政处罚和行政许可行为作了严格的设定限制一样,行政强制措施的设定也应受到限制,而且由于它比前两者对公民的合法权益构成的威胁更大,对其设定权的控制应更加严格。具体包括设定权限的分配和设定程序两个方面。

(一)行政强制措施的设定权限分配

设定权限的分配是指谁有权设定行政强制。设定权限包括创设和规定两个层面。首先,关于行政强制措施的创设权的分配,规则如下:

第一,法律的设定权。法律可以设定任何种类的行政强制措施。法律是特指最高国家权力机关制定的规范性文件,作为民选代表组成的最高国家权力机关,有权代表民意设定任何种类的行政强制措施。

第二,行政法规的设定权。行政法规设定行政强制措施必须具备两个条件:一是尚未制定法律,且属于国务院行政管理权事项的;二是只能设定限制公民人身自由和冻结存款、汇款以外的其他行政强制措施。

第三,地方性法规的设定权。地方性法规也享有行政强制的设定权,但其设定行政强制必须具备下列条件:一是在尚未制定法律、行政法规,且属于地方性事务的情况下;二是地方性法规只能设定查封场所、设施或者财物和扣押财物等行政强制措施。

其次,关于行政强制措施的规定权的分配规则是,下位法可以在上位法已经设定的行政强制措施的对象、条件和种类范围内进行具体规定。法律对行政强制措施的对象、条件和种类作了规定的,行政法规、地方性法规不得作出扩大规定。需要注意的是,法律中未设定行政强制措施的,行政法规、地方性法规不得设定行政强制措施,但如果法律规定特定事项由行政法规规定具体管理措施的,行政法规可以设定除限制人身自由和冻结存款、汇款以外的行政强制措施。

(二)行政强制措施的设定程序

关于行政强制措施的设定程序,由于设定是一种立法权力的体现,行政强制的设定还必须遵守特殊的程序要求。这不仅适用于行政强制措施,也适用于下文要讨论的行政强制执行。根据我国《行政强制法》的要求,行政强制的设定要遵循以下几项特殊要求:

第一,听取意见。凡拟设定行政强制的,起草单位应当采取听证会、论证会等形式听取意见。这是一种强制性要求,体现在,起草单位要向制定机关说明设定该行政强制的必要性、可能产生的影响以及听取意见和采纳意见的情况,否则不得设定行政强制。

第二,定期评价制度。行政强制的设定机关应当定期对所设定的行政强制进行评价,包括行政强制的实施效果,行政强制设定是否确有必要等,根据定期评价结果,对不适当的行政强制及时予以修改或者废止。定期评价还包括行政强制的实施机关也应当对已设定的行政强制的实施情况及存在的必要性适时进行评价,并将意见报告行政强制的设定机关。公民、法人和其他组织有权向行政强制的设定机关和实施机关就行政强制的设定和实施提出意见和建议,对所提出的意见和建议,有关机关应当认真研究论证,并以适当方式予以反馈。

四、行政强制措施的实施

行政强制措施虽然在行政管理中非常必要,但其实施直接关系到公民、法人和其他组织的切身利益,因此,其实施必须依照一定的规则。按照我国《行政强制法》的规定,行政强制措施的采取必须遵守以下几个方面的规则:

(一)实施主体

实施主体所要解决的是谁有权实施行政强制措施的问题。由于行政强制措施关系到公民的人身与财产,并不是任何组织都有权实施行政强制措施。相反,行政强制措施的实施主体受到严格限制。根据《行政强制法》第17条的规定,只有依法享有行政强制措施权的行政机关才有权采取行政强制措施。其他任何组织不得实施行政强制措施。依据《行政处罚法》的规定,行使相对集中行政处罚权的行政机关,可以实施法律、法规规定的与行政处罚有关的行政强制措施。同时,行政强制措施权具有专属性,行政机关不得将行政强制措施权委托他人实施。行政强制措施要由行政机关具备资格的行政执法人员实施,其他人员不得实施。

(二)实施程序

行政机关采取的行政强制措施多种多样,有限制人身自由的强制措施,也有对财产的强制措施;在对财产的强制措施中,有采取查封、扣押措施的,也有冻结存款或汇款的。因此,行政强制措施的实施有适用于所有措施的一般要求,也有适用于特定强制措施的不同要求。

1. 行政强制措施的一般要求

行政机关实施行政强制措施应当遵守下列一般规定:(1)实施前须向行政机关负责人报告并经批准;(2)由两名以上行政执法人员实施;(3)出示执法身份证件;(4)通知当事人到场;(5)当场告知当事人采取行政强制措施的理由、依据以及当事人依法享有的权利、救济途径;(6)听取当事人的陈述和申辩;(7)制作现场笔录;(8)现场笔录由当事人和行政执法人员签名或者盖章,当事人拒绝的,在笔录中予以注明;(9)当事人不到场的,邀请见证人到场,由见证人和行政执法人员在现场笔录上签名或者盖章;(10)法律、法规规定的其他程序。

2. 实施限制人身自由强制措施的特殊要求

(1)当场告知或者实施行政强制措施后立即通知当事人家属实施行政强制措施的行政机关、地点和期限;(2)在紧急情况下当场实施行政强制措施的,在返回行政机关后,立即向行政机关负责人报告并补办批准手续;(3)法律规定的其他程序。

3. 实施限制财物行政强制措施的特殊要求

行政机关决定实施查封、扣押的,要制作并当场交付查封、扣押决定书和清单。查封、扣押决定书应当载明下列事项:(1)当事人的姓名或者名称、地址;(2)查封、扣押的理由、依据和期限;(3)查封、扣押场所、设施或者财物的名称、数量等;(4)申请行政复议或者提起行政诉讼的途径和期限;(5)行政机关的名称、印章和日期。行政机关冻结存款、汇款的,应当向金融机构交付冻结通知书。冻结决定书应当载明下列事项:(1)当事人的姓名或者名称、地址;(2)冻结的理由、依据和期限;(3)冻结的账号和数额;(4)申请行政复议或者提起行政诉讼的途径和期限;(5)行政机关的名称、印章和日期。

(三)保管关系

行政机关对财物采取行政强制措施,与被采取强制措施的财物之间是一种保管关系,因此,要遵守保管关系的规则:(1)妥为保管的义务。行政机关对被查封、扣押的场所、设施或者财物,应当妥善保管,不得使用或者损毁;造成损失的,应当承担赔偿责任。(2)对查封的场所、设施或者财物,行政机关可以委托第三人保管,第三人不得损毁或者擅自转移、处置。因第三人的原因造成的损失,行政机关先行赔付后,有权向第三人追偿。(3)因查封、扣押发生的保管费用由行政机关承担。

(四)行政强制措施的解除

行政强制措施是行政机关为了某种行政目的采取的暂时性措施,在性质上要受到时间的约束。实施限制人身自由的行政强制措施不得超过法定期限,实施行政强制措施的目的已经达到或者条件已经消失,应当立即解除。采取限制财产权的行政强制措施的,行政机关应当及时查清事实,在法定期限内根据情况作出相应的处理决定:(1)违法事实清楚,依法应当没收的非法财物予以没收;(2)法律、行政法规规定应当销毁的,依法销毁;(3)应当解除行政强制措施的,作出解除行政强制措施的决定。

行政强制措施的解除是行政机关在一定情况下作出的处理决定。构成行政强制措施解除有如下情况:(1)当事人没有违法行为;(2)查封、扣押的场所、设施或者财物或者冻结的存款和汇款与违法行为无关;(3)行政机关对违法行为已经作出处理决定,不再需要查封、扣押或冻结;(4)查封、扣押或冻结存款、汇款期限已经届满;(5)其他不再需要采取查封、扣押或冻结措施的情形。这里尤其要注意的是,由于冻结存款、汇款是通过金融机构进行,行政机关作出解除冻结决定的,应当及时通知金融机构和当事人。金融机构接到通知后,应当立即解除冻结。行政机关逾期未作出处理决定或者解除冻结决定的,金融机构应当自冻结期满之日起解除冻结。

第三节 行政强制执行

一、行政强制执行的概念

(一)行政强制执行的含义

行政强制执行是指行政机关或者行政机关申请人民法院,对不履行行政决定的公民、法人或其他组织,依法强制履行义务的行为。行政强制执行具有以下特点:

第一,行政强制执行以行政相对人逾期不履行义务为前提。若行政相对人已主动履行了义务,就不产生行政强制执行问题。只有在相对人逾期不履行具体行政行为确定的义务时,才有采取行政强制执行的可能。不履行义务有两种形态:其一,继续从事已被明令禁止的行为,如已被责令停产停业,但义务人继续从事经营活动;其二,不履行必须以作为的方式积极履行的义务,如不缴纳应缴纳的税款。另外,相对人不履行义务还必须有主观上的故意,必须是有履行的能力而故意不履行或拒绝履行。对于有正当理由不能履行义务的,也不能适用行政强制执行。

第二,行政强制执行的目的是使义务得到实现。行政强制执行不是为相对人设定新的义务,而是使已设定的义务得以实现,为其他行政行为得以实现提供保证。当然,行政强制执行必须以行政行为确定的义务为限,如不能超出范围划拨相对人所有的存款。

第三,行政强制执行的根据是生效的行政决定或称具体行政行为。有人认为行政强制执行的根据还包括抽象的行政法律规范,但从各国立法的趋势看,倾向于仅以具体行政行为为表现载体的行政决定为依据,不以抽象的法律规定为直接依据,因为将法律规范作为行政强制执行的直接依据,容易导致行政机关滥用权力,不利于保护相对人的权利。抽象的行政法律规范所确定的义务必须经具体行政行为才能转化为强制执行的依据(在我国台湾地区称执行名义),实践中行政强制执行的标的也均为具体行政行为。

第四,行政强制执行的主体包括行政机关和人民法院。根据《行政诉讼法》的规定,我国行政强制执行以行政机关申请人民法院执行为原则、行政机关自行执行为例外,只有在法律、法规明确规定行政机关享有强制执行权时,行政机关才能自行强制执行。这是因为行政强制执行涉及相对人的人身和财产,为了保护相对人的利益,防止行政机关滥用权力,由人民法院执行更为合适。

(二)行政强制执行的界定

理解行政强制执行与相近概念的关系是把握行政强制执行概念的核心。

(1)行政强制执行与行政诉讼中的强制执行。行政诉讼中的强制执行是指公民、法人或其他组织拒绝履行生效判决、裁定和行政赔偿调解书的,行政机关可以申请人民法院强制执行,或者依职权强制执行。从形式上看,行政诉讼中的强制执行与行政强制执行相同,但实质上不同。区别在于行政强制执行的根据是生效的行政处理决定,执行的是行政法上的义务;行政诉讼中的强制执行的根据是人民法院的生效判决、裁定和行政赔偿调解书,执行的是生效判决、裁定或行政赔偿调解书中所确定的义务。

(2)行政强制执行与民事强制执行。行政强制执行与民事强制执行的区别主要有:其一,执行主体不同。行政强制执行的主体一般情况下是人民法院,法律、法规有特别规定时,也可以是行政机关。民事强制执行的主体则只能是人民法院。其二,执行根据不同。行政强制执行的根据是生效的行政处理决定即具体行政行为,即使执行主体是人民法院时,人民法院执行的仍然是行政处理决定。民事强制执行的根据则是人民法院生效的民事判决、裁定和调解书。其三,能否进行执行和解不同。行政强制执行实现的是行政法上的义务,行政机关对其享有的法定职权,原则上应按照法律的规定行使,无权自由处置。行政机关在不损害公共利益和他人合法权益的情况下,可以在实施强制执行时与当事人达成执行协议,对履行方式以及执行罚的减免进行安排。而民事强制执行实现的是当事人的民事权利,当事人有权自由处置,因此,可以进行执行和解。

(3) 行政强制执行与行政处罚。行政强制执行,尤其是其中的执行罚(详见下文),容易与行政处罚相混淆。二者性质是不同的,其主要区别在于行政处罚是对违法的相对人实施的制裁措施,旨在通过使违法义务人承担新的义务,制裁其违法行为,如吊销营业执照并处以罚款。它的着眼点是已发生的违法行为,通过制裁使行为人不再违法。而行政强制执行一般不再给相对人设定新的义务,而是强制实现具体行政行为已经确定的义务,如被处罚人没有按期缴纳罚款的,由行政机关申请人民法院强制划拨,实现已经作出的行政处罚决定。行政强制执行中的执行罚则是以设定新的金钱给付义务的方式督促相对人履行先前决定已经确定的义务,其着眼点是实现业已确定的义务。此外,行政处罚在适用时须遵循"一事不再罚"的原则,但执行罚则可以反复适用,直到相对人履行义务或者执行罚的数额达到先前的金钱给付义务的数额。

二、行政强制执行的种类

行政强制执行一般分为间接强制和直接强制。

(一) 间接强制

间接强制是指执行机关通过某种间接的强制手段迫使义务人履行义务或达到与履行义务相同的状态。它又可以分为代履行和执行罚两种。

1. 代履行

代履行,也称代执行,是指义务人不履行可由第三人代为履行的义务时,由第三人代为履行并向义务人征收必要费用的强制执行措施。例如,张三盗伐林木,林业部门责令其补种盗伐株数10倍的树木。张三拒不补种或补种不符合国家规定的情况下,林业部门可以代为补种,所需费用由张三承担。

代履行需要具备以下条件:(1)代履行的义务一般是作为义务,如排除妨碍、恢复原状。对不作为义务,如责令停产停业处罚的执行,就不能适用代履行。另外,该作为义务还必须可由他人代为履行,有些针对特定人的不能由他人代为履行的义务则不能适用代履行,如服兵役。(2)义务人在法定期限内故意不履行义务。对于有正当原因不能履行的,不能适用行政强制执行。(3)义务人不履行的后果已经或者将危害交通安全、造成环境污染或者破坏自然资源,满足此种后果要件方可适用代履行。(4)代履行的他人既可以是执行机关和相对人以外的没有利害关系的第三人,也可以是执行机关自身。如我国《森林虫害防治条例》第23条规定:被责令限期根除病虫害者不除治的,森林主管部门或者其授权的单位可以代为除治,由被责令限期除治者承担全部费用。

代履行的程序一般包括三个阶段:送达代履行决定并催告、代履行、征收费用。行政机关应制作代履行决定书送达给义务人,并在代履行三日前催告其履行,只有在催告期届满当事人仍未履行的情况下,始得代履行。代履行完毕后,由执行机关向义务人收取执行费用,执行费用以执行的实际支出为限。

2. 执行罚

执行罚,是指义务人不履行义务,该义务又不能由他人代为履行时,由执行机关对义务人科以新的金钱给付义务,促使义务人早日履行义务。执行罚主要针对不履行罚款、税款、行政收费等金钱给付义务的行为,包括加处罚款、滞纳金等形式。例如《行政处罚法》第72条规定,到期不缴纳罚款的,每日按罚款数额的3‰加处罚款。根据《税收征收管理法》第32条的规定,纳税人未按照规定期限缴纳税款的,税务机关除责令限期缴纳外,还可以从滞纳税款之日起,按日加收滞纳税款万分之五的滞纳金,以促使其早日缴纳税款。执行罚的目的在于促使义务人早日履行义务,不是对义务人进行制裁。

执行罚的适用必须具备以下要件:(1)执行罚一般适用于必须由本人履行,他人无法替代的义务。(2)执行罚的数额必须由法律、法规明文规定,执行机关不得自行设定。(3)执行罚按日计算,从义务人履行义务的期限届满之日起,直至义务人履行义务止。如果义务人履行了义务,执行罚应停止执行,不能再收取。此外,《行政强制法》还规定加处罚款或者滞纳金的数额不得超出金钱给付义务的数额,一旦达到金钱给付义务的数额,执行罚也应当停止,避免产生"天价罚单"。

(二)直接强制

直接强制是指义务人逾期不履行义务时,由执行机关直接采取强制措施,迫使其履行义务或达到与义务人履行义务相同的状态。直接强制是迫使义务人履行义务或达到与履行义务相同状态的最有效的方法,虽然有利于提高行政效率,但如果滥用则会直接侵害相对人的合法权益,从而变成一种比行政处罚还严厉的"行政暴力",因此,直接强制的适用有非常严格的条件。这些条件是:

(1)必须有法律明确授权。

(2)必须已经穷尽间接强制方式。间接强制不如直接强制严厉,有错误也易于纠正,对相对人的影响相对较轻。因此,能适用间接强制的要尽可能适用间接强制,只有在间接强制无法达到目的或不能适用间接强制时,才能适用直接强制。这尤其体现在金钱给付义务的执行上,《行政强制法》第46条明确规定,行政机关实施加处罚款或滞纳金超过30日,经催告当事人仍不履行的,行政机关方可自力强制执行或申请法院非诉执行。

(3)直接强制执行中必须严格贯彻适度原则。执行机关实际执行时采取的强制措施的力度以能达到履行义务的状态为限,不能任意扩大范围,并应尽可能使用强度轻的执行方法。特别是对公民的人身实施直接强制时,不能对公民的人身造成伤害。

根据《行政强制法》的规定,直接强制的方式包括划拨存款、汇款,拍卖或者依法处理查封、扣押的场所、设施或财物,排除妨碍、恢复原状等。直接强制按其内容可进行如下分类：

(1) 对人身的强制执行方式：如《兵役法》第 61 条规定,有服兵役义务的公民拒绝、逃避兵役登记的,应征公民拒绝、逃避征集的,预备役人员拒绝、逃避军事训练的,经教育不改,基层人民政府应当强制其履行兵役义务。

(2) 对财产的强制执行方式：包括① 强制划拨。如税务机关对应纳税款的纳税义务人通知银行从其账户上划拨应纳税款。② 强制拍卖。如《税收征收管理法》第 37 条规定,纳税人因不缴纳税款被扣押商品、货物,之后仍不缴纳税款的,经县以上税务局（分局）局长批准,可以拍卖、变卖所扣押的商品、货物,以拍卖、变卖所得抵缴税款。③ 强制抵缴。强制抵缴是指执行机关将扣留的义务人的财产予以变卖,支付其应缴纳款项,以达到与履行义务相同状态的一种强制执行方法。如《海关法》第 60 条规定,进出口货物的纳税义务人,应当自海关填发税款缴款书之日起 15 日内缴纳税款;逾期缴纳的,由海关征收滞纳金;超过 3 个月仍未缴纳的,海关可以将货物变卖抵缴。④ 强制拆除。如《城乡规划法》规定行政机关责令违章建筑、违法占地建筑的所有人或使用人在指定期限内拆除违章建筑,如逾期不履行,由执行机关通过法定程序拆除。

(3) 对行为的强制执行方式：① 强制许可。如《专利法》第 53 条规定,法定情形下,国务院专利行政部门根据具备实施条件的单位或者个人的申请,可以给予实施发明专利或者实用新型专利的强制许可。② 强制检定。如《计量法》第 9 条规定,县级以上人民政府计量行政部门对社会公用计量标准器具,部门和企业、事业单位使用的计量标准器具,以及用于贸易结算、安全防护、医疗卫生、环境监测方面的列入强制检定目录的工作计量器具,实行强制检定。

三、行政强制执行的设定

根据《行政强制法》第 13 条的规定,行政强制执行由法律设定。法律没有规定行政机关强制执行的,作出行政决定的行政机关应当申请人民法院强制执行。对比来看,《行政强制法》赋予了行政法规、地方性法规等行政强制措施的设定权,但将行政强制执行的设定权全部收归到法律这一层级。换言之,除法律之外的其他所有规范均不得设定强制执行。

《行政强制法》在起草时,曾对是否应赋予行政法规以强制执行设定权有过讨论。截至 2010 年上半年的 600 多件行政法规中,有 52 件规定了行政强制执行,其中有法律依据的只有 12 件。《行政强制法》出台后,便需要对设定了直接强制执行的行政法规进行清理,例如原《价格管理条例》规定物价检查机构可以对拒缴非法所得或罚款的直接通知银行予以划拨,这就违反了《商业银行法》关于划拨只能由法律规定的规定,因此需要被废除。

需要注意的是,尽管《行政强制法》对行政机关的直接强制执行进行了严格的限制,它对行政机关的间接强制进行了普遍或部分的授权,以此回应行政机关行使强制执行权力的实践需求。例如《行政强制法》第 45 条规定,行政机关依法作出金钱给付义务的行政决定,当事人逾期不履行的,行政机关可以依法加处罚款或者滞纳金。《行政处罚法》第 72 条规定了加处罚款的额度,即每日按罚款数额的 3‰ 加处罚款。换言之,加处罚款或滞纳金此种执行罚的方式获得了法律的普遍授权。此外,《行政强制法》第 50 条规定了代履行的适用条件,即行政机关依法作出要求当事人履行排除妨碍、恢复原状等义务的行政决定,当事人逾期不履行,经催告仍不履行,其后果已经或者将危害交通安全、造成环境污染或者破坏自然资源。换言之,《行政强制法》授权行政机关满足特定条件时可以进行代履行。加处罚款、滞纳金、代履行作为间接强制执行方式,即使发生问题危害性也较小,这也是《行政强制法》对其进行普遍或部分授权的原因。这也意味着只要不超越上位法规定的适用条件,法规、规章和规范性文件均可直接规定这三种间接强制执行方式,并不违反下位法与上位法不抵触的原则。①

---

① 参见于立深:《〈行政强制法〉实施中若干争议问题的评析》,载《浙江社会科学》2012 年第 7 期。

四、行政强制执行的程序

(一)行政机关申请人民法院强制执行的程序

(1)条件。根据最高人民法院《关于适用〈中华人民共和国行政诉讼法〉的解释》(以下简称《适用解释》)第155条的规定,行政机关申请人民法院强制执行行政行为的,应当具备以下条件:

第一,行政行为依法可以由人民法院执行。

第二,行政行为已经生效并具有可执行内容。

第三,申请人是作出该行政行为的行政机关或者法律、法规、规章授权的组织。

第四,被申请人是该行政行为所确定的义务人。

第五,被申请人在行政行为所确定的期限内或者行政机关催告期限内未履行义务。

第六,申请人在法定期限内提出申请。

第七,被申请执行的行政案件属于受理执行申请的人民法院管辖。

(2)申请期限。根据《适用解释》第156条的规定,没有强制执行权的行政机关申请人民法院强制执行其行政行为,应当自被执行人的法定起诉期限届满之日起3个月内提出。逾期申请的,除有正当理由外,人民法院不予受理。此外,根据《适用解释》第158条的规定,行政机关根据法律的授权对平等主体之间民事争议作出裁决后,当事人在法定期限内不起诉又不履行,作出裁决的行政机关在申请执行的期限内未申请人民法院强制执行的,生效行政裁决确定的权利人或者其继承人、权利承受人在6个月内可以申请人民法院强制执行。

(3)管辖法院。根据《适用解释》第157条的规定,行政机关申请人民法院强制执行其具体行政行为的,由申请人所在地的基层人民法院受理。执行对象为不动产的,由不动产所在地的基层人民法院受理。基层人民法院认为执行确有困难的,可以报请上级人民法院执行;上级人民法院可以决定由其执行,也可以决定由下级人民法院执行。

(4) 提出申请。根据《行政强制法》第 55 条的规定,行政机关申请人民法院强制执行,应当提交强制执行申请书,行政决定书及作出决定的事实、理由和依据,当事人的意见及行政机关催告情况,申请强制执行标的情况以及法律、行政法规规定的其他材料。

(5) 财产保全。根据《适用解释》第 159 条的规定,行政机关或者行政行为确定的权利人申请人民法院强制执行前,有充分理由认为被执行人可能逃避执行的,可以申请人民法院采取财产保全措施。后者申请强制执行的,应当提供相应的财产担保。

(6) 人民法院审查决定是否受理。根据《适用解释》第 155 条的规定,人民法院在接到强制执行申请后要对申请是否符合条件进行审查,如果符合条件,应当在 5 日内立案受理,并通知申请人;对不符合条件的申请,应当裁定不予受理。行政机关对不予受理裁定有异议,在 15 日内向上一级法院申请复议的,上一级法院应当在收到复议申请之日起 15 日内作出裁定。需注意,立案阶段的审查属于程序性审查,不涉及具体行政行为合法性等实体问题,只要符合第 155 条规定的诸项程序性条件,人民法院就应立案受理。

(7) 审查和决定。根据《适用解释》第 160 条的规定,人民法院对于符合条件的申请受理后,应当在 7 日内由行政审判庭对行政行为的合法性进行审查,并就是否准予强制执行作出裁定。法院在作出裁定前发现行政行为明显违法并损害被执行人合法权益的,应当听取被执行人和行政机关的意见,并自受理之日起 30 日内作出是否准予执行的裁定。与决定是否受理阶段不同,审查阶段人民法院要对行政行为的合法性进行实体审查,只有行政行为合法的,人民法院才能裁定执行。需要采取强制执行措施的,由人民法院负责强制执行非诉行政行为的机构执行。实践中,可能是行政审判庭,也可能是执行庭(局)。

人民法院对申请执行行政行为的合法性审查标准与行政诉讼中作为诉讼标的的行政行为的审查标准是不同的。根据《适用解释》第 161 条的规定,被申请的行政行为有下列情形之一的,人民法院应当裁定不准予执行:实施主体不具有行政主体资格的;明显缺乏事实根据的;明显缺乏法律、法规依据的;其他明显违法并损害被执行人合法权益的。如果行政机关对不予执行的裁定有异议,在15日内向上一级法院申请复议的,上一级法院应当在收到复议申请之日起30日内作出裁定。

(8) 强制执行的准备和实施。执行机构应制定执行计划,通知相应协助执行的单位或个人。执行结束后,应将情况书面通知申请执行的行政机关。强制执行需要支付费用的,由被执行人负担,被执行人应及时交纳有关费用。

(二) 行政机关自行强制执行的程序

行政强制执行涉及公民、法人或其他组织的人身权、财产权,它的适用不仅要做到实体合法,同时要做到程序合法,以防止行政机关滥用权力,保护相对人的合法权益。根据我国《行政强制法》的规定,行政强制执行程序可分为一般程序和特别程序,一般程序是指各类行政机关在强制执行时普遍遵循的程序,特别程序则指特定强制执行措施特别适用的执行要求。一般来说,行政强制执行需要遵循以下程序。

(1) 催告。在作出强制执行决定之前,应当事先以书面形式催告当事人履行义务。不经催告就直接采取强制执行措施,不利于保护义务人的权利,因此,催告是行政强制执行的必经程序。催告通知书应载明下列事项:履行义务的期限;履行义务的方式;涉及金钱给付的,应当有明确的金额和给付方式;当事人依法享有的陈述权和申辩权。

(2) 陈述申辩。当事人收到催告书后有权进行陈述和申辩,因为当事人不履行义务可能是不知道,或者知道法定义务后存有异议。行政机关应当充分听取当事人的意见,对当事人提出的事实、理由和证据,应当进行记录、复核。当事人提出的事实、理由或者证据成立的,行政机关应当采纳。

(3) 制作行政强制执行决定。经催告,当事人逾期仍不履行行政决定,且无正当理由的,行政机关可以作出强制执行决定。行政强制执行决定将直接对义务人的权利产生影响,因此必须以书面方式作出并载明以下内容:当事人的姓名或者名称、地址;强制执行的理由和依据;强制执行的方式和时间;申请行政复议或者提起行政诉讼的途径和期限;行政机关的名称、印章和日期。在催告期间,对有证据证明有转移或者隐匿财产迹象的,行政机关可以作出立即强制执行的决定。

(4)实施强制执行。在执行过程中,行政机关必须遵守有关程序和要求,如表明公务身份、出示身份证件;出示执行根据,说明有关情况;强制执行过程中及结束后,执行人员都应制作相应执行笔录。同时,行政机关不得在夜间或者法定节假日实施强制执行,情况紧急的除外。行政机关也不得对居民采取停止供水、供电、供热、供燃气等方式迫使当事人履行相关行政决定。

(5)中止执行。在强制执行过程中,发生下列情形之一的,行政机关应当暂时中止执行:当事人履行行政决定确有困难或者暂无履行能力的;第三人对执行标的主张权利,确有理由的;执行可能造成难以弥补的损失,且中止执行不损害公共利益的;行政机关认为需要中止执行的其他情形。

中止执行是由于某种原因的发生而暂时停止执行,因此,中止执行的情形消失后,行政机关应当恢复执行。但是,对没有明显社会危害,当事人确无能力履行,中止执行满3年未恢复执行的,行政机关不再执行。

(6)终结执行。终结执行的指因某种情况的发生而结束执行。根据《行政强制法》第40条的规定,当发生下列情况,终结执行:公民死亡,无遗产可供执行,又无义务承受人的;法人或者其他组织终止,无财产可供执行,又无义务承受人的;执行标的灭失的;据以执行的行政决定被撤销的;行政机关认为需要终结执行的其他情形。

(7)执行回转。执行回转是一项错误弥补制度,指在执行中或执行完毕后,据以执行的行政决定被撤销、变更,或者执行错误的,应当恢复原状或者退还财物;不能恢复原状或者退还财物的,依法给予赔偿。执行回转的标的只能是财物,对人身的强制执行无法回转。

(8)执行和解。执行和解是我国强制执行制度的创新,其具体形式是达成执行协议。实施行政强制执行中,行政机关可以在不损害公共利益和他人合法权益的情况下,与当事人达成执行协议。执行协议可以约定分阶段履行;当事人采取补救措施的,可以减免加处的罚款或者滞纳金。注意,不能减免罚款本金。但是,当事人应当履行执行协议,如果当事人不履行执行协议的,行政机关应当恢复强制执行。

思考题

1. 行政强制的概念和特征是什么?
2. 行政强制措施、行政强制执行、即时强制三个概念如何界分?
3. 什么是行政强制措施?在什么情况下可采取行政强制措施?
4. 什么是行政强制执行?它可分为什么种类?
5. 哪些机关有权实施行政强制执行?
6. 即时强制的特征是什么?

第十章 行政合同

内容概要 传统上认为合同为民事活动所独有,行政管理则以权力服从为特征。但现代行政活动所面对社会事务的复杂性,使双方行为的行政合同成为行政机关推行公务的重要手段。前面各章主要分析了行政单方行为,本章主要探讨双方行为的行政合同。行政合同概述分析了行政合同的概念、法律属性和种类,行政合同行为则探讨了行政合同的缔结、履行、变更、解除和终止,特别是行政合同当事人双方各自的权利义务。对行政合同的理解可以在与行政单方行为、民事行为的比较中把握。

学习重点 行政合同的概念 行政合同的作用 行政合同的种类 行政合同的救济

第一节 行政合同概述

一、行政合同的概念、特征与法律属性

（一）行政合同的概念

行政合同,有广义与狭义之分,广义的行政合同指行政机关为实现行政管理或公共服务目标,与相对人签订的合同,以及行政主体之间签订的合同。狭义的行政合同仅是指前者,即行政机关为实现行政管理或公共服务目标、行使行政职权,与相对人经协商一致而达成的协议,也称行政契约、行政协议。本章内容限于狭义的行政合同。

行政合同是一种行政行为,但又不同于传统的行政机关单方作决定的行政活动方式,而是由行政机关与相对人协商一致作出,是一种双方行为。但是,尽管行政合同采用了合同的形式,贯彻意思自治、契约自由精神,但其又不同于民事合同,在行政合同的履行中,作为行政合同一方当事人的行政机关享有行政优益权,这是民事合同

的当事人所没有的。

(二) 行政合同的特征

(1) 行政合同的当事人必有一方是行政机关。行政合同是行政机关为了实现行政管理目标、行使行政职权、履行行政职责而签订的,因此,当事人中必须有一方是行政机关。没有行政机关的参加,不能称为行政合同。行政合同必须有行政机关的参加,并不意味着行政机关参加的所有合同都是行政合同。因为行政机关具有多重法律身份。当行政机关以民事主体的身份签订合同时,如租用办公楼与所有权人签订合同时,该合同是民事合同。只有当行政机关以行政主体的身份签订合同时,该合同才是行政合同。

(2) 行政合同的目的是实施行政管理或实现公共服务目标。行政机关签订行政合同的目的是实现行政管理职能,或实现公共服务目标,其目的是维护公共利益,而不是为了自身的经济利益。例如,行政机关为了自身需要的租房合同或者维修、采购合同,都不是行政合同,而是民事合同。如果为了修建公路、桥梁、公共体育场所、机场等公共设施,行政机关与中标企业签订公共工程承揽合同,这些合同具有公益目的,属于行政合同。

(3) 行政合同是一种双方行为,以行政机关和相对人的意思表示一致为前提。行政合同不同于传统的以行政机关单方意志而决定成立的行政行为模式,是一种双方行为。行政合同的订立,需要与相对人协商一致,取得相对人的同意,行政机关不能将自己的意志强加给对方,更不能采用命令、强迫的方式。

(4) 行政机关对于行政合同的履行享有行政优益权。与民事合同主体签订合同是为了自身利益不同,行政机关签订行政合同是实现行政管理目标或公共服务的目标,维护公共利益。因此,行政机关对行政合同的履行享有民事合同主体不享有的行政优益权。具体体现为对合同履行的监督权、指挥权、单方变更权和解除权。当然,行政机关行使行政优益权必须受到严格限制,只有在合同订立后由于公共利益的需要或法律、政策的重大调整,必须变更或解除时,才能行使单方变更、解除权。由此造成相对人合法权益损害的,应予以相应补偿。

(三)行政合同的法律属性

(1)行政属性。行政合同的行政性,是指行政主体借助于合同形式实现其行使行政职权的目的。因此,它不同于行政主体以民事主体——机关法人的身份与他人就民事权益订立的私法上的合同。行政合同的行政性表现在:其一,行政合同必有一方是行政主体,即具有法定行政职权的行政机关或法律、法规、规章授权的组织以及其他依法接受委托行使公共管理职能的组织。其二,行政合同的内容是行政管理的公共事务或公共服务,具有公益性。合同的内容涉及公共利益还是私人权益是决定合同是行政合同还是民事合同的重要标准。其三,行政主体在行政合同的变更和解除上享有行政优益权。这种行政优益权显示出行政主体与行政相对一方在行政合同中的不平等的法律地位。

(2)民事属性。行政合同的民事属性区别于一般行政行为的单方性,指行政合同的订立必须以行政主体与行政相对人共同协商一致为前提。这一特征决定了行政合同仍然属于合同的范畴,并受合同的一般原理指导。行政合同的合意性体现在:其一,行政相对一方对于合同是否订立、合同内容有一定的选择权。这种选择权是合同自由原理的具体体现,行政合同在一定程度上仍然反映这一特点。但是,行政相对人无论有多少选择权,对行政主体却不能选择。这是由行政事务管辖权的法定性所决定的。其二,行政合同的内容具有可妥协性,这种妥协性表现在行政相对一方有权提出修正、变更行政合同内容的建议,行政主体可以根据具体情况对行政相对人的要求作出适当的让步,以便就行政合同的订立达成一致。

二、行政合同的作用

行政合同结合了传统行政行为与民事合同行为的特点,是一种灵活的行政管理活动方式。一方面,行政合同改变了传统的行政机关单方决定的行政管理方式,体现了民事合同中契约自由、意思自治的思想,反映了相对人的意志,有利于调动和激发相对人的积极性和创造性;另一方面,行政合同保留了行政机关的行政优益权,行政机关对合同的履行有监督、指挥权,保证了行政管理和公共服务目标的实现。

(1) 行政合同反映了相对人的意志,有利于激发相对人的积极性和创造性。在公共工程、福利行政、教育、环保、科研等领域,采用传统的单方命令管理方式无法更好地实现行政管理目标,行政机关越来越需要寻求与相对人之间的合作,行政合同正是适应这一需要而产生的。经过双方协商一致签订的行政合同反映了相对人的意志,体现了相对人对行政活动的参与,有利于激发相对人的积极性和创造性,更好地完成行政管理的目标。而且,为了保证行政合同的顺利履行,行政机关往往在行政合同中给予相对人一些优惠,如在粮食定购合同中政府将为相对人提供平价化肥、柴油等优惠,这也有利于激发相对人的积极性,鼓励其更好地履行合同。

(2) 行政合同明确了行政机关和相对人的权利义务,使行政管理与公共服务的目标具体化,有利于行政管理与公共服务目标的实现。行政合同将行政机关和相对人行政法上的权利、义务明确下来,这对双方都是一种约束和限制,从而使行政管理的目标具体化,有利于行政管理目标的实现。在行政合同的履行中,行政机关享有监督权、指挥权、单方变更权和解除权,负有按合同约定提供优惠、支付报酬、赔偿损害、补偿损失等义务;相对人则享有取得优惠和报酬、损害赔偿请求权和损失补偿请求权等权利,负有按合同约定完成任务的义务。这样,双方在行政活动中的责、权、利得以明确,没有履行义务的一方就要承担相应的法律责任,有利于促使双方积极认真履行义务,从而保证行政管理目标的实现。

三、行政合同的种类

随着我国从计划经济向社会主义市场经济的转变,国有企业所有权和经营权的分离,行政机关的行政管理方式发生了很大变化,行政合同的运用日益广泛。因为我国没有制定专门的《行政程序法》或《行政合同法》,所以对于行政合同的定义与范围一直存在不同观点。2014年的《行政诉讼法》修改,第一次明确将行政协议纳入行政诉讼受案范围。2019年,最高人民法院通过了《关于审理行政协议案件若干问题的规定》(以下简称《行政协议规定》),于2020年1月1日

起施行。根据《行政诉讼法》和《行政协议规定》,我国的行政合同主要包括以下类型:

(1) 政府特许经营合同。它是行政机关与民间(或国外)投资者之间签订的,由行政机关提供政策优惠等方面的保证,由投资者承建、拥有、经营、维护大型基础设施或工业项目,并在协议期满后将该基础设施或工业项目无偿地移交政府的合同。比较典型的是BOT,即 Build-Operate-Transfer 的缩写,意为建设—经营—移交,是一种新型的行政合同形式。

通过BOT政府特许经营合同,政府将本来应由国家公营机构承担的大型基础设施或工业项目的设计、融资、建设、经营和维护的权利授予国内外私营机构,允许该私营机构在一定期间内拥有、经营和维护该设施,并通过收取使用费或服务费等,收回其对该项目的投资以及经营和维护该项目所需费用,以偿还该项目的所有债务并取得预定的资金回报收益。许可期限届满后,投资者将该项目无偿地移交项目所在国行政机关,从而完成BOT的运营。BOT政府特许经营合同有助于吸收国内外民间的才智、资金和经营经验,有助于缓解政府的财政困难,从而提高国民生活质量和公共服务水平,增进人民福利,是兼顾政府、全体人民和投资企业三方利益的新型手段,为世界许多国家所关注和效仿。1995年我国原对外贸易经济合作部发布《关于以BOT方式吸收外商投资有关问题的通知》,为将这种新型合同方式运用于我国经济建设之中作出了相应规定。

政府特许经营合同一般涉及公共资源配置和有限自然资源开发利用等领域,在我国广泛存在于城市基础设施建设、城市供水、供电、供热、污水处理、垃圾处理以及城市公共交通等领域。例如我国2015年起实施的《基础设施和公用事业特许经营管理办法》第2条规定:"中华人民共和国境内的能源、交通运输、水利、环境保护、市政工程等基础设施和公用事业领域的特许经营活动,适用本办法。"第3条规定:"本办法所称基础设施和公用事业特许经营,是指政府采用竞争方式依法授权中华人民共和国境内外的法人或者其他组织,通过协议明确权利义务和风险分担,约定其在一定期限和范围内投资建设运营基础设施和公用事业并获得收益,提供公共产品或者公共服务。"

（2）土地、房屋等征收征用补偿合同。公用征收征用合同是指行政机关为了社会公共利益，在依法给予相对人补偿的前提下，与相对人签订的征收、征用其财产的行政合同。这类合同目前广泛运用于城市建设、交通道路、水利设施等基础建设领域。我国《土地管理法》《城市房地产管理法》《国有土地上房屋征收与补偿条例》等对此都有明确的规定。公用征收征用必须给予被征收、征用人相应的补偿，行政合同应就补偿、安置等问题达成协议。

（3）国有自然资源使用权出让合同。这是行政机关代表国家与相对人签订的将国有自然资源使用权在一定期限内出让给相对人，相对人支付出让金并按合同的规定开发利用国有自然资源的合同。例如，矿业权出让合同与国有土地出让合同都是最典型的行政合同，矿业权出让协议主要包括探矿权、采矿权出让协议。国有土地使用权出让合同由国土资源行政管理部门与土地使用者签订，并由国土资源行政管理部门对合同的履行进行监督，对使用者没有按合同的约定开发利用土地，或者改变土地用途的，有权进行纠正、处罚，或者无偿收回土地使用权。

对于这一类合同的性质，民法学界的一些学者认为仍然属于民事合同，反对将其纳入行政合同的范围，认为"我国自然资源改革的总体目标是发挥市场在自然资源配置中的作用，而不是要使政府在自然资源配置中发挥决定性作用，因此，对国有自然资源使用权出让协议而言，核心应当是将其定位为一种市场行为，而不是一种行政管理手段。既然是市场行为，就应当属于民事合同的范畴"。[①] 行政法学界主流观点仍然认为是行政合同，国有土地使用权出让合同属于国家作为公共财产所有者和管理者所订立的合同，由国家机关作为一方当事人，具有明显的公益性。[②] 鉴于法学界对于国有土地出让合同的争议较大，《行政协议规定》第 2 条对行政协议范围的规定，并

[①] 王利明：《论行政协议的范围——兼评〈关于审理行政协议案件若干问题的规定〉第 1 条、第 2 条》，载《环球法律评论》2020 年第 1 期。

[②] 参见何海波：《行政诉讼法》（第二版），法律出版社 2016 年版，第 160 页。

没有采用"国有土地使用出让协议等国有自然资源使用权出让协议"的表述,而是换成了"矿业权等国有自然资源使用权出让协议"。[①]

(4)政府投资的保障性住房的租赁、买卖等协议。这类行政协议实际上是政府为了推行福利政策与相对人签订的由政府投资建设的一些保障性住房的租赁和买卖协议,它的目的在于保障低收入人群的住房权益,是行政机关为了推行和实现福利政策而与行政相对人所签署的协议,其目的是保障部分人群的住房权利,具有很强的公共服务性质。当然,对于这一类协议是否为行政协议,学界有不同的观点。有的学者明确提出,"此类协议本质上是当事人之间的自愿交易,是一种市场行为,应当属于民事合同,不宜将其纳入行政协议的范畴"[②]。

(5)部分政府与社会资本合作协议。此类协议又称为PPP(Public-Private Partnership)协议、公私合作协议,是行政机关利用社会资本进行相关基础设施等投资合作的协议。近年来,在国务院及国家发改委、财政部等的推动下,PPP协议在实践中发展迅速。但是对于PPP协议的性质,在我国一直存在争议,主要有三种观点[③]:第一种观点认为PPP协议属于民事合同,PPP协议的合同主体具备平等、意思自治的特征,且PPP协议中双方权利义务基本对等。国家发展改革委于2014年12月发布的《关于开展政策和社会资本合作的指导意见》的附件——《政府和社会资本合作项目通用合同指南》中的"编制原则"第1项规定:"强调合同各方的平等主体地位。合同各方均是平等主体,以市场机制为基础建立互惠合作关系,通过合同条款约定并保障权利义务。"第二种观点认为PPP协议属于行政合同,因为PPP协议的目的具有公益性,且在PPP协议签订和履行中均存在行政权的运用,行政机关享有单方变更、解除合同等行政

---

① 参见最高人民法院行政审判庭编著:《最高人民法院关于审理行政协议若干问题的规定:理解与适用》,人民法院出版社2020年版,第45页。
② 王利明:《论行政协议的范围——兼评〈关于审理行政协议案件若干问题的规定〉第1条、第2条》,载《环球法律评论》2020年第1期。
③ 参见刘飞:《PPP协议的法律性质及其争议解决途径的一体化》,载《国家检察官学报》2019年第4期;尹少成:《PPP协议的法律性——以德国双阶理论为视角》,载《政法论坛》2019年第1期。

优益权。《基础设施和公用事业特许经营管理办法》第51条也规定:"特许经营者认为行政机关作出的具体行政行为侵犯其合法权益的,有陈述、申辩的权利,并可以依法提起行政复议或者行政诉讼。"第三种观点认为PPP协议具有混合性,既有民事合同的特征,又有行政合同的特征。财政部《PPP项目合同指南(试行)》的"编制说明"中也指出:"PPP从行为性质上属于政府向社会资本采购公共服务的民事法律行为,构成民事主体之间的民事法律关系。同时,政府作为公共事务的管理者,在履行PPP项目的规划、管理、监督等行政职能时,与社会资本之间构成行政法律关系。"司法实践中,最高人民法院也曾有裁判认为,对PPP协议的性质不能一概而论,需要进行区分:(1)涉及行政规划、许可、处罚、管理、监督等行政职能的争议,属于行政法律关系,典型的是特许经营协议内容本身的争议。(2)内容上设定民事权利义务、有关于协议的履行、变更、解除等行为的,属于民事争议。①

《行政协议规定》指出行政机关为了实现行政管理或者公共服务目标,与公民、法人或者其他组织协商订立的具有行政法上权利义务内容的协议,属于《行政诉讼法》第12条第1款第11项规定的行政协议。该《规定》第2条规定,"政府特许经营协议""符合本规定第一条规定的政府与社会资本合作协议"属于行政协议范畴。由此可见,并非所有PPP协议均被认定为行政合同。因为PPP协议是一个协议群,个别协议尽管具有公益性,但也有属于民事主体之间的民事合同。② 因此,仍需根据情形具体认定。

除此之外,根据现有法律、法规与规章,下面一些合同也被认为是行政合同。

(1)全民所有制工业企业承包合同。全民所有制工业企业承包合同是由人民政府指定的有关部门作为发包方,实行承包经营的企业作为承包方,双方协商一致而签订的国有企业承包经营合同。这

---

① 参见北京北方电联电力工程有限责任公司与乌鲁木齐市交通运输局其他合同纠纷,最高人民法院(2014)民二终字第40号民事裁定书。
② 参见最高人民法院行政审判庭编著:《最高人民法院关于审理行政协议若干问题的规定:理解与适用》,人民法院出版社2020年版,第51页。

是一种行政合同,理由如下:其一,政府签订全民所有制工业企业承包合同,是为了提高企业经济效益,促进国民经济发展,不同于民事合同中当事人是为了自身利益而签订合同。其二,行政机关在合同履行过程中享有行政优益权。行政机关对承包方的生产经营活动有监督权,有权按照合同的规定,对承包方的生产、经营活动进行检查、监督;承包方完不成合同任务时,应当承担违约责任,并视情节轻重追究企业经营者的行政责任和民事责任。其三,行政机关为合同的履行提供优惠条件,如价格优惠、政策优惠等,这是民事合同中当事人无法提供的。

(2) 科研合同。科研合同是行政机关与科研机构之间就国家重大科研项目,由国家提供资助,科研机构提供科研成果签订的协议。科研合同不同于《民法典》所调整的技术开发、转让等民事合同,它以公共利益为目的,往往是为了完成某项与国计民生有重大关系的科研技术项目的开发,由政府牵头参与,与科研机构签订合同,政府提供资助,科研机构完成项目开发后将成果交付政府。

(3) 农村土地承包合同。农村土地承包合同是我国出现最早的行政合同,《农村土地承包法》对此作出明确规定,在此之前主要是由地方性法规和地方规章调整。

(4) 国家订购合同。国家订购合同是指行政机关基于国防和国民经济的需要,与相对人签订的订购有关物资和产品的协议。国家订购合同不同于民事合同中的买卖合同,行政机关的意思表示在其中起着主导作用,相对人必须认真完成合同中所规定的具体事项,但双方在费用、方式等方面可以协商。我国目前军用物资和其他有关国防物资的订购,一般都采用订购合同的形式。粮食、棉花、烟草等基本物资的订购合同,是以国家提供优惠条件并保证收购,农民向国家缴纳粮食、棉花、烟草并取得报酬为内容,由各级人民政府及主管部门和农民之间签订的协议。

(5) 公共工程承包合同。公共工程承包合同也称公共工程承揽合同,它是行政机关为了公共利益的需要与建筑企业签订的就建设某项公共设施达成的协议。如修建国道、机场、大桥、大型供水、供电、供气设施等工程合同。它是为了完成某项公共设施而签订的。

第二节 行政合同行为

一、行政合同的缔结

行政合同的性质决定了它的缔结方式与民事合同是不同的,主要体现在两个方面:一是行政机关有优先要约的地位,二是赋予行政机关选择相对人的机会和权利。这是为了行政机关选择最具有履行能力的相对人,保证行政管理与公共服务目标更好地得以实现。

目前我国对行政合同的缔结方式没有统一的规定,有些单行法律曾对特定行政合同的缔结方式作出规定,如《城镇国有土地使用权出让和转让暂行条例》第13条规定,土地出让可以采取协议、招标和拍卖的方式。根据现行法律的规定,我国行政合同的缔结方式主要有以下几种:

1. 招标

招标是指订立合同的一方当事人(称为招标人)通过一定方式,公布一定的标准和条件,向公众发出的以订立合同为目的的意思表示。招标是缔结行政合同最常见的方式。1999年8月30日通过的《招标投标法》(2017年修改)对招标投标活动作了统一的规范。该法第3条规定,在中国境内进行下列建设项目包括项目的勘察、设计、施工、监理以及与工程建设有关的重要设备、材料等采购,必须进行招标:(1)大型基础设施、公用事业等关系社会公共利益、公众安全的项目;(2)全部或者部分使用国有资金投资或者国家融资的项目;(3)使用国际组织或者外国政府贷款、援助资金的项目。

招标的程序是:

(1)招标。招标分为公开招标和邀请招标两种形式。公开招标是指招标人以招标公告的方式邀请不特定的法人或其他组织投标。邀请招标是指招标人以招标邀请书的方式邀请特定的法人或其他组织投标。招标人还应当根据招标项目的特点和需要编制招标文件。

(2)投标。投标人按照招标文件的要求编制投标文件,投标文件里应对招标文件提出的实质性要求和条件作出回应。投标人应当在招标文件规定的时间前将投标文件送达投标地点。招标人收到投标文件后,应当签收保存,不得开启。

(3)开标、评标和中标。开标在招标文件所确定的提交投标文件截止时间的同一时间公开进行,由招标人主持,邀请所有投标人参加。所有的投标文件都要当众予以拆封、宣读。开标后,由招标人依法组建的评标委员会负责评标。评标委员会对投标文件进行评审和比较后向招标人推荐中标候选人。招标人在评标委员会推荐的中标候选人之中确定中标人。中标人的投标必须符合下列条件:能够最大限度满足招标文件中规定的各项综合评价标准;能够满足招标文件的实质性要求,并且经评审的投标价格最低,低于成本的除外。

中标人确定后,招标人应当向中标人发出中标通知书,并同时将中标结果通知所有的投标人。中标通知书对投标人和招标人具有法律效力。中标通知书发出后,招标人改变中标结果的,或者中标人放弃中标项目的,应当依法承担法律责任。自中标通知书发出之日起30日内,招标人和中标人应当按照招标文件和中标人的投标文件订立书面合同。招标人和中标人不得再行订立背离合同实质性内容的其他协议。

2. 拍卖

拍卖是指以公开竞价的方式,将特定物品或者财产转让给最高应价者的买卖方式。在拍卖的过程中,拍卖人可以随时改变自己要约的内容,直至行政机关与条件最优的拍卖人订立合同。拍卖主要适用于国有资产的出让,采用这种方式可以使国有资产以最大价值出让。

3. 直接磋商

直接磋商是指行政机关在特定情形下直接与特定的行政相对人磋商而签订合同。直接磋商是缔结民事合同比较常用的一种方式,但在行政合同中采用这种方式则要受法律、法规的限制。如《城市房地产管理法》第 13 条第 3 款规定:"采取双方协议方式出让土地使用权的出让金不得低于按国家规定所确定的最低价。"在法国,直接磋商这种方式只适用于:研究、试验和实验合同;招标和邀请发价没有取得结果的合同;情况紧急的合同;需要保密的合同;只能在某一地方履行的合同;需要利用专利权和其他专有权利的合同;需要利用特殊的高度专门技术的合同。

二、行政合同当事人的权利义务

(一)行政机关的权利义务

1. 行政机关的权利

(1)选择相对方的权利。行政机关可以根据相对人的情况,选择最适合完成该项行政管理目标或公共服务目标的相对方签订行政合同。

(2)对合同履行的监督权和指挥权。为了维护公共利益,防止相对人为了自身利益损害公共利益,行政机关作为合同的一方当事人有权对合同的履行进行监督和指挥。如我国《城镇国有土地使用权出让和转让暂行条例》规定,土地主管部门对已出让的土地的转让、出租和抵押等活动行使监督检查权。

(3)单方变更和解除合同权。在行政合同的履行中,行政机关有权根据国家法律和政策的修订和调整,以及公共利益的需要,单方变更和解除行政合同。当然,这种权利的行使条件受到严格限制,必须是为了防止或除去对公共利益的重大危害,或出于需要变更的客观情况,没有其他手段可以代替,否则,不能随意变更和解除合同。在单方变更或解除合同之前,行政机关有义务说明理由、先行协商并听取对方意见,因行政机关单方变更和解除合同给相对人造成损失的,要予以合理补偿。行政机关单方变更或解除合同权有的直接来自法律、法规、规章的规定,有的来自双方的约定。

(4)制裁权。行政机关对不履行合同或不正确履行合同的相对人有权进行制裁。如我国《城市房地产管理法》第26条规定,"以出让方式取得土地使用权进行房地产开发的,必须按照土地使用权出让合同约定的土地用途、动工开发期限开发土地。超过出让合同约定的动工开发日期满一年未动工开发的,可以征收相当于土地使用权出让金百分之二十以下的土地闲置费;满二年未动工开发的,可以无偿收回土地使用权;但是,因不可抗力或者政府、政府有关部门的行为或者动工开发必需的前期工作造成动工开发迟延的除外。"

2. 行政机关的义务

(1) 依法履行合同的义务。行政机关作为合同的一方当事人，必须按照合同的约定履行义务，不能因为行使行政职权处于优越地位而不履行合同义务。

(2) 兑现为相对人履行合同提供的优惠。

(3) 补偿。因为行政机关单方变更或解除合同给相对人造成损失的，应给予补偿。

(4) 损害赔偿。在合同的履行中因行政机关的过错给相对人的权利造成损害的，应予以赔偿。

(5) 支付报酬。行政机关应按合同的约定支付相对人报酬。

(二) 相对人的权利义务

1. 相对人的权利

(1) 取得报酬权。报酬是相对人对其付出的劳务、服务和提供的产品所获取的价金。报酬的数额有时由法律、法规直接规定，但一般是在行政合同中由行政机关与当事人约定。行政机关对行政合同中的报酬条款不能单方变更。

(2) 取得优惠权。为了让相对人更好地履行合同，行政机关往往给相对人提供一定的优惠条件，如价格优惠、政策优惠等。相对人有权取得行政机关提供的优惠条件。

(3) 损害赔偿请求权。在合同履行中，因为行政机关的过错给相对人造成损害的，相对人有权要求行政机关赔偿或诉请人民法院判决赔偿。

(4) 损失补偿请求权。在合同履行中，如果由于公共利益的需要，或者法律和政策的重大调整，行政机关单方变更或解除合同给相对人造成损失的，相对人有权向行政机关提出补偿要求。因为这种为了公共利益造成的损失不应由相对人承担，而应由公众负担。补偿请求权对保护相对人的合法权益具有重要的意义。

(5) 不可预见的困难补偿权。在合同的履行中，有时会出现订立合同时不可预见的困难，将加重相对人履行合同的负担。对此，相对人有权请求行政机关给予补偿，或共同承担损失。

2. 相对人的义务

(1) 履行合同的义务。相对人有义务按照合同的要求,在约定期限内认真履行合同义务。

(2) 接受行政机关的监督、指挥的义务。相对人有义务接受行政机关对其履行合同进行的监督、检查和指挥。

三、行政合同的履行

行政合同缔结后,对当事人产生约束力,当事人必须按照合同的约定履行各自的义务,以实现缔结合同的目的。行政合同的履行应当遵循以下规定:

(1) 实际履行原则。实际履行原则有两方面的表现:一是要求行政机关和相对人自觉按照合同约定的标的履行,不得任意以其他标的代替;二是行政机关或相对人一方不能自觉履行时,应承担实际履行的责任,对方可以要求其实际履行。

缔结行政合同的目的是为了公共利益的需要,不实际履行合同,没有实现合同预期的目的,就是对公共利益的损害。因此只要双方当事人有能力、有条件履行合同,就必须严格按照合同约定的标的实际履行合同。

(2) 全面、适当履行原则。指当事人必须按照合同规定的内容全面、适当履行合同,包括履行主体、履行标的、履行时间、地点、方式等,都必须按照合同的约定,不能任意变更。特别是相对人不能委托他人代替履行,必须亲自履行。因为行政机关选择其签订合同当然是认为其具有履行合同的能力,因此,合同签订后,相对人应自己履行合同,非经行政机关同意,不能随意更换他人或委托他人履行。

全面、适当履行与实际履行是一致的,但又有所区别。全面、适当履行也要求当事人按照约定或规定的标的履行,这是它与实际履行一致的表现。通常情况下,合同的实际履行也意味着全面、适当履行,但在某些特殊情况下,实际履行了,却不是全面、适当履行。如相对人违反了交货地点的约定,或者迟延交货,而交付的货物完全符合合同的约定,从实际履行的角度看,是符合要求的;而从全面、适当履行的角度看,则是不全面、不适当的。

(3) 诚实信用原则。诚实信用原则是民法的基本原则,同样适用于行政合同。在合同履行中,行政机关和相对人都应本着诚实信用的原则,认真履行合同。相对人不能只追求个人利益,损害公共利益;行政机关不能因其处于管理者的地位,随意变更和解除合同,损害相对人的利益。

四、行政合同的变更、解除和终止

(1) 行政合同的变更。指在合同的履行过程中,对行政合同的主体、客体和内容条款作修改、补充和限制等。行政合同中行政机关享有行政优益权,有权为了公共利益的需要单方变更合同。当然,单方变更受到严格条件限制,且行政机关应该说明理由、先行协商并听取对方意见。由此给相对人造成损失的,应予以补偿。

(2) 行政合同的解除。指行政合同订立后,尚未完全履行前,当事人双方提前终止合同,从而使因合同所生的债务消灭。行政合同的解除方式主要有两种:一是行政机关单方解除。行政机关在行政合同的履行中享有行政优益权,有权为了公共利益的需要单方解除合同。无论是因为公共利益还是情势变更而解除合同,行政机关应该说明理由、先行协商并听取对方意见,当然,由此给相对人造成的损失,应予以补偿。二是协议解除,由相对人提出解除合同的意思表示,在征得行政机关同意后解除。

(3) 行政合同变更、解除的条件。行政合同订立后,对当事人双方都有约束力,任何一方不得随意变更和解除。但是,在合同订立后,可能会由于社会生活的发展变化使双方需要重新调整权利、义务关系。因此,在发生特定情况时,当事人可以变更或解除合同。参照我国《民法典》的规定,行政合同双方当事人可以约定变更与解除,也可能因为法定情形出现而变更或解除。法定解除行政合同的情形有:第一,因不可抗力致使不能实现合同目的;第二,预期违约,即在履行期限届满前,当事人一方明确表示或者以自己的行为表明不履行主要债务;第三,当事人一方迟延履行主要债务,经催告后在合理期限内仍未履行;第四,当事人一方迟延履行债务或者有其他违约行为致使不能实现合同目的;第五,法律规定的其他情形。需要注意的是,因为行政机关违约,约定解除条件或法定解除条件成就时,相对人并不能直接单方面解除行政合同,而是应该向法院提起合同解除之诉。① 行政机关行使行政优益权单方变更与解除合同时,必须具备以下条件:第一,确属公共利益的需要;第二,必须处于情势变更等原因而导致的情形;第三,没有其他手段可以代替;第四,要对行政相对方给予补偿。

(4) 行政合同变更和解除的法律后果。行政合同的变更一般不涉及已履行的部分,只对未履行的部分生效。合同变更后,当事人不再按原来的合同履行,而是按变更后的合同履行。行政合同解除后,当事人原来约定的权利、义务关系消灭,彼此不再享有原来约定的权利,也不负担相应的义务。参照《民法典》的规定,合同解除后,尚未履行的,终止履行;已经履行的,根据履行情况和合同性质,当事人可以请求恢复原状或者采取其他补救措施,并有权请求赔偿损失。在行政合同中,行政机关由于公共利益的需要单方变更或解除合同的,要对由此给相对人造成的损失予以补偿;由于行政机关的过错导致变更或解除合同的,要赔偿因此给相对人造成的损害。

(5) 行政合同的终止。行政合同的终止指当事人双方权利、义务已经消灭。导致行政合同终止的情形主要有:合同履行完毕;双方同意解除合同;行政机关单方解除合同;因不可抗力导致合同的履行成为不可能;因一方或双方的过错,有权机关决定或人民法院判决解除合同。

五、行政合同的法律救济

由于我国长期以来对行政合同独立的法律地位没有予以确认,因此,有关行政合同的救济程序也适用了民事诉讼程序。如1984年最高人民法院发布的《关于人民法院经济庭收案范围的通知》中,明确规定农村承包合同纠纷案件和经济行政案件由人民法院经济庭受理。在计划经济体制没有完全被改变的情况下作出这样的司法解

---

① 参见最高人民法院行政审判庭编著:《最高人民法院关于审理行政协议案件若干问题的规定理解与适用》,人民法院出版社2020年版,第245—246页。

释,是完全可以理解的。随着市场经济体制逐步建立和完善以及理论界对于行政合同的研究成果不断丰富,行政合同作为一种新型的行政管理方式得到肯定并在实践中不断应用。行政合同纠纷不同于民事合同的纠纷、法律救济不应适用民事诉讼程序的观点基本成为共识。根据我国目前解决行政争议的体制,行政合同纠纷有两种救济途径:其一是根据《行政复议法》的规定申请行政复议,其二是根据《行政诉讼法》的规定提起行政诉讼。《行政诉讼法》明确将行政协议纳入行政诉讼范围。该法第12条第1款第11项规定:"认为行政机关不依法履行、未按照约定履行或者违法变更、解除政府特许经营协议、土地房屋征收补偿协议等协议的",属于人民法院受案范围。《行政协议规定》再次明确了因行政协议的订立、履行、变更、终止等发生纠纷,公民、法人或者其他组织作为原告,以行政机关为被告提起行政诉讼的,人民法院应当依法受理。

当然,对于《行政协议规定》中规定的行政协议范畴中,将 PPP 协议定性为行政协议并适用行政诉讼模式解决争议,也有一些不同的观点。一种观点认为,虽然将 PPP 协议定性为行政协议,会对社会资本方有利,因为根据《行政协议规定》第10条第1款规定,作为被告的行政机关,要对变更、解除行政协议等行为的合法性承担举证责任,可以减少原告的举证负担,有利于对社会资本方合法权益的保护,但不可否认这一规定也有对 PPP 合作的消极影响,包括行政优益权对 PPP 合作平等性的影响,行政诉讼解决模式对社会资本方权利救济实质性效果的影响,以及排除仲裁解决方式对当事人纠纷解决意志自治的影响等。① 也有观点认为,PPP 协议的法律性质与其争议解决途径之间,并非必然构成一一对应的关系。这也就是说,PPP 协议的法律性质与其争议解决途径可以是两个相互独立的问题。基于 PPP 协议所引发的行政与民事争议,将来统一规定由行政诉讼方式解决或许是更好的选择。②

---

① 参见王春业:《行政协议司法解释对 PPP 合作之影响分析》,载《法学杂志》2020年第6期。
② 参见刘飞:《PPP 协议的法律性质及其争议解决途径的一体化》,载《国家检察官学报》2019年第4期。

思考题

1. 什么是行政合同？它与民事合同有什么区别？
2. 行政合同在行政管理中有什么意义？
3. 行政合同有哪些种类？
4. 行政合同的救济途径是什么？

第十一章　行政程序与政府信息公开

内容概要　行政活动要符合程序性、要式性要求，因而行政程序成为行政法的重要内容，以至于各国形成行政程序法典化的趋势。本章首先从分析行政程序的概念入手并探讨了行政程序的分类，进而介绍了行政程序法的历史发展以及行政程序法的功能。接着分析了行政程序法的基本原则及主要制度，其中尤其是听证制度、行政公开制度、说明理由制度等，最能表明行政程序法的作用与功能，因而都是行政程序法的重要内容。最后结合我国的《政府信息公开条例》重点介绍了政府信息公开制度的主要内容。

学习重点　行政程序法的概念　行政程序法的功能　行政程序法的目标模式　行政程序法的主要制度　政府信息公开

第一节　行政程序概述

一、行政程序的概念

所谓程序，就是从行为起始到终结的过程。构成这一过程的不外是行为的方式和行为的步骤以及实现这些方式和步骤的时间和顺序。因此，可以将程序定义为，由一定的行为方式、步骤和时间、顺序所构成的行为过程。行政程序就是行政机关行使行政权力，作出行政行为所遵循的方式、步骤和时间、顺序的总和。对行政程序可进一步作如下分析：

第一，行政程序是行政权力的运行程序。与立法程序、司法程序相对应，行政程序是行政管理过程中所采用的程序。虽然有的国家，如美国，把行政诉讼程序纳入行政程序范畴，但大多数国家都将行政程序与行政诉讼程序分离，而将行政程序限定在行政管理阶段。我国学术界和实务界也是在狭义上使用行政程序，指行政权力的运行程序。

　　行政权力的运行既存在于行政机关对相对人的管理之中,也存在于行政机关的自我管理以及行政机关对公务员的管理领域。只要有行政权力的存在,就有行政程序的存在,因为实体性的权力不借助于程序就无法实现。但在程序不受规范的情况下,行政权力的运行常处于无序状态,人们难以意识到程序的存在。

　　行政程序虽是行政权力的运行程序,但并不意味着行政程序仅为行政机关所控制。随着行政民主化的发展,相对人已有了越来越多的程序权利,可以参与到各种行政程序之中。因而,现代的行政程序有了许多的民主内涵。从一定程度上说,现代行政程序是行政机关行使行政权力,相对人参与管理的过程。

　　第二,行政程序主要是行政行为的程序。行政权力运行的结果是产生行政行为或事实行为。在这里,行政行为对相对人的法律地位产生影响,并对相对人有拘束力,因而需要一套严格的程序规范。正是在这一意义上,人们常说行政程序是行政行为的程序。实际上,行政机关实施事实行为也需要遵循一定的程序。只是事实行为不直接改变相对人的法律地位,因而,这类程序不大为人们所重视。

　　第三,构成行政程序的基本要素是步骤、方式以及实现这些步骤、方式的时间和顺序。步骤,就是完成某一程序的若干必经阶段;方式,是实施行为的方法和形式,两者构成程序的空间表现形式。比如,作出一个行政决定,需要进行调查、听取当事人陈述、把决定告知当事人、说明理由等。这些活动就是行为过程中的步骤和方式。整个行为过程就是由一个接一个的步骤和方式联结而成的。完成这一程序的时限和程序步骤必须遵循的先后次序,构成程序的时间表现形式。行政程序就是由上述要素构成。

　　行政程序的独立意义在于其本身能承载民主、公正、理性和效率等公法价值。合理的行政程序制度将有助于这些公法价值的实现,而不合理的行政程序制度则可能导致行政管理的专制和野蛮。

二、行政程序的分类

　　为了更好地把握行政程序,需要对其进行分类研究。行政程序可从以下几方面进行分类：

(一) 内部程序与外部程序

这是以程序的规范对象来划分的。内部程序是行政机关内部的工作程序，如内部的公文运行程序，行政机关之间的协商程序等。内部程序通常不直接影响相对人的权利义务，但有些内部程序也需要法律规定。外部程序是直接或间接影响相对人权利义务的程序，如行政决定程序、行政处罚程序等。内部程序和外部程序在有些情况下难以区别。这是因为：第一，任何一种外部程序都伴随着内部程序，两者紧密地交织在一起；第二，内部程序可以转化为外部程序，例如，随着行政民主化的发展，行政决策程序已从过去的纯内部程序发展为以外部程序为主、兼顾内部程序的程序体系。

区分内部程序与外部程序的目的是强调外部程序的重要性。行政的民主化要求提供相对人直接参与行政的机会，因此，民主参与也就成为现代行政程序的核心。

(二) 抽象行为程序和具体行为程序

这是以行为的性质来划分的。抽象行为程序是制定行政法规、规章和一般规范性文件的程序。比较而言，行政法规、规章的制定程序更为严格，一般规范性文件的制定程序较为宽松。具体行为程序是作出行政决定、行政处罚等具体行政行为的程序。具体行为程序又因行为的不同而在程序上呈现很大差异。①

抽象行为程序与具体行为程序的分类往往为立法所采用。如美国《联邦行政程序法》就分别规定了法规制定程序和行政裁决程序。抽象行为程序和具体行为程序划分的主要意义在于：抽象行为涉及众多相对人的利益，因而在作出该类行为时，要为众多相对人知晓和参与提供机会；而具体行为仅涉及特定相对人的利益，因而在程序上要保障特定相对人的参与。

(三) 行政立法程序、行政执法程序和行政司法程序

这是根据实施行政行为时形成法律关系的特点所作的分类。

---

① 如日本《行政程序法》规定了对申请的处分、不利益处分和行政指导三类具体行为的程序。

在行政立法中,其法律关系是以行政机关为一方,以不特定的相对人为另一方。因而,在行政立法程序中必须考虑两点:一是公民参与公共管理的程度和形式,二是行政立法的合理性。前者在程序方面的要求是必须通过多种形式,在行政法规、规章出台以前,充分听取和考虑利害关系人意见;后者在程序方面的要求是要进行相关的科学论证,并进行成本—效益分析等。

在行政执法中,法律关系的一方是行政机关,另一方是确定的具体相对人。行政执法的特点是具有直接性、具体性和连续性。一方面,行政执法关涉行政管理目标的实现,必须强调效率;另一方面,由于执法活动直接影响相对人的权利和义务,要强调对相对人权益的保护。行政执法形式和手段的多样性,决定了程序设置的多样性。

在行政司法中,法律关系是三方,以行政机关为一方,以发生争议的双方当事人各为一方,行政机关是以裁决者的身份出现的。因此,公正是司法程序设置的最核心要求,但也要考虑效率因素。

（四）强制性程序与裁量性程序

这是根据法律对程序规定的严格与否所作的划分。强制性程序是指法律对行政权力的运行程序加以明确规定,行政机关在权力运行过程中必须严格遵循的程序;裁量性程序是指法律仅对程序作了原则规定或未作规定,行政机关在行使权力时可以选择采用的程序。

划分强制性程序和裁量性程序的意义在于:对强制性程序,行政机关必须严格遵循,否则直接构成违法;而对裁量性程序,行政机关可以根据具体情况选择适用。但裁量性程序不等于任意性程序,行政机关选择的程序必须符合最基本的公正要求。

三、程序权利义务和法律责任

程序权利与程序义务,与实体权利和实体义务相对应。在行政程序中,行政机关与相对人都有程序权利(力)和程序义务。在我国,由于法律传统上重实体、轻程序,因而人们比较重视实体权利义务,而对程序权利义务较为淡漠。有一种观点认为程序权利义务只能依附于实体权利义务,如果程序违法不影响相对人的实体权利,就不存在独立的法律问题。这种观点并不正确:

第一,实际生活中,相对人的程序义务,也就是行政机关的程序权力早已独立存在,只不过大都由单行的法律、法规规定。以时限为例,如限定递交申请书的时间,期限一过,行政机关就不会再接受。由于相对人的程序义务一般由单行法规定并在实践中已经落实,人们习以为常。因此,人们在讨论程序权利义务的独立性和法律责任时,实际上仅指行政机关的程序义务和相对人的程序权利及相应的法律责任问题。

第二,行政机关的程序权力和义务在很多情况下会影响相对人的实体权益,但也有相当一些行政程序,并不直接涉及相对人的实体权益,而是涉及国家和集体的权益,从而间接与相对人的权益相关联。行政机关程序违法,与实体违法并无区别。行政机关程序违法既对相对人产生影响,也危害到国家和社会利益。例如,在行政调查时,行政人员必须首先出示自己的工作证件或执法证件,即表明身份。表明身份通常并不对相对人的实体权益产生影响,但体现了对相对人的尊重,也体现了执法的严肃性。设置表明身份程序,可以取得相对人的配合,防止假冒,避免扰乱社会秩序、损害国家利益。可以说,在很多情况下,程序的背后都体现着国家的、社会的某种更高层次的利益。所有的程序不仅或多或少影响相对人的权益,而且与国家、社会利益相关联。一切违反法定程序的行为都将给社会或个人带来危害。因此,程序权利义务也就有了独立的意义和价值。

任何违法行为都要被追究责任,程序违法同样如此。但如何追究行政机关程序违法的责任,是一件比较困难的事情。行政机关的程序违法有两种:一种是程序违法,实体上也直接损害相对人的合法权益,即我们通常所说的程序违法,实体也违法;另一种是程序违法,实体上并未侵犯相对人的合法权益,即我们通常所说的程序违法,实体不违法。前一种情况,根据《行政诉讼法》的规定,可以撤销违法行为,追究实体违法的责任。困难的是后一种情况,行政机关究竟应当如何承担责任,还需要进一步研究。

四、对行政程序的法律控制

通过立法对行政程序加以控制,是出于对行政权扩张的恐惧。

19世纪以来,生产的高度社会化和垄断资本的发展,大规模的经济危机和世界大战,以及科学技术对社会影响的增强,世界性经济竞争的加剧,都导致了行政权的迅速扩张。行政权扩张带来了两个客观后果:一是行政效率问题日益严重,二是侵害相对人合法权益的情况增多。在此背景下,建立一套民主、公正、合理、高效的行政程序的呼声日高,极大地促进了行政程序立法的发展。

通过立法来控制行政程序是由行政程序的性质所决定的。一方面,行政程序作为行政权力的运行程序,是实现行政管理目标的手段;另一方面,行政程序如果不受法律控制,很容易危害到相对人的权益,因而对其进行规范十分必要。其必要性具体表现在以下几个方面:

第一,是统一行政程序的需要。在现代社会,伴随行政权扩张的是,行使行政权力的行政机关或其他组织体越来越多,行政人员也急剧膨胀。如果行政权力的运行程序没有法律的明确统一规定,将会导致行政机关或行政人员自行其是,从而造成无序和混乱,导致资源浪费。因此,从管理的角度看,需要通过立法来统一行政程序。

第二,是合理设置行政程序的需要。建立一套民主、公正、合理、高效的行政程序,需要全民的参与和科学论证,而这只有通过立法才能实现。立法是多种利益交锋、多种观点比较的过程。合理可行的程序将被肯定,不合理的会被淘汰。虽然行政机关也可以根据经验,制定相关管理程序,但行政机关很难超脱于自身利益和自身认识的局限。

第三,是防止行政程序滥用的需要。行政程序如果不为法律所规范,任凭行政机关自由裁量,则很容易导致行政程序的滥用。尤其是在我们这样一个民主传统欠缺,程序意识不强,司法监督有限以及不承认判例法的国度,如果在法律上对行政程序不加以规定,行政程序的滥用也就不可避免。

需要说明的是,对行政程序的法律规范是就重要的程序而言,如涉及相对人权益的外部程序、影响决策科学性的程序等,并不意味着对所有的程序都要用法律来规范。有一些纯内部程序可以由行政机关自己规定。另外,对行政程序的法律规范不等于行政程序法典化。

在行政程序法典化条件成熟以前,通常采用分散立法的方式在单行法中规定。

第二节 行政程序法及其历史发展

一、行政程序法的界定

行政程序法是对行政程序的法律规范,是有关行政权力运行方式、步骤和时间、顺序以及行政机关和相对人在行政程序中权利(力)义务的法律规范的总称。对该概念可从以下几方面理解:

第一,行政程序法是对行政程序的规范。如前所述,行政程序由方式、步骤和时间、顺序构成,行政程序法则是对行政权力运行的方式、步骤和时间、顺序的规定。行政程序法是一套程序规则,与实体规则相对应。

第二,行政程序法是对行政机关和相对人程序权利(力)义务的规定,包括行政程序权利(力)义务的设定和分配。由于程序和实体相伴随,因而,即使没有法律的明确规定,行政机关也享有行使行政权的程序权力,而相对人的行政程序权利则在近代才为人们所重视。随着行政民主的发展以及人们对行政程序功能认识的深化,合理设定相对人的行政程序权,保证相对人对行政的直接参与,已成为现代行政程序立法的核心。

第三,行政程序法是有关行政程序的法律规范的总称。在行政程序已经法典化的国家,行政程序法以行政程序法典为核心,辅之以单行法的规定和法院的判例;在行政程序没有法典化的国家,行政程序法主要由单行法和法院的判例构成。在我国,基础性的行政程序法典尚未制定,行政程序主要由单行的法律、法规和规章规定。如《行政处罚法》中对行政处罚程序的规定。

行政程序法不同于行政实体法。行政实体法规定的是行政组织的形态,行政权的范围及配置,行政目标和实现行政目标的手段以及相对人的实体权利义务等。行政实体法是对公共管理中国家与个人各自权利(力)空间的界定,确立了国家与个人的关系和地位。而行政程序法规定的则是行政机关与相对人如何实现实体权利(力)义务的程序。当然,行政程序法与行政实体法联系密切,两者相辅相成,并常常交织在一起。

行政程序法也不同于行政诉讼法。虽然两者都属于程序法的范畴,而且都具有规范和控制行政权的功能,但行政程序法规范的是行政权的运作程序,而行政诉讼法规范的则是行政诉讼的程序。

二、行政程序法的历史发展

行政程序法的兴起和发展,是20世纪行政法发展的最重要的内容之一。行政程序法的产生是人类社会科技、经济、政治、文化演进的结果。行政权的扩张和对行政权控制的需要,宪治的推行,人权意识的凸显,正当程序理念的传播,以及法院判例对行政程序的关注,都对行政程序法的发展产生了深刻影响。

以行政程序法的法典化为标志,行政程序法的兴起是从19世纪末开始的。1889年,西班牙制定了世界上第一部行政程序法。自那以后,行政程序法典化有过三次高潮,第三次高潮至今仍在延续。

第一次高潮:20世纪20年代到30年代,以奥地利的行政程序立法为代表。奥地利于1925年7月21日制定了《普通行政程序法》,该法共6编、80条,内容完整,颁布后各国纷纷仿效。奥地利制定行政程序法的直接动机是将行政法院的判例法典化,行政程序立法的主要目的是规范行政程序,提高行政效率。虽然在奥地利的《普通行政程序法》中也规定了听证、阅览卷宗和说明理由三大制度,体现了对公民权利的保护,但并不重视对行政权的制约。

奥地利的《普通行政程序法》对欧洲大陆国家产生了重大影响。首先捷克于1928年制定了有关行政程序的行政命令,波兰也于同年制定了《行政程序法》,随后南斯拉夫于1930年也颁布了《行政程序法》。当时的德国没有制定统一的行政程序法,但各州都在制定。

第二次高潮:第二次世界大战后到20世纪80年代,以美国的《联邦行政程序法》为标志。1946年,美国率先制定了《联邦行政程序法》。该法以美国《宪法修正案》第5条、第14条规定的"正当程序"条款为基础,规定了信息公开、规章制定程序、行政裁决程序和司法审查制度等内容,并以听证制度作为行政程序的核心。20世纪60年代,美国又制定了《信息自由法》《隐私权法》和《阳光下的政府法》等,进一步完善了行政程序法。继《联邦行政程序法》后,美国统一法律委员会随即发布了《标准行政程序法》,在其指引下,各州陆续制定了自己的行政程序法。

美国行政程序立法的主要动机是出于对行政权扩大的恐惧和制约行政权的需要,其立法目的是控制行政权,确保行政的公正、民主和效能,以追求程序公正为核心。

继美国之后,西班牙、捷克、波兰、南斯拉夫、匈牙利等国都修订和制定了行政程序法。当时的联邦德国也于1976年制定了行政程序法。德国在第二次世界大战前虽曾有过制定行政程序法的努力,但当时的目的在于统一和简化全国行政程序,加强中央集权,而不是出于民主法治国家的考虑。[①] 第二次世界大战后德国的行政程序立法是在尊重个体,确保自由和民主的理念指导下进行的。和美国《联邦行政程序法》不同的是,德国行政程序法有大量实体方面的规定。

英国没有法典形式的行政程序法,而是以自然公正原则为核心,在单行法中分别作程序规定,并且允许法院直接以此原则判定行政决定无效或撤销该行政决定。自然公正原则是支配行政机关活动的核心原则。它包括两个最基本的程序规则:(1)任何人不能为自己案件的法官(排除偏见原则);(2)对相对人作出不利决定之前必须听取其陈述和辩解(听取对方意见原则)。后者具体又包括三项内容:① 公民在合理时间以前有得到通知的权利;② 了解行政机关的论点和根据的权利;③ 为自己辩护的权利。英国行政机关委任立法的程序,由各授权法分别加以规定。对行政机关的司法行为或纯粹的行政行为,法律有时也分别规定程序。如英国在1958年制定了《行政裁判所和调查法》。即使没有具体的程序规定,法院也有权根据自然公正原则判定行政机关的程序是否违法。

法国也没有行政程序法典,行政程序法分散在法的一般原则和

---

① 翁岳生:《西德1963年行政程序法草案——行政法法典化之新趋势》,载翁岳生著:《行政法与现代法治国家》,台湾祥新印刷有限公司1990年版,第196页。

个别法律法规中。20世纪初,法国通过立法和判例形成了利益者咨询代表程序,后来在学术上被认为是法国式的行政程序。此外,法国在程序方面还制定了一些法律,主要有1978年的《行政和公共关系法》、1979年的《行政行为说明理由法》等。

第三次高潮:20世纪90年代至今,有两个特征:(1)已制定行政程序法的国家纷纷修订,如奥地利、西班牙、美国、德国等都修订或补充了行政程序法;(2)没有制定行政程序法的国家和地区,尤其是亚洲的一些国家和地区纷纷制定行政程序法。如日本在1993年、韩国在1996年、我国澳门地区在1995年、我国台湾地区在1999年都制定了行政程序法。

在这次立法高潮中,制定或修订行政程序法的主要目的是既要确保行政程序的公正,保障公民的权利,又要满足世界竞争加剧而带来的行政高效的需求。

三、行政程序法的功能

行政程序法的功能是就行政程序法的功用、作用而言的。人们对行政程序法功能的认识经历了一个发展过程,从最初的统一和简化程序、提高效率到保障公民对行政的参与、制约行政权,现代的行政程序法已具有了多重功能。不同学者常从不同角度分析行政程序法的功能。如有学者把行政程序法的功能概括为行政过程的民主化功能,行政决定的理性化功能,行政活动结果的正当化功能和"行政权—相对方权利"的平衡功能。[①] 还有学者指出行政程序法有如下功能:承载宪法正当法律程序的要求并建立普遍适用的正当程序制度、完善行政权力的规范机制、使公共决策与行政决定获得正当性并为当事人和公众接受、实现资源合理配置和提高行政效率以及部分实现行政法法典化。[②] 笔者认为,具体可从以下几个方面理解行政程序法的功能:

---

① 参见应松年主编:《行政程序法立法研究》,中国法制出版社2001年版,第34—37页。

② 参见王万华著:《中国行政程序法立法研究》,中国法制出版社2005年版,第16—26页。

第一,民主参与功能。直接参与行政是现代社会民主的新发展,行政程序法为这种直接参与提供了可能和保障。在行政过程中,应容许相对人参与,并使这种参与对行政产生实质影响,而不流于形式。从一定程度上说,行政程序法是通过构筑合理的程序结构来确保其民主参与的。和两造对抗的诉讼程序结构相比,民主参与行政的程序结构形式多样,既有严格的类似于诉讼结构的参与,如正式听证,又有宽松的参与,如仅提供主张和论证意见等。无论公民以何种方式参与行政,都体现了对个人主体地位的认可和对个人尊严的重视。个人作为独立的平等的道德主体,有权提供自己的主张和意见以供行政机关参考。

第二,权利保障功能。在公共行政中,公民享有多项权利,如人身权、财产权、受教育权、平等权等。这些权利的实现除了需要实体法的规定和保障外,还需要行政程序法的保障。如公民的财产权不受侵犯,因而在剥夺相对人财产、给予较大数额罚款前,需要设置听证程序,以确保行政处罚决定的正确合理。再如,公民在行政中的平等权也是通过行政程序来保障的,如设置公开考试、择优录用的程序来确保公民平等担任公务员的权利,设置公开招标的程序来实现公民平等与政府做买卖的权利,设置竞争性的许可程序来保障公民平等地获得某项许可的权利等。没有公正合理的行政程序制度,行政机关在行使权力的过程中不受任何控制,公民的权利就没有保障。

第三,权力制约功能。无论是民主的程序还是公正的程序都会防止行政运作中的恣意,从而防止行政权的滥用。享有权力的人容易滥用权力,这是由人的不完满性所决定的。制约权力的传统法律技术是以权力制约权力。但这种法律技术有很大局限,因为立法权和司法权对行政权的制约要么发生在行政权运行之前,要么发生在行政权运行之后,而不能直接作用于行政权的运行过程。完备的行政程序制度则是通过确认公民的行政程序权利来制约行政权的。以权利来制约权力,可以说是行政程序制度的主要精神之一。当然,行政程序法的权力制约功能还表现在通过程序设置的理性化来防止行政权的滥用。如规定先取证、后裁决的顺序来确保行政决定的合理;再如规定决策咨询程序来保证行政机关在决策正式作出前听取专家意见,使其决策建立在理性基础之上。

第四,增进效益功能。统一合理的程序不仅可以增进行政机关与相对人之间的相互理解和合作,还有利于行政机关内部的协调一致,这都有利于行政效益的提高。另外,行政程序越合理,管理成本越低,行为结果的正确性越高,行政效益就越好。因此,行政效益需要建构在民主、合理的行政程序制度基础之上。

四、行政程序法的目标模式

行政程序法的目标模式是指,行政程序立法根据所要达到的目标而预先设计的行政程序法体系和内容的总体特征。行政程序法具有多重功能,立法者可以按照自己的目的进行选择,强化某方面或几方面的功能,这种选择将使一国的行政程序法形成一定的目标模式。

(一)目标模式的类型

行政程序法的目标模式有控制模式、效率模式和权利模式三种。

控制模式是以控制下级行政机构、防止其偏离统治者意志为目的的模式。专制的或高度中央集权的国家多采用这种模式。这种模式通常在程序设置方面具有下列特点:(1)多层级的审批制度;(2)自上而下的检察制度;(3)复杂的控告和抗告制度;(4)内部的秘密侦控制度等。

效率模式是以提高行政效率为目的的模式。其主要特征是:(1)行政机关的程序裁量权大;(2)过程步骤紧凑,简化易行;(3)注意明确行政官员的职权和职责;(4)注意程序的科学性和合理性。这种模式通常比较重视下列程序制度:(1)时效制度;(2)委任制度;(3)代理制度;(4)简易程序制度;(5)紧急处置制度;(6)执行制度等。

权利模式是以保障相对人权益为主要目的的模式。其主要特征是:(1)行政程序法的范围以影响公民权利义务为限;(2)注意划清行政职权与公民权利的界限;(3)主要的行为程序应有相对人的参与,其典型程序是听证;(4)行政程序比较完备。这种模式通常比较重视以下制度:(1)听证制度;(2)回避制度;(3)说明理由制度;(4)代理制度;(5)审裁分离制度等。

（二）目标模式的选择

影响一国行政程序法目标模式的因素很多，主要有以下几个方面：

第一，法律传统。在重视程序制度的国家，比较强调程序自身的价值，强调程序的公正性和程序对公民权利的保障，因而行政程序法倾向于采用权利模式。而在重实体、轻程序的国家，则将程序法视为实现实体法的手段，而对行政程序的独立价值不很关注，比较强调效率模式。

第二，公民的权利意识和社会自治程度。在公民权利意识较强、社会自治程度较高的国家，行政程序法主要采用权利模式；而在公民权利意识较差、国家集权的国家，常采用效率模式。

第三，行政管理的实际状况。行政程序立法时所要解决的实际问题决定了目标模式的选择。如果程序公正问题比较突出，行政程序立法可能采用权利模式；如果效率问题突出，则可能采用效率模式。

第四，行政程序法的研究状况。学者、专家们的观点和价值选择在一定程度上也影响行政程序法的目标模式。

第二次世界大战后，制定行政程序法典的国家采用的目标模式有两种：一种是偏重权利模式，保障公民权利，扩大民主参与机制；另一种是权利与效率并重模式，既保护公民权益，又注重行政效率，追求公正和效率双重目标。

第三节 行政程序法的基本原则和主要制度

一、行政程序法的基本原则

行政程序法的基本原则是指行政程序制度所要遵循的基本行为准则和基本精神。从理论和实践上看，行政程序法的基本原则有以下几项：

（一）民主参与原则

民主参与原则是指行政权力的运行过程要有公民的有效参与，

要为公民参与管理、参与决定自己的事情提供程序上的保障。民主参与原则的政治基础是人民主权。国家权力来自人民,人民有权以各种形式参与国家管理。如采用分权的形式来组织公共行政,使更多的人有机会直接参与管理;再如参与管理过程,从而影响行政决策或行政决定的作出。后者是通过设置合理的行政程序来实现的。

民主参与原则有许多具体要求:

(1)公民对行政运作有知情权。了解、知情是民主参与的基础,因而需要在程序上保障公民能得到行政运作的相关信息,如法律文件,政府的重大决定,也包括政府所掌握的相对人的具体情况。当然,涉及保密的事项除外。

(2)公民有自愿、自主发表意见的权利。在行政程序上要确保公民有发表意见的机会。当然,在程序设计上要考虑采用口头的方式,还是书面的方式发表意见;是直接亲自发表意见,还是间接通过代表人及代理人发表意见。发表意见的权利包括举证权、质证权和辩论权等。

(3)行政机关应听取相对人的意见,并对合理的意见予以采纳。行政程序不但要保障相对人有陈述意见的权利,而且要促使行政机关对合理意见的采纳。拒绝采纳的要说明理由。另外,严格的程序还要求行政机关的决定建立在案卷基础上。

(4)所有的行政活动要允许公众评论,包括事后的评价。

(二)公正原则

公正原则是指行政程序要符合自然正义的要求,要排除各种可能造成不平等和偏见的因素。程序公正是实现实体正义的手段,但又具有独立价值。公正原则与民主参与原则相辅相成,民主参与是公正的内涵之一,但两者又有很大差异。民主参与强调的是公民在行政程序中的地位,带有较强的主观色彩;而程序公正则追求的是客观理性,强调行政程序的设置要符合客观规律。

公正原则主要有以下要求:

(1)行政权力的享有者应当地位中立。与此相应,需要确立回避规则、不得单方接触规则、职能分离规则等。

(2)行政机关的决定应在听取意见的基础上作出。无论是进行抽象行政行为,还是作出具体决定,都应听取利害关系人的意见,以防主观偏见和偏听偏信。因此,听证程序被认为是程序公正的保障。当然,听证程序也是民主参与的方式之一。

(3)行政机关的活动要遵循自然顺序。例如,先取证、后裁决的顺序不能颠倒,否则将背离人类的认识规则,违反自然理性。

(4)行政程序的设置还要符合比例原则。对相对人影响重大的行为需要配备精细的完备的程序,而简单的行为则可设定简易程序。另外,还需设置紧急情况下的紧急处置程序。

(三)公开原则

公开原则是指行政机关将有关信息以及行政权力运行的依据、过程和结果向相对人和公众公开,以便相对人和公众知悉。公开原则涉及公民的知情权,是民主参与原则和公正原则的延伸,但又有其独立价值。除了实现公民的知情权外,行政公开还可以增进公民对行政机关的理解和信赖,防止行政权的滥用。行政公开将使暗箱操作失去土壤,可以有效防止专断和腐败。

公开原则也有许多具体要求:

(1)凡是可以由相对人了解的情况都应当公开,包括普遍性的行政法律、法规、规章和规范性文件,也包括影响个人权利义务的有关信息材料。公开方式有两种:主动公开和被动公开。

(2)行政公开不得损害公民的隐私权。行政公开以不影响公民的隐私权为前提。公民的隐私权究竟包括哪些内容,需要法律明确界定。

(3)凡是作出不利于相对人的决定,都必须向相对人说明理由。

(四)效率原则

效率原则是指行政程序的设置要经济、迅速、简便,要以较小的投入,获取最大的效益。效率原则的提出是为了适应现代行政的需要。现代公共行政复杂多变,充满竞争,机遇与挑战并存,因而要求政府高效运作。尤其是随着经济的全球化,要求政府反应迅速,及时解决所面临的各种问题。

效率原则在行政程序中的具体要求为:

（1）行政程序应建立在理性的基础上，以确保行政决策和行政决定的正确，通过减少失误和保障管理秩序顺畅来提高行政效率。

（2）行政程序的设定要统一、标准和规范，以便于实施。如各种行政法律文书、案卷要有统一格式。

（3）行政程序要简便灵活，以适应行政管理复杂多变的需要。如建立简易程序、障碍排除程序等。

（4）任何行政程序的设定都要考虑到时间性，防止推延，以保障快速实现行政目标。

二、行政程序法的主要制度

行政程序表现为一系列的阶段和方式，每一个阶段、每一个方式都有可能为法律所规范，从而形成一个个相对独立的程序制度。行政程序制度是行政程序法基本原则、原理的具体化。需要注意的是，原则与制度的关系比较复杂。首先，每一个原则都不涵盖所有的制度，每一个原则都只体现于若干项制度之中；其次，原则和制度之间不存在简单的对应关系，一项制度可以同时体现几个原则，而且这样的制度不是少数。

从理论和各国立法实践来看，行政程序法的主要制度有以下几项：

（一）听证制度

听证的内涵是听取对方的意见，尤其是在作出不利于当事人的决定之前，应当听取当事人的意见。听证是英美法上自然公正原则的要求，是公民参与行政的重要形式，是行政决定合理性的基础，也是行政活动结果正当性的保障。因此，听证在现代行政程序制度中具有核心地位，并为许多国家所肯定。我国在1996年制定的《行政处罚法》中首次规定了听证制度。

听证有正式听证和非正式听证之分。正式听证是指行政机关在行政立法或作出行政决定时，举行正式的听证会，使当事人得以陈述、举证、质证、辩论，行政机关基于听证记录而作出决定的程序。正式听证又被称为"审判型听证""准司法式的听证"。非正式听证是指行政机关在行政立法或作出行政决定时，给予当事人口头或书面陈述意见的机会,行政机关在听取意见的基础上作出决定的程序。非正式听证又称为"辩明型听证""陈述的听证"。正式听证程序与非正式听证程序的区别在于当事人参与行政的程度和方式不同。正式听证类似于审判程序,当事人有全面的程序权,行政机关的决定受当事人意见的制约;而非正式听证只是要求行政机关听取意见,但行政机关不受当事人意见的约束。非正式听证程序有多种形式,如对规章草案的评论程序,对行政计划的书面意见等。而正式听证较为严格,我国法律中所指的听证程序为正式听证。

正式听证主要包含以下内容:

1. 听证的范围

由于正式听证与法院的审判程序相当,因而通常在比较严格的范围内适用。许多国家的行政程序法都明确规定正式听证的范围为单行法所规定。适用正式听证的具体事项因各国法律规定的不同而不同。一般当行政机关的决定影响当事人的人身权、财产权时,采用正式听证程序。除许多具体行为采用正式听证外,行政机关制定规章和规划时也部分采用正式听证程序。

2. 听证主持人

正式听证的优越之处在于程序设置比较严格,由独立于争议双方的第三者,即听证主持人来主持听证。在美国,听证主持人被称为"行政法官",是一类高级公务员,具有相对独立的地位。在美国联邦一级,行政法官分散在各联邦行政机关,但其任免、工资、待遇上受文官事务委员会的控制,行政首长不能撤换行政法官。在州一级,行政法官有两种管理模式:一种是类似于联邦的分散管理模式;另一种是集中管理模式,即成立行政法官办公室集中管理听证事务。在其他国家,听证主持人由行政机关首长或指定的人员担任。在我国,听证主持人也由行政机关的官员担任。

3. 听证当事人

听证当事人是指以自己的名义,为自己的权益而参与听证程序的相对人,包括公民、法人和其他组织。扩大公民对行政的参与是当代行政法发展的一个趋势。从听证制度的历史发展看,参加听证的当事人范围在不断扩展,已从权利受影响的人发展到利益受影响的人,从直接相对人发展到间接相对人。当事人的听证权利包括得到通知的权利,委托代理人的权利,阅览卷宗的权利,陈述事实、举证和质证的权利以及辩论的权利等。

4. 证据规则

正式听证类似于法院的审判,因而证据规则必不可少。和法院的证据规则相比,听证的证据规则有自己的特色。如在证据的可采性、证明标准方面比较宽松。另外正式听证还有一项重要的证据规则,就是证据排他性规则,即行政机关的决定只能以案卷为根据。该原则的意义在于确保听证不流于形式。如果行政机关可以在听证之外接纳证据,将使听证变得没有意义。另外,证据排他性规则有利于听证的公正,也便于法院的司法审查。

5. 听证的程序

听证和法院的审判一样由多个步骤构成。在美国,正式听证一般包括五个环节,即听证的启动、听证前的活动、正式听证、初步裁决和最终裁决。正式听证一般采用言词原则,至于是否公开进行则有不同做法。有的国家以公开为原则,如美国;也有的国家以不公开为主,以公开为辅,如德国。听证一般采用职权主义的结构模式,听证主持人有较广泛的权力。

(二) 行政公开制度

行政公开制度是指行政机关公开其掌握的信息情报,公开其行使权力的过程和结果的程序制度。行政公开是民主政治的要求。对行政机关来说,行政公开将使其活动置于公众的监督之下,提高行政过程的透明度,避免暗箱操作,防止行政腐败;对公民来说,行政公开是对其行政知情权的肯定,为其参与行政和监督行政提供了制度保障。没有任何东西比秘密更能损害民主,公民不了解情况,就无法真正实现对行政的参与。美国是建立行政公开制度最早也是行政公开立法最完备的国家。西方其他国家也大多确立了行政公开制度。

行政公开制度包括行政过程公开和政府信息公开两个方面。前者是指通过公开行政方式、步骤、期限、顺序等形成开放的行为过程,后者是指将与行政活动有关的政府信息公之于众,保障公众知情权以促进有效的参与和监督。行政过程公开包括面向行政相对人的过程公开和面向社会公众的过程公开。前者主要保障相对人对行政执法行为过程的参与,保障其陈述、申辩、质证等程序性权利;后者则强调社会公众对行政立法、决策等过程的参与和监督。有关政府信息公开,我国初步建立了以《政府信息公开条例》为核心的法规框架。其具体内容将在下文予以详细阐述。

（三）咨询制度

咨询制度是指行政机关制定规章、决策和解决疑难问题时,需要向法定咨询机关或专家学者咨询,听取意见的制度。和听证制度相比,咨询制度主要是为了利用专家的特长,确保决策的科学性;而听证制度强调的是当事人的参与。当然,这两种程序制度都可以防止行政机关的恣意专断。咨询论证的内容可以是法律问题,也可以是政策问题。咨询论证有两种形式:一种是法定的咨询,另一种是自由裁量的咨询。法律规定必须咨询而没有咨询的,行为无效。

（四）回避制度

回避制度是指在行政管理中,行政人员若与所处理的事项有关或与当事人有利害关系,应主动回避或应当事人申请予以回避的程序制度。该制度是程序公正的要求,最早为英国的自然公正原则所肯定。基于人性不完美的假定,让行政官员处理与自己相关的事情,很容易作出有利于自己的决定,从而导致对行政权的滥用。回避的方式有三种:第一,主动回避;第二,应当事人请求回避;第三,在行政人员不主动回避和没有当事人请求回避的情况下,行政机关若发现需要回避的事由,也可以直接命令其回避。

和回避制度相类似,确保行政官员地位中立的还有不得单方接触制度和职能分离制度。不得单方接触制度是指行政机关在处理两个相对人以上、有利益冲突的事项时,不能在其他方当事人不在场的情况下单独与一方当事人接触。设置该制度的目的是为了确保行政权力运作的公正,防止私下交易和单方面接触所产生的偏见。我国目前在行政管理中还没有采用该项制度。

职能分离制度是指将行政运作中的不同职能分别由不同行政官员承担,以达到相互制约的目的。如将行政管理中的调查职能、听证职能、决定职能和执行职能分离,由不同官员负责。我国《行政处罚法》中明确规定了职能分离制度。

（五）说明理由制度

说明理由制度是指行政机关在作出不利于相对人的行为时,必须向其说明作出该行为的事实根据、法律依据和其他正当理由的制度。说明理由的方式有两种：一种是书面说明,适用于对相对人影响比较重大的情况；另一种是口头说明。设置该制度的目的在于：促使行政机关对自己的行为作慎重考虑,避免草率,增强行政行为的说理性和说服力,获得相对人的信赖和接受,从而有利于化解矛盾、提高行政效率；使相对人对行政机关的决定有充分的了解,也便于相对人的自我保护和防卫。

（六）时效制度

时效制度是指行政权力运作的全过程和各个阶段都受法定时间限制的制度。一般来说,时效指能够引起法律关系产生、变更或消灭的时间期限。行政程序法上的时效制度主要针对行政机关而言,即行政机关在法定期限内不作为就要承担相应的法律责任。设置时效制度一方面是为了满足行政效率的要求；另一方面也是为了保障相对人的权益,以防久拖不决而损害相对人的权益。

以上是对行政程序中重要制度的概括,并不涵盖全部程序制度。还需注意的是,行政程序制度中,有的制度综合性强,其本身又包含了多项具体制度,如行政听证制度；也有的制度比较具体,如说明理由制度。

第四节　完善我国行政程序立法

一、我国行政程序立法的状况

我国在法律传统上重实体、轻程序,因而在20世纪80年代中期以前,对行政程序并没有给予应有的关注。即使在一些单行法中对行政程序略有规定,也纯粹是基于管理需要,程序规定依附于实体,缺乏程序意识。

第一次引起人们对行政程序重视的是《行政诉讼法》。该法明确规定,对违反法定程序的具体行政行为,法院可以撤销,从而使程序合法成为行为合法的组成部分。为了和《行政诉讼法》的规定相配套,也为了避免在行政诉讼中处于被动地位,许多行政机关都制定了执法程序方面的规定。如福建省于1992年制定了《福建省行政执法程序规定》,原交通部制定了《行政处罚程序规定》等。这一时期的行政程序立法已有相对独立和相对集中的趋势,也规定了一些回避、说明理由的制度,开始追求程序公正,但行政程序的民主功能等仍不为人们所重视。

在我国行政程序立法方面具有划时代意义的是《行政处罚法》的颁布。该法首次规定了听证程序,强调行政程序对公民权利的保护和公民对行政的参与。继《行政处罚法》之后,《价格法》也规定了听证程序。听证制度已为越来越多的人所接受。尤其是当2001年春节原铁道部提价由于没有经过听证而被河北省一律师告上法庭后,听证程序已深入人心。随着2002年原铁道部提价听证会的启动,听证程序更多地走入了政府的决策和运作中。引起人们对行政程序重视的另一个因素是中国加入WTO。WTO的许多规则是对各成员国政府运作程序的要求,如政府地位的中立,行政的公开、透明等。这些要求在很大程度上促进了我国行政程序制度的发展。我国2003年出台的《行政许可法》和2011年出台的《行政强制法》就对程序问题作出了规定。

除中央层面外,许多地方就行政程序法开展了先行试验立法,例如2008年湖南省制定的《湖南省行政程序规定》是我国首个地方性的统一行政程序规定。据统计,截至2019年年底,全国各地共制定了"行政执法程序规定"32部,"规范性文件制定程序规定"100多部,"重大行政决策程序决定"170多部,"政府信息公开规定"90部,"行政程序规定"16部。[①] 它们与中央立法共同构成了当代中国有关行政程序立法的基本图景。

---

① 参见杨登峰:《行政程序地方先行立法的主体、模式与规范》,载《政治与法律》2020年第3期。

二、行政程序立法中存在的问题

虽然近年来行政程序法日益受到重视,行政程序立法也取得了相当进展,但仍存在许多问题:

第一,大部分行政程序尚未法律化。如政府政策、计划制定程序,行政调查程序,行政机构改革程序等都缺乏法律规定。从现有立法看,仅在行政处罚领域有比较完整的程序规定。

第二,行政程序立法不统一,没有一部统一的行政程序法典。西方许多国家都已经历行政程序法典化的过程,我国在行政程序立法的基本问题上还存在分歧,立法时机尚未成熟。

第三,已有的行政程序法欠缺民主参与精神。听证制度还没有被法律普遍确认,行政公开制度仍然不发达。

第四,已有的行政程序法缺乏公正、理性、效率等精神。如咨询论证程序没有被广泛运用到政府的法规、规章和政策的制定中;说明理由没有成为一种普遍性的制度;时效制度也没有被普遍确认。

三、完善行政程序立法的设想

从行政程序法的发展历史看,行政程序的法典化是一种必然趋势,我国也不例外。学界对如何进行行政程序立法有两种思路:一种是先分别立法,如在《行政处罚法》《行政许可法》中分别规定行政处罚程序、行政许可程序,待条件成熟后再制定统一的行政程序法;另一种是直接制定统一的《行政程序法》。从我国目前行政程序立法的状况看,以行政程序法典来实现行政程序立法的统一是最有效的途径。

制定统一的《行政程序法》,应当采用权利和效率并重模式,既要考虑民主的参与,对公民程序权给予充分保障;也要考虑行政效率的要求。这种模式也为多数国家所推崇。至于行政程序法典的框架和主要内容,应当包括主要的程序制度,如听证制度、公开制度等。首次制定行政程序法典,要考虑到社会的实际接受能力,公务员的整体素质,管理的成本,不能强调大而全,过于追求完美。凡是现在很难运行,或经过努力在近期内仍很难运行的程序,可考虑暂时不作规定。至于实体问题要不要包含在行政程序法典中,需要进一步研究。笔者认为可以在行政程序法典中对实体问题作原则规定,但不宜过多。

第五节 政府信息公开

我国政府信息公开源于改革开放以来基层的"政务公开"实践,2001年加入世界贸易组织对政府透明度提出了更高的要求,政务公开在全国范围内推行。2003年抗击"非典"疫情凸显了及时、准确公布政府信息的重要性。2008年5月,《政府信息公开条例》(以下简称《条例》)正式实施,第一次将信息公开规定为政府的法定义务,突破了行政机关"保守秘密"的工作传统,为公民的知情权提供了法律保障。经过11年的实施,《条例》的不足也逐渐显露,难以解决实践中涌现的"滥诉"和曲解问题,有必要进行修订。2019年5月15日,修订后的《政府信息公开条例》正式实施,对政府信息公开提出了新的要求,要求从"政务公开"走向"数据开放",建设服务型法治型政府。除《条例》外,国务院还发布了有关政府信息公开的若干规范性文件,最高人民法院在2011年颁布了《关于审理政府信息公开行政案件若干问题的规定》,这些共同构成了政府信息公开问题的立法和司法框架。

一、政府信息的概念和要素

《条例》的调整对象是"政府信息",界定"是不是"政府信息,也就成了判断能否公开的前提。根据《条例》第2条的规定,政府信息是指行政机关在履行行政管理职能过程中制作或者获取的,以一定形式记录、保存的信息。这一定义包含四方面的要素:主体要素、职能要素、来源要素和载体要素。

首先,主体要素。政府信息产生的主体,是行政机关以及法律法规授权的具有管理公共事务职能的组织。这一界定排除了立法机关和司法机关制作和获取的信息。对于法律、法规、规章授权组织而言,其在依据授权实施行政管理活动的过程中所形成的信息属于政府信息,在开展自身业务时所形成的信息不属于政府信息的范畴。至于与群众利益密切相关的公共企事业单位,修订前的《条例》曾规定其信息公开"参照《条例》"执行,修订后的《条例》第55条修改为"依照相关法律、法规和国务院有关主管部门或者机构的规定执行",从而把这一类主体排除出政府信息公开义务主体的范畴。①

其次,职能要素。从信息产生过程来看,政府信息产生于行政机关按照法律、法规、规章以及"三定"方案确定职权对外实施行政管理过程中。

再次,来源要素。从信息产生方式来看,政府需要公开的信息是行政机关制作的或从其他国家机关、企事业单位等组织以及个人获取的:前者包括颁布各种规范性文件,制作行政处罚笔录,行政听证笔录,作出各种许可决定、处罚决定等;后者则是基于行政管理需要,要求公民、法人或其他组织提供并加以保存的各种信息,以登记信息居多,例如工商登记、房屋所有权登记、个人户籍登记等。

最后,载体要素。从信息存在形式上看,政府信息是以一定形式记录、保存的信息。"一定形式"可以是纸质文本,也可以是电子介质或其他载体,但必须能够为人类所感知。

二、政府信息公开主体

在判断所申请的信息"是不是"政府信息之后,接下来的问题则是"谁来公开"。修订后的《条例》第4条规定各级人民政府及县级以上人民政府部门应当建立健全本行政机关的政府信息公开工作制度,并指定"政府信息公开工作机构"负责本行政机关政府信息公开的日常工作。由于行政机关内部机构设置不同,政府信息公开的负责机构也不同,出现了由办公室、信息中心、新闻处、法制处、信访办等不同机构负责政府信息公开工作的情况。

---

① 有学者将公共企事业单位的信息公开描述为"脱条例化"并给予了理论反思,参见彭錞:《公共企事业单位信息公开的审查之道:基于108件司法裁判的分析》,载《法学家》2019年第4期;《公共企事业单位信息公开的立法定位与制度选择》,载《环球法律评论》2019年第4期;《公共企事业单位信息公开:现实、理想与路径》,载《中国法学》2018年第6期。

有关政府信息公开主体,须遵循"谁制作谁公开、谁保存谁公开"的基本原则。《条例》第 10 条规定,行政机关制作的政府信息,由制作该政府信息的行政机关负责公开。行政机关从公民、法人和其他组织获取的政府信息,由保存该政府信息的行政机关负责公开;行政机关获取的其他行政机关的政府信息,由制作或者最初获取该政府信息的行政机关负责公开。法律、法规对政府信息公开的权限另有规定的,从其规定。此外,2019 年修订《条例》时增加了派出机构、内设机构作为公开主体的情形,以及牵头制作的行政机关作为公开主体的规则,以避免共同制作的行政机关之间重复公开、相互推诿。《条例》第 10 条规定行政机关设立的派出机构、内设机构依照法律、法规对外以自己名义履行行政管理职能的,可以由该派出机构、内设机构负责与所履行行政管理职能有关的政府信息公开工作。两个以上行政机关共同制作的政府信息,由牵头制作的行政机关负责公开。

三、政府信息公开的原则和范围

政府信息公开应遵循下列原则:

(1)公平、公正原则:行政主体应当平等对待信息公开所涉利益各方,平衡各方面的权利要求和具体利益;

(2)及时、准确原则:政府信息公开应遵循时限制度。属于主动公开范围的政府信息,应当自该政府信息形成或变更之日起 20 个工作日内及时公开;应申请的政府信息公开期限要求一般为 15 个工作日。

(3)高效、便民原则:行政主体应当以便利、有效的途径和方式公开政府信息,以方便相对人和社会公众获取和利用政府信息。

(4)推定公开原则:以公开为原则,不公开为例外。行政机关须以公开信息为常态,只有在法律明确规定的不予公开的情形下方可不公开政府信息。之所以存在例外,是因为政府信息公开是一个多元利益主体之间博弈的过程,是利益在不同主体间一次次重新分配以达到某种平衡的过程。

根据信息公开的方式不同,政府信息公开可以分为主动公开和依申请公开两种类型。就政府信息公开的范围,需要把握主动公开、依申请公开和不予公开的范围。

(一)主动公开的范围

《条例》第19—22条以概括+列举的模式规定了行政机关应当主动公开的信息范围。主动公开的基本原则是对涉及公众利益调整、需要公众广泛知晓或者需要公众参与决策的政府信息,行政机关应当主动公开。

(二)依申请公开的范围

关于依申请公开,2008年的《条例》曾规定,除行政机关主动公开的政府信息外,公民、法人或其他组织还可以根据自身生产、生活、科研等特殊需要,向行政机关申请获取相关政府信息。这一规定被解读为对申请人资格的"三需要"限制条件。由于该规定在实践中存在较大争议,成为行政机关不予公开的堡垒,也有法院将其认定为申请人是否具有原告资格的标准之一。但当前申请信息公开的目的日益复杂多样,很多以表达诉权、搜集证据、掌握市场动态为目的的申请层出不穷,且以"三需要"作为申请资格的限定条件与政府信息公开的精神和立法目的不符,因此修订后的《条例》第27条删除了这一限制条件,消除对申请公开资格、原告资格的不当限制。

(三)不予公开的范围

《条例》第14—16条规定了政府信息公开的例外,具体包括三类情形:(1)绝对不公开:依法确定为国家秘密的政府信息,法律、行政法规禁止公开的政府信息,以及公开后可能危及国家安全、公共安全、经济安全、社会稳定的政府信息,不予公开。(2)相对不公开:涉及商业秘密、个人隐私等公开会对第三方合法权益造成损害的政府信息,行政机关不得公开。但是,第三方同意公开或者行政机关认为不公开会对公共利益造成重大影响的,予以公开。(3)可以不公开:行政机关的内部事务信息,包括人事管理、后勤管理、内部工作流程等方面的信息,可以不予公开。行政机关在履行行政管理职能过程中形成的讨论记录、过程稿、磋商信函、请示报告等过程性信息以及行政执法案卷信息,可以不予公开。法律、法规、规章规定上述信息应当公开的,从其规定。

思考题

1. 什么是行政程序?什么是行政程序法?
2. 在现代法治社会中行政程序有什么意义?
3. 行政程序法的理论基础是什么?
4. 什么是行政程序法目标模式?它可以分为哪几类?
5. 行政程序法的主要制度是什么?
6. 我国需要行政程序法典吗?为什么?
7. 信息公开立法是否需要进一步完善?如何完善?

第十二章 行政救济

内容概要 有权利必有救济,这是法律的基本规则;而有权力必有监督,这是行政法的基本规则。行政法是行政权力运行的规则,作为行政权力运行规则的行政法,不仅要为行政权力的运行划定边界,而且更应考虑行政权力运行可能损害公民权益的后果如何补救。本章分析了行政救济的原理,以及行政救济的途径和方式。学习的重点在于把握行政救济的原理。

学习重点 行政救济的原理 行政救济的途径和方式 各种行政救济途径与方式之间的相互关系

第一节 行政救济概述

一、行政救济的含义

救济一词,在我们日常生活中经常用到。在社会生活中,经常会发生某种天灾人祸,如水灾、火灾、地震、战争等。当发生这些天灾人祸,政府或社会要对因此受到灾难损害的民众提供救济粮、发放救济款等。因此,在社会的一般意义上,人们通常把救济理解为"困难补助""灾害救助"。这种意义上的救济,是事实上的一种物质帮助,并非一种法律制度。

法律上的救济,取其基本含义,本质上是权利受到侵害,寻求"公力救济",社会通过纠纷解决机制裁决社会生活中的纠纷,从而使权益受到损害者获得法律补救。因此,法律救济总是和处理纠纷相联系。在社会生活中,纠纷表现的是某种社会关系上的利益矛盾和冲突,这种矛盾和冲突,往往是由于某种侵权损害行为所导致。法律上的救济就是通过裁决纠纷,纠正、制止业已发生并造成损害的侵权行为,使受到损害者的权利得到恢复,利益得到补救。

在社会生活中,人们相互交往中损害他人权益是难以避免的,因而,权益损害成为日益普遍的社会现象,由此,法律上的救济也就逐渐成为一种制度。甚至,在法学上存在着这样一个公理,即有权利必有救济,相应地,也唯有权利才能获得救济。这一公理也使是否能获得法律救济尤其是司法救济,成为判断权利与反射性利益的重要标尺,而后者是指当事人获得某种好处,但这种好处并不能通过司法救济获得保障。法律救济也使实定法所规定的权利获得了真正的法效性。因此,有权利必有救济,无救济权利即非权利。从某种意义上说,法学是权利之学,但法学更应该是救济之学。它当然研究人们享有哪些权利,由此就有了所谓"天赋人权"的基本权利以及经济、社会、政治权利等之分;但法学更应该研究当权利受到侵犯时如何提供补救。权利可能是纸面上的,而其最终成为我们生活中享有的权利,则取决于是否有相应的救济存在。

行政法上的救济,即行政救济,与其他的法律救济有着同样的性质,它是指公民的权利和利益受到行政机关侵害时或可能受到侵害时,所拥有的法定的防卫手段和申诉途径,也是通过解决行政领域发生的争议或纠纷,纠正、制止或矫正行政侵权行为,使受到损害的公民权利得到恢复,利益得到补救的法律制度。因此,行政救济就是针对行政权力运用所产生的消极后果在法律上予以补救。

如同法学存在的公理一样,行政法上也存在这样一个基本认识,即有权力必有监督,无监督,行政权力就会蜕变成一种专横武断的权力。行政法产生于近代以来宪政制度背景之下,是宪法之下存在的一个法律部门,甚至有人称其为"动态的宪法",或"具体化的宪法",它对于国家行政权力和公民权利的平衡起着重要作用,而这种作用主要表现在行政救济上。行政法发展的历史是行政权力不断扩大的历史,但这个历史总是伴随着对扩大中的行政权力的相应的制约。因为从历史考察,行政法的中心问题,不仅要回答行政机关怎样进行管理,也要回答如何管理"管理者"。行政权力本质上是一种可以强制他人服从的力量,对于这样一种力量如果缺少必要的制约,公民的权利就失去了保障,如果行政权力的行使毫无制约,也就会演变为一种专横武断的权力。纵观行政法的历史,可以说,它对行政活动来说,是权力制约之法;而对公民来说,则是权利救济之法。

二、行政救济的特征

行政救济是行政法中一项重要的法律制度,是诸多的救济途径、救济手段和具体的救济制度的总称。如前所述,行政救济的主要内容是:公民和法人的权益受到行政机关的侵害时,或可能受到侵害时,法律所提供的防卫手段和申诉途径,即通过解决行政纠纷来纠正、制止行政侵权行为,使权益受到损害者的权利得到恢复,利益得到补救。由此不难看出,行政救济的主要目的在于为相对人的合法权益提供法律保障,以此来调整行政机关与相对人之间的关系,使此前因为行政违法而失衡的法律关系重新获得平衡。行政救济的内容决定了行政救济有如下特征:

(一)行政救济以行政纠纷的存在为基础

行政救济制度的产生和存在,是因为行政管理中有行政纠纷存在,行政纠纷的产生又是因为行政机关在繁杂的关系和管理活动中违法行使职权,造成相对人权益的损害。保障相对人的合法权益不受违法行政行为的损害,是行政法的重要宗旨,因此,在客观上要求建立解决纠纷、补救相对人受损权益的制度。行政法也因此建立起相应的救济机制对行政纠纷予以解决,在裁决纠纷中分清是非,判明责任,通过补救受损害的相对人,使行政机关与相对人之间的法律关系重新获得平衡。从逻辑上看,有纠纷就会产生解决纠纷的程序,通过裁决纠纷的程序补救受损一方的合法权益,才能使纠纷得到彻底的解决。行政救济制度由此而生,并以行政纠纷为其存在基础。

(二)行政救济以损害为前提

任何法律上的救济,都是因为发生了侵权损害。无侵权损害即无所谓救济;行政机关运用权力而发生过失,但并未对相对人的权益产生具体影响,也不会引起行政救济问题。因此,侵权损害是行政救济的重要前提。当事人权益受损,并不仅限于经济利益的损失,只要是公民、法人或其他组织在公法上所拥有的权利受到行政侵害,其均可诉诸行政救济。正因为行政救济是以相对人公法权利受损为前提,因此行政救济程序也是以相对人提出救济请求开始。

(三)行政救济的目的在于保障权利和监督权力

行政救济最实质的目的在于维护和保障相对人受损害的合法权益。为相对人的合法权益提供法律保护,是行政救济制度最重要的功能。与此相反,行政机关因为拥有支配力、影响力、强制力等权力,并有履行职责的一切手段,完全可以自主实现其行政目的,而无需借助法定救济方式。即使在行政诉讼中,法院判决驳回原告的诉讼请求,也不属于对行政机关的救济。行政救济除具有保障相对人权利的功能外,还有监督行政机关依法行政的重要功能。保障权利和监督权力的双重功能,并非完全重合。这一点尤其体现于行政诉讼的目标设定上,如果行政诉讼主要以权利救济为主要功能,其对原告资格就会有所要求;但如果行政诉讼的目标主要在于监督行政机关依法行政,就必然要求放宽对原告资格的限制。两者之间如何协调,还要看具体制度的衔接与配合。

三、行政救济的基础

行政救济制度和行政救济学说的产生绝非偶然,它是民主政治和法律发展的结果。宪法制度确立的民主制度和法治原则,为行政救济制度提供了存在的理由和基础。民主与法治作为行政救济的基础,主要表现在两个方面:

(一)政府守法

法治原则就其最初起源来说,是为国家权力设防的学说。法治意味着一切政府权力须受具体法律的限定,任何国家行政机关及其工作人员,在他们代表国家或以国家名义行事时,都必须指出他的权力活动的法律根据,否则,即构成侵权,也会引发法律责任,受损害者由此便获得救济请求权,并就权利损害取得请求赔偿的权利。

政府守法的内容主要包括三个方面:(1)行政合法。行政机关没有任意采取行动的权力,它只能在法律授权的范围内采取行动。法律规定每一个行政机关权力的范围,规定行使权力的目的和手段,行政机关必须遵守,权限以外的行为是无效行为。(2)行政合理。

行政机关的自由裁量权必须公平地行使,符合法律的原则,自由裁量并非绝对自由,其行使仍然是有条件的,如出于正当的目的、考虑相关的因素等。行政权力的运用不但要合法,也要公正合理。否则,由此造成的损害,行政机关必须承担相应责任。(3)行政责任。行政机关对自己行使权力的活动,必须承担责任,特别是对损害后果的责任,责任行政本身就意味着对违法或不当行政的矫正,对造成的损害必须予以补救。

（二）公民权利保护

根据法治原则,行政法不仅是管理法,更主要地是权利救济法。宪法规定了公民的人身权、财产权等基本权利。但在行政管理活动中,公民的个人权利往往是受行政权力支配的。为法律秩序的安定,对此种支配,公民原则上有普遍服从的义务。但也因此,法律同样为公民提供了相应的救济机制,保障其权益不致受到违法行政的侵犯,也确保行政基于公益目的而对相对人的支配不致演变为行政专断。

第二节 行政救济的途径和方式

一、行政救济的途径

行政救济的途径,是指相对人的合法权益受到行政损害时,请求救济的渠道,即通过何种渠道请求救济。对权益予以维护和保障,是行政救济的法律制度的宗旨。行政救济立法设立了相对人合法权益的保障条件,同时也设立了实现这种权益救济的保障途径。通过这些途径,一方面相对人可以请求救济,另一方面有权给予救济的机关在判明责任的基础上,责令侵权的行政机关承担相应的救济责任,有权救济的机关也可直接实施救济以保障相对人合法权益。

行政救济的途径,依据不同标准,从不同的角度,可以分为不同的种类。例如,以给予救济的机关系统来分,可以分为立法救济、行政救济和司法救济等;以行政救济途径的性质和存在范围来分,可以分为行政内救济和行政外救济等。下面分别介绍国内外的行政救济途径。

(一) 国外行政救济途径简介

国外关于行政救济途径的规定,存在着两种模式,即以法国为代表的大陆法系模式和以英国为代表的英美法系的模式。

1. 法国行政救济途径

法国的行政救济途径主要包括[①]:

(1) 议会救济。是受到损害的相对人利用议会对行政机关的监督作用作为请求救济的一种途径。法国议会对政府的监督方式包括:财政监督;通过不信任案;议员对部长和总理就行政问题提出询问;组织调查委员会就某一事件进行调查。在这几种方式中,通过预算和不信任投票,属于一般的政治范畴,很难作为受害人对违法行为的救济手段。询问和调查委员会的主要目的在于使议员了解情况,但也可以附带作为受害人对违法行政行为或不作为的行政行为请求救济的手段。

(2) 行政救济。是相对人对于违法和不当的行政行为,向行政机关请求矫正的一种救济途径。法国此种救济途径与我国的复议救济相当,但它有独具的特点。例如,受理行政救济请求的机关,在不损害当事人或第三者既得利益范围内,可以撤销和变更原来的行政决定;也可以在其本身职权范围内,另外作出一个决定代替原来的行政决定;受理行政救济请求的机关,可以在请求人请求范围内予以救济,也可以在请求范围外基于自身职权,主动撤销或改变原来的行政决定,因此受理行政救济请求的机关的救济裁决,不受当事人申请范围的限制;行政救济的请求,不受时间和形式的限制,救济裁决是一个单方面的行政行为。法国的行政救济分为两种:一种是善意的救济,指请求权人向原行政机关申请的救济;二是层级救济,指请求权人向作出决定机关的上级机关申请的救济。

(3) 调解专员救济。法国的调解专员制度是在瑞典的议会司法专员制度和英国的议会行政监察专员制度启发下,针对违法和不当的行政活动而设立的一种救济制度。调解专员执行职务时,不接受任何行政机关的命令,调解专员的职务范围广泛,不论属于公法性质

---

① 参见王名扬著:《法国行政法》,中国政法大学出版社1988年版,第515—525页。

的案件或者属于私法性质的案件,不论是违法的行为或合法而管理不良的行为,都可以向调解专员提出申诉。调解专员具有以下权力:对当事人的申诉是否合理进行调查的权力;以调解的方式调停案件的权力;向有关行政机关提出解决措施的建议权;向总统或国会提出年度报告权以及在必要时对公务员严重违法失职行为,发动纪律处分程序或刑事追诉程序权等。

(4) 诉讼救济。即当事人不服行政机关的违法或不当的行为,通过向法院提起诉讼请求救济的途径。诉讼救济是法国行政法上最主要的救济途径和手段。由于法国存在着行政法院和普通法院两种救济系统,一般而言,公法形式的诉讼向行政法院提出,私法形式的诉讼向普通法院提出。法国行政诉讼有两个重要的手段:越权之诉,在该诉讼中相对人可请求撤销违法的行政行为;完全管辖权之诉,在该诉讼中相对人既可请求撤销违法的行政行为,又可以请求损害赔偿救济。

2. 英国的行政救济途径

英国公民的权利和利益因行政机关的活动受到侵害时,可以通过下列途径得到补救[①]:

(1) 部长救济。公民权利和利益受到行政机关侵害时,可以向部长申诉请求救济,这种申诉主要是针对地方政府的行为。公民依法向部长申诉时,部长根据法律规定的权力,可以就地方政府决定的事实方面、法律方面以及决定是否妥当进行全面的考查,有权变更地方政府的决定。不服部长的决定,就法律问题通常可以向高等法院上诉。

(2) 议会救济。公民由于行政活动受到侵害时,可以通过本选区的议员促使部长注意,也可以由议员在议会中提出质问或提议进行辩论。对于重大问题,议会可以通过决议成立调查法庭,但议会救济途径只适用于重大问题,如政策、行政效率问题。对于一般的行政问题往往缺乏实效。

(3) 行政裁判所救济。由议会通过法律成立的一些特别裁判

---

① 参见王名扬著:《英国行政法》,中国政法大学出版社 1987 年版,第 131—133 页。

所,受理由行政活动所引起的争议。行政裁判所解决行政争议的种类繁多,如关于养老金、卫生保健、社会保险、酬金支付方面的争议等。公民对行政裁判所就争议所作的裁判持有异议,可以提出上诉或申请进行司法审查。例如向上诉裁判所上诉,向部长上诉,就裁判所裁决中的法律问题向高等法院上诉或向上诉法院上诉等。

(4) 司法审查救济。行政机关的越权行为侵害公民的权利和利益,公民否认越权行为的效力时,可以在两种诉讼中提出:一是在其他诉讼中涉及行政决定的效力时,可将主张这一决定和裁决无效作为抗辩理由,由受诉法院附带审查该决定和裁判的效力;二是针对越权行为本身,请求法院审查行政机关的决定或行政裁判所的裁决的合法性。

(二) 我国的行政救济途径

我国目前的行政救济途径主要有:

(1) 监察救济。根据《监察法》的规定,相对人可对行使公权力的公职人员的职务违法行为向各级监察委员会进行投诉和举报,监察机关按照《监察法》规定的程序进行调查监督,并根据结果,对违法的公职人员作出警告、记过、记大过、降级、撤职和开除等政务处分。对不履行或者不正确履行职责且负有责任的领导人员,按照管理权限对其直接作出问责决定,或者向有权作出问责决定的机关提出问责建议。

(2) 立法救济。相对人就行政机关及其工作人员的行政侵权行为,向人民代表大会会申诉,请求救济。但是权力机关对行政机关的监督,只限于重大决策和立法活动,是对抽象行政行为的监督,对具体行政行为的监督较少。对于行政机关的重大行政决策的失误或立法与宪法、法律抵触,立法机关可以撤销或改变,或责令行政机关承担相应的政治责任。对于具体行政行为违法或不当造成的损害,相对人一般只能采用其他救济途径,请求救济。

(3) 复议救济。复议救济相对于法院救济而言,可称作行政内部救济,法院救济可称为诉讼救济或司法救济。复议救济是指相对人认为行政机关的具体行政行为侵犯其合法权益,向作出具体行政行为行政机关的上一级行政机关或其专门的复议机关申请,请求救济。复议救济是功能较完备的救济途径,复议机关在查明事实、判明责任的基础上,可以撤销一个违法的具体行政行为,使其效力消灭,恢复相对人的合法权益;可以变更一个不当的行政行为,使相对人获得合理的权益或消除相对人所承担的不合理的义务,使具体行政行为对相对人的影响恢复正常;可以责令行政机关就损害进行行政赔偿或补偿,使相对人的权利损害获得补救。

(4)诉讼救济。诉讼救济是指相对人认为行政机关的具体行政行为侵犯其合法权益,向人民法院提起诉讼,由人民法院对被诉具体行政行为进行审查,违法行为予以撤销,造成损害者判令赔偿的救济途径。法院可以运用诸多的救济手段,使相对人受到损害的权益得到恢复和补救。如判决撤销违法的行政行为,判决变更不当的行政行为,判令行政机关履行法定职责,判令行政机关予以赔偿等。

应该指出的是,在行政救济中,还有一种很重要的形式,即行政赔偿救济。但是,它在我国不是一种独立存在的救济途径,因为我国立法并未设立专门的赔偿救济机关,赔偿救济的获得,可以通过复议救济途径,也可以通过诉讼救济途径。因此,目前的行政赔偿救济只是被安置在国家赔偿的大框架下。

二、行政救济的方式

与其他社会活动相区别,国家行政活动的典型特征是运用国家行政权力的活动。所谓行政权力,是一种可以强制他人服从的力量。行政权力的运用即意味着会对他人的权益产生影响。这种影响可能是赋予权利,也可能是剥夺权利;可能是设定义务,也可能是免除义务。但无论何种影响,只要有可能产生影响,就必须考虑对产生的影响在法律上予以评价,对造成的损害予以补救。

公民要求行政救济的前提是其受到行政决定具体且个别的影响,如果行政决定对所有人都产生了同样的影响,就不能主张行政救济。如果这种具体且个别的影响是由合法行为造成的,公民可要求行政机关补偿;如果这种具体且个别的影响是由违法行为造成的,行政机关则要承担相应的赔偿责任。行政补偿和行政赔偿的具体内涵和区分如下:

（一）行政补偿

所谓行政补偿,是指因行政机关合法的行为对公民的合法权益造成损失,由行政机关对此损失予以适当补偿的制度。与国家赔偿针对行政机关的违法行为所生损害予以赔偿有所不同,行政补偿是针对行政机关的合法行为。公民的权利受宪法保障,但行政机关基于公共利益的需要,享有限制他人权利的权力。因此,当行政机关合法行使权力,造成公民身体或财产损失时,公民自有应当忍受之义务。但是,如果行政机关的行为对公民所造成的损失,超出了公民所应尽的社会义务时,则构成一种特别牺牲,应由国家给予合理的补偿。

行政补偿的存在是基于公共负担平等的原则,即公民从国家行政机关的活动中,享受利益或忍受负担应该是平等分配的。国家行政机关的活动如果为广大民众带来福利,但对特定的公民造成损失,如果不对遭受损失的公民予以补偿,则有违公共负担平等的原则。例如国家为了某项公共工程征收土地,广大民众因公共工程的建设而享有利益,但唯独被征用土地的人因此受损,为了使公共负担能够平等分配,此时应当对被征用土地的人予以适当补偿。

依我国台湾地区学者的归纳总结①,行政补偿可以分为两大类:一是因特别牺牲之补偿,一是衡平补偿或社会补偿。特别牺牲之补偿可以进一步分为财产权损失补偿和其他权利损失补偿。这些补偿都是基于公民享有宪法权利,国家因公益而特别牺牲其权利,必须给予公民一定之补偿。财产权损失补偿包括:公用征收之补偿、因财产权之限制所生特别牺牲之补偿、因公权力行为之附随效果所生特别牺牲和因违法但无责之公权力行为所生损失之补偿;财产权以外之权利损失补偿包括:合法干预行为所产生的特别牺牲之补偿、因公权力行为之附随效果所产生的特别牺牲之补偿和因违法但无责之公权力行为所产生损失之补偿。至于衡平补偿则是指,公民所受损失并非特别牺牲,虽无请求补偿的权利,但国家基于社会公平考虑,对于公民所受之损失,主动给予一定的补偿,借此以实现社会正义。如因

---

① 参见翁岳生:《行政法》,中国法制出版社2002年版,第1697页。

危险防止所产生的损失之补偿,行政机关为防止或免除危险,对公民实施一定的行政措施,但该危险的发生并不能归责于公民,而是某种客观事件所致,因而给予受到损失者以补偿。

我国目前没有法律、法规统一规定行政补偿范围,但随着私有财产保护的入宪,行政补偿自然提上议程。我国《宪法》明确规定,国家可以为了公共利益的需要而征用公民的财产,但必须给予补偿。根据我国现有法律规定以及现实生活中的行政补偿实践,行政补偿的范围主要包括:(1)国家对非国有企业和财产实行国有化和征收的补偿;(2)国家征用土地和其他财产的补偿;(3)行政主体合法的公务行为破坏公民、组织财产以及侵犯公民人身权的补偿;(4)个人、组织的财产与个人的人身因国有危险物发生意外损害的补偿;(5)对某些政策或行政措施的变动所造成的特定、异常损失的补偿,如设定行政许可的依据变更而收回许可所给予的补偿;(6)对实行某些使国家和社会受益但却使个人、组织自身利益受损的措施补偿,如国家对城市公共交通部门因实行低价运输而给予的补贴即属此类。[①]

(二)行政赔偿

行政赔偿是指国家行政机关及其工作人员违法行使职权,侵犯公民、法人或其他组织的合法权益并造成损害,由国家承担赔偿责任的制度。我国的行政赔偿制度形成于20世纪80年代。1989年,《行政诉讼法》规定违法的具体行政行为侵害公民权益并造成损害的,国家承担赔偿责任。1994年制定的《国家赔偿法》(2010年、2012年修正),全面确立了国家赔偿责任,并专章明确规定行政赔偿的范围。

行政赔偿是行政法上对相对人进行救济的一种手段。行政赔偿责任的构成,须具备下列要件:(1)损害行为须是行政行为。行政上的损害赔偿,须因行政机关及其工作人员执行行政职务行使公权力而发生,如系行政工作人员的私人行为,或系行政机关民法上的行

[①] 参见姜明安主编:《行政法》,北京大学出版社、高等教育出版社1999年版,第478页。

为,即使发生损害,也不构成行政法上的损害赔偿。(2) 行政行为须违法并造成当事人的权利损害。行政行为如系合法行为,即使造成损害,至多是行政补偿问题,不构成损害赔偿。(3) 违法行为与损害后果之间须有因果关系。即加害行为与损害结果之间有着前因后果的联系。

行政赔偿救济的范围包括:国家对行政主体在行政活动中侵犯人身权、财产权的行为予以赔偿。人身权是指那些与公民的人身不可分的权利,通常分为人格权和身份权。人格权又可分为人身自由权、生命权、健康权、姓名权、名誉权等,身份权也可分为配偶权、亲权和亲属权等。行政活动如果侵犯人身自由权、生命权和健康权的,国家予以赔偿。财产权是以财产为客体的权利,包括物权、债权和知识产权等。行政违法行为给相对人的财产权造成实际损失的,国家承担赔偿责任。

行政赔偿只是救济相对人的方式,而不是一个独立存在的救济途径,因为相对人获得赔偿救济可以通过不同途径。获得行政赔偿救济的主要途径包括:(1) 行政途径。行政途径是指请求权人请求赔偿时,先向赔偿义务机关提出,与赔偿义务机关先就赔偿问题进行协议。(2) 司法途径。司法途径是指请求权人利用行政诉讼救济途径请求赔偿,即向人民法院提起行政赔偿诉讼,请求法院予以救济。法院通过判令金钱赔偿或返还财产、恢复原状等方式来使公民受侵害的权益得到补救。

(三) 实体救济手段

公民的实体权利受到违法行政行为的影响,也会产生应予救济的必要。实体救济方式主要包括行政复议和行政诉讼两种。在行政复议或行政诉讼中,除了行政补偿和行政赔偿之外,鉴于行政行为对公民权益影响的特殊性,还有下列其他救济手段。

(1) 请求判决撤销违法行政决定的救济。撤销之诉是指相对人因行政行为违法,为了免受行政行为的约束,请求法院审查该行政行为的合法性,并撤销违法的行政行为。行政行为是具有存续力的,其作出后对相对人产生约束力,在没有被国家有权机关否定之前,任何人都必须服从。因此,相对人只有通过法定途径请求撤销行政行为,才能免除行政行为对自己的约束。

(2) 请求判决履行法定职责的救济。请求作为之诉,是指相对人因提出合法申请,行政机关应该履行某种法定职责而拒绝履行或不予答复,相对人提起诉讼要求其履行法定职责或给付义务的救济方式。在该种诉讼中,相对人的诉讼请求是要求行政机关履行法定职责。法院经过审查,认为行政机关应该履行却不履行或者拖延履行法定职责的,判令行政机关在一定期限内履行,从而使相对人的合法权益得到补救。

(3) 请求变更行政行为的救济。请求变更之诉,是指因行政机关实施的行政处罚显失公正,或者行政机关对款额的认定有错误时,相对人提起请求变更行政决定的诉讼。法院经过审查,认为行政处罚或其他行政决定显失公正的,可以作出全部或部分改变原行政决定的判决,它是法院用判决代替行政机关原决定从而救济相对人的手段。

思考题

1. 什么是行政救济？它有什么特征？
2. 行政救济有什么途径和方式？
3. 我国现行行政救济制度哪些方面需要改正？